Die Autorin

Dr. Katrin Schneiders ist Professorin für Wissenschaft der Sozialen Arbeit mit Schwerpunkt Sozialwirtschaft an der Hochschule Koblenz. Sie beschäftigt sich in Forschung und Lehre mit soziologischen und ökonomischen Aspekten des Wohlfahrtsstaats, insbesondere den Organisationen und Beschäftigten des sozialen Dienstleistungssektors.

Katrin Schneiders

Sozialwirtschaft und Soziale Arbeit

Verlag W. Kohlhammer

Dieses Werk einschließlich aller seiner Teile ist urheberrechtlich geschützt. Jede Verwendung außerhalb der engen Grenzen des Urheberrechts ist ohne Zustimmung des Verlags unzulässig und strafbar. Das gilt insbesondere für Vervielfältigungen, Übersetzungen, Mikroverfilmungen und für die Einspeicherung und Verarbeitung in elektronischen Systemen.

Die Wiedergabe von Warenbezeichnungen, Handelsnamen und sonstigen Kennzeichen in diesem Buch berechtigt nicht zu der Annahme, dass diese von jedermann frei benutzt werden dürfen. Vielmehr kann es sich auch dann um eingetragene Warenzeichen oder sonstige geschützte Kennzeichen handeln, wenn sie nicht eigens als solche gekennzeichnet sind.

Es konnten nicht alle Rechtsinhaber von Abbildungen ermittelt werden. Sollte dem Verlag gegenüber der Nachweis der Rechtsinhaberschaft geführt werden, wird das branchenübliche Honorar nachträglich gezahlt.

Dieses Werk enthält Hinweise/Links zu externen Websites Dritter, auf deren Inhalt der Verlag keinen Einfluss hat und die der Haftung der jeweiligen Seitenanbieter oder -betreiber unterliegen. Zum Zeitpunkt der Verlinkung wurden die externen Websites auf mögliche Rechtsverstöße überprüft und dabei keine Rechtsverletzung festgestellt. Ohne konkrete Hinweise auf eine solche Rechtsverletzung ist eine permanente inhaltliche Kontrolle der verlinkten Seiten nicht zumutbar. Sollten jedoch Rechtsverletzungen bekannt werden, werden die betroffenen externen Links soweit möglich unverzüglich entfernt.

1. Auflage 2020

Alle Rechte vorbehalten
© W. Kohlhammer GmbH, Stuttgart
Gesamtherstellung: W. Kohlhammer GmbH, Stuttgart

Print:
ISBN 978-3-17-030766-7

E-Book-Formate:
pdf: ISBN 978-3-17-030767-4
epub: ISBN 978-3-17-030768-1
mobi: ISBN 978-3-17-030769-8

Vorwort zur Reihe

Mit dem so genannten »Bologna-Prozess« galt es neu auszutarieren, welches Wissen Studierende der Sozialen Arbeit benötigen, um trotz erheblich verkürzter Ausbildungszeiten auch weiterhin »berufliche Handlungsfähigkeit« zu erlangen. Die Ergebnisse dieses nicht ganz schmerzfreien Abstimmungs- und Anpassungsprozesses lassen sich heute allerorten in volumigen Handbüchern nachlesen, in denen die neu entwickelten Module detailliert nach Lernzielen, Lehrinhalten, Lehrmethoden und Prüfungsformen beschrieben sind. Eine diskursive Selbstvergewisserung dieses Ausmaßes und dieser Präzision hat es vor Bologna allenfalls im Ausnahmefall gegeben.

Für Studierende bedeutet die Beschränkung der akademischen Grundausbildung auf sechs Semester, eine annähernd gleich große Stofffülle in deutlich verringerter Lernzeit bewältigen zu müssen. Die Erwartungen an das selbständige Lernen und Vertiefen des Stoffs in den eigenen vier Wänden sind deshalb deutlich gestiegen. Bologna hat das eigene Arbeitszimmer als Lernort gewissermaßen rekultiviert.

Die Idee zu der Reihe, in der das vorliegende Buch erscheint, ist vor dem Hintergrund dieser bildungspolitisch veränderten Rahmenbedingungen entstanden. Die nach und nach erscheinenden Bände sollen in kompakter Form nicht nur unabdingbares Grundwissen für das Studium der Sozialen Arbeit bereitstellen, sondern sich durch ihre Leserfreundlichkeit auch für das Selbststudium Studierender besonders eignen. Die Autor/innen der Reihe verpflichten sich diesem Ziel auf unterschiedliche Weise: durch die lernzielorientierte Begründung der ausgewählten Inhalte, durch die Begrenzung der Stoffmenge auf ein überschaubares Volumen, durch die Verständlichkeit ihrer Sprache, durch Anschaulichkeit und gezielte Theorie-Praxis-Verknüpfungen, nicht zuletzt aber auch durch lese(r)-freundliche Gestaltungselemente wie Schaubilder, Unterlegungen und andere Elemente.

Prof. Dr. Rudolf Bieker, Köln

Zu diesem Buch

Die Aneignung ökonomischen Grundwissens gehört nur selten zu den Lieblingsthemen von Studierenden und Praktiker_innen in Sozialen Berufen – hat man sich doch für einen Beruf entschieden, bei dem der Umgang mit Menschen und nicht der mit Zahlen im Mittelpunkt steht. Gleichwohl beeinflussen ökonomische Rahmenbedingungen die Arbeitsbedingungen; eine Situation, die oftmals als Kostendruck wahrgenommen und mit Sparzwang gleichgesetzt wird. Weniger Aufmerksamkeit wird der Tatsache gewidmet, dass Professionelle im Rahmen ihrer Tätigkeit Einfluss auf die wirtschaftliche Situation von Adressat_innen nehmen, indem Sie bspw. über vorhandene Rechtsansprüche beraten, Unterstützung bei der Bewältigung des (wirtschaftlichen) Alltags bspw. in Form von Schuldnerberatung gewähren und Zugänge zu (ökonomischer) Bildung ermöglichen. Auch der wirtschaftliche Erfolg bzw. zumindest die dauerhafte Existenz der Organisationen, bei denen Sozialarbeiter_innen, Sozialpädagog_innen beschäftigt sind, ist von der Expertise der Fachkräfte abhängig. Und letztlich ist auch die enorme volkswirtschaftliche Bedeutung der Sozialwirtschaft mit insgesamt ca. 4,5 Mio. Beschäftigten ein wichtiges Argument zur Auseinandersetzung mit den Grundlagen von Finanzierung und Wirkungsmessung.

Das vorliegende Buch gibt einen Einblick in die wirtschaftlichen Rahmenbedingungen der Sozialwirtschaft und aktuelle Entwicklungstrends, aber auch praktische Hinweise zu deren Gestaltung und kritischen Reflektion durch (angehende) Fachkräfte in Sozialen Berufen.

Einen Großteil der dargestellten Themen und Fragestellungen habe ich im Kontext von Vorlesungen, Seminaren und Online-Veranstaltungen mit Studierenden der Hochschule Koblenz entwickelt und aufgearbeitet. Viele Studierende sind meinen Ausführungen (zunächst) mit sehr kritischer Distanz gefolgt, einige haben im Verlauf des Semesters dann tatsächlich eine Leidenschaft für ökonomische Themen entwickelt – in der Erkenntnis, dass nur mit fundiertem Wissen Strukturen auch verändert bzw. gestaltet werden können.

Ohne die Fragen und kritischen Anmerkungen meiner Studierenden hätte ich dieses Buch nicht schreiben können: Vielen Dank dafür!

Einige Teile basieren auf gemeinsamen Projekten bzw. der langjährigen Zusammenarbeit mit Rolf G. Heinze und/oder Stephan Grohs und den daraus entstandenen gemeinsamen Publikationen. Auf die (ausführlicheren) Gesamttexte wird jeweils verwiesen. Dem Herausgeber der Reihe, Rudolf Bieker, danke für ich die konstruktive Begleitung des Buches. Bedanken möchte ich mich auch bei Gianna Grams und Jessica Zahn, die große Teile dieses Buches mehrfach Korrektur gelesen haben und mich bei der Literaturbeschaffung und Zitation unterstützt haben sowie bei Elisabeth Häge vom Kohlhammer Verlag für ein sehr sorgfältiges Lektorat. Verbleibende Fehler habe nur ich zu verantworten.

Katrin Schneiders

Inhalt

Vorwort zur Reihe		5
Zu diesem Buch		6
1	**Einleitung**	**13**
1.1	Überblick über die Begriffsgeschichte und alternative Begriffe	17
1.2	Zum Verhältnis von Sozialwirtschaft, Sozialer Arbeit, Sozialrecht und Sozialpolitik	23
1.3	Umfang und Strukturen der Sozialwirtschaft in Deutschland	25
2	**Finanzierung Sozialer Dienstleistungen**	**35**
2.1	Kostenträger bzw. Finanzierungsquellen	39
2.2	Instrumente öffentlicher Finanzierung	40
	2.2.1 Zuschüsse	40
	2.2.2 Entgeltfinanzierung	42
	2.2.3 Einkaufsmodelle	45
	2.2.4 Fazit	57
2.3	Fundraising jenseits öffentlicher Finanzierungen	59
	2.3.1 Spenden	60
	2.3.2 Sponsoring	62
	2.3.3 (Förder-)Stiftungen	64
	2.3.4 Crowd-Funding	65
2.4	Fazit	66
3	**Erwerbstätigkeit im sozialen Dienstleistungssektor**	**68**
3.1	Beschäftigungsstruktur in Sozialen Berufen	71
3.2	Entgeltsysteme und Tarifverträge	74
3.3	Verdienstmöglichkeiten im Vergleich	78
3.4	Fazit	79
4	**Wirkungsmessung und -forschung**	**81**
4.1	Begrifflichkeiten	81
4.2	(Standardisierte) Instrumente der Wirkungsforschung	86
	4.2.1 Social Reporting Standard	89
	4.2.2 Social Return on Investment	90

4.2.3 Balanced Scorecard (BSC) 92
4.2.4 Fazit 94
4.3 Anwendungsbeispiele 96
4.3.1 Studie »Jugendhilfe-Leistungen« (JULE) 96
4.3.2 Jugendhilfe-Effekte-Studie (JES) 97
4.3.3 Kind in Diagnostik (KID) 100
4.3.4 Modellprojekt »Erziehungshilfe, Soziale Prävention und Quartiersentwicklung« (ESPQ) 101
4.4 Fazit 103

5 Aktuelle Debatten und Entwicklungstrends 105
5.1 Ökonomisierung 105
5.1.1 Analytische Annäherung an einen schillernden Begriff 106
5.1.2 Ökonomisierung in verschiedenen Handlungsfeldern 109
5.1.3 Bewertung 114
5.1.4 Fazit 116
5.2 Digitalisierung und Technisierung 117
5.2.1 Relevanz für die Soziale Arbeit bzw. Sozialwirtschaft 119
5.2.2 Praxisbeispiele 119
5.2.3 Fazit 124
5.3 Social Entrepreneurship 126
5.3.1 Begriffliche Annäherung 127
5.3.2 Fallbeispiele 130
5.3.3 Fazit 134
5.4 Betriebliche Sozialpolitik 136
5.4.1 Unternehmen als sozialpolitische Akteure 136
5.4.2 Historischer Rückblick 138
5.4.3 Formen betrieblicher Sozialpolitik 140
5.4.4 Betriebliche Soziale Arbeit 145
5.4.5 Betriebliches Eingliederungsmanagement 146
5.4.6 Bewertung betrieblicher Sozialpolitik und deren Relevanz für die Soziale Arbeit 147
5.4.7 Fazit 150
5.5 Soziale Arbeit als Schnittstellenmanagement zwischen dem privaten, öffentlichen und frei-gemeinnützigen Sektor 153
5.5.1 Tourismus 155
5.5.2 Finanzdienstleistungen 156
5.5.3 Wohnen bzw. Wohnungswirtschaft 157
5.5.5 Gesundheit 158
5.5.6 Fazit 160

6 Fazit: Wie geht's weiter? 161

Literatur	163
Abkürzungsverzeichnis	177
Stichwortverzeichnis	179

1 Einleitung

Die Arbeit in ambulanten und stationären Diensten und Einrichtungen der Handlungsfelder Sozialer Arbeit hat sich in den letzten Jahren erheblich verändert – und zwar sowohl in qualitativer als auch in quantitativer Hinsicht.

Quantitativ betrachtet steigt die Zahl von Menschen, die soziale Dienstleistungen in Anspruch nehmen, kontinuierlich an. Die vermehrte Nachfrage resultiert dabei nicht nur aus einer steigenden Zahl hilfe- bzw. pflegebedürftiger älterer Menschen. Während diese Entwicklung als Folge des demographischen Wandels quasi zwangsläufig zu erwarten war, sind steigende Inanspruchnahmezahlen in der Kinder- und Jugendhilfe bei insgesamt sinkender Zahl dieser Altersgruppe zunächst überraschend. Hier wirken sich u. a. gravierende gesellschaftliche Veränderungen aus, die unter den Begriffen Individualisierung und Pluralisierung der Lebensstile zusammengefasst werden können. Für viele Familien, aber auch andere Lebensformen ist dies mit Herausforderungen verbunden, die allein nicht bewältigt werden können. Hinzu kommen veränderte Rollenbilder und Rollenverteilungen zwischen den Geschlechtern. Die zunehmende Frauenerwerbstätigkeit, aus der unmittelbar erhöhte Bedarfe bei der außerhäuslichen Kinderbetreuung resultieren, ist nur eine Folge. Hinzu kommen Unsicherheiten bei der Ausgestaltung (neuer) Rollenerwartungen, die zumindest mittelbar zu Beratungsbedarfen von Individuen und Familien führen. Des Weiteren hat die Intensivierung weltweiter Flucht- und Migrationsbewegungen in den Jahren 2015 und 2016 zu plötzlich massiv ansteigenden Bedarfen in der Betreuung, Beratung und Versorgung von Menschen mit Fluchterfahrung geführt. Auch wenn die Zahl neu eintreffender Flüchtlinge in den letzten Monaten stark gesunken ist, so ist aufgrund globaler Entwicklungen davon auszugehen, dass die Zahl von Menschen mit Migrations- und oder Fluchterfahrungen in Deutschland und entsprechenden Beratungsbedarfen in den kommenden Jahren auf hohem Niveau verbleiben bzw. steigen wird. Trotz der in den letzten Jahren kontinuierlich steigenden Zahl von Erwerbstätigen und einer sinkenden Zahl von Arbeitslosen benötigt weiterhin eine hohe Zahl von Menschen Unterstützung beim Zugang auf den (ersten) Arbeitsmarkt.

Neue sozialpolitische Paradigmen wie Aktivierung, Inklusion und Sozialraumorientierung führten nicht nur zu veränderten rechtlichen Rahmenbedingungen, sondern forderten von der Sozialen Arbeit umfangreiche Anpassungs- bzw. Innovationsprozesse in der konkreten Arbeit in vielen Handlungsfeldern. Die Möglichkeiten und Herausforderungen, die aus der Digitalisierung resultieren, sind bislang nur in groben Konturen erkennbar. Bereits absehbar ist aber, dass die technischen Innovationen Arbeitsprozesse verändern und gleichzeitig neue Bedarfe bzw. Adressat_innen generieren werden.

1 Einleitung

Angesichts der gesellschaftlichen und wirtschaftlichen Veränderungen ist es nicht überraschend, dass die Höhe des Sozialbudgets – also die Summe aller Ausgaben, die für die soziale Sicherung verausgabt werden – in Deutschland seit Jahren steigt und 2018 nach Angaben des zuständigen Bundesministeriums für Arbeit und Soziales 996 Mrd. Euro beträgt. Gegenüber dem Vorjahr bedeutet dies einen Anstieg um 3,2 Prozent. Ca. zwei Drittel dieser Summe wird in Form von Sozialversicherungsbeiträgen von den Arbeitgeber_innen und Arbeitnehmer_innen aufgebracht, mit den verbleibenden ca. 330 Mrd. Euro werden Kinder- und Elterngeld sowie Maßnahmen der Kinder- und Jugendhilfe, der Eingliederungshilfe sowie für andere Anspruchsgruppen finanziert (BMAS 2019). Folgendes Schaubild gibt einen Überblick über die Ausgaben (▶ Abb. 1).

Städte und Gemeinden tragen nach dieser Statistik ca. zehn Prozent aller Kosten, also 104 Mrd. Euro; ca. 46 Mrd. Euro werden jährlich allein für die Kinder- und Jugendhilfe verausgabt. Die Ausgaben für diesen Bereich sind seit 1991 deutlich gestiegen, was zu einem erheblichen Teil auf den Ausbau der Kinderbetreuungsinfrastruktur zurückzuführen ist.

Es wird deutlich, dass in Deutschland erhebliche Mittel für die Soziale Sicherung ausgegeben werden und zwar mit steigender Tendenz und trotz der über Jahre angespannten öffentlichen Haushalte bei Bund und Ländern, insbesondere aber bei einer großen Zahl von Städten und Gemeinden. Angesichts dieser Ausgabensteigerungen erscheint die Diskussion über die Effizienz und Effektivität der eingesetzten Mittel (▶ Kap. 4) zwangsläufig. Viele Kommunen haben schon vor Jahren Maßnahmen des Controllings (also des Berichtswesens über Ausgaben und Einnahmen) ergriffen und fordern auch von Sozialunternehmen eine zunehmende Kostensensibilität und -transparenz bis hin zu massiven Kosteneinsparungen in einigen Bereichen (wie bspw. in der Offenen Kinder- und Jugendarbeit). Vergütungssysteme (▶ Kap. 2) wurden umgestellt und erfordern von Sozialarbeiter_innen zunehmend auch Kompetenzen im Bereich des (wirtschaftlichen) Managements von Einrichtungen und Projekten.

In den meisten grundständigen Studiengängen der Sozialen Arbeit sind mittlerweile Module eingeführt, die die Studierenden in die grundlegenden ökonomischen Aspekte Sozialer Arbeit einführen. Damit wird auf die zunehmenden Anforderungen in der Berufspraxis reagiert, die Kenntnisse und Kompetenzen im Bereich der Finanzierung sowie der Wirkungsmessung erfordern. Diese Module firmieren unter »Projektmanagement« oder auch »Trägerstrukturen und Finanzierung Sozialer Arbeit« u. Ä. Auch in Masterstudiengängen wird auf diese Aspekte eingegangen. Die Diskussion über die Ökonomisierung der Sozialen Arbeit wird meist in Modulen/Lehrveranstaltungen aus dem Bereich der »Theorien der Sozialen Arbeit« bzw. »Ethik« geführt. Sowohl die Finanzierung als auch Methoden und Instrumente der Wirkungsforschung und -messung sowie die dazugehörigen Diskussionen stehen jedoch in engem Zusammenhang mit Ökonomisierungsprozessen der Sozialen Arbeit. Veränderungen der Finanzierungsstrukturen – bspw. die Einwerbung von Mitteln jenseits öffentlicher Zuwendungen sind Ausdruck und Folge der Ökonomisierung. Auch die steigende Bedeutung der Wirkungsmessung bzw. -orientierung ist nicht zuletzt darauf zurückzuführen, dass Einrichtungen und Organisationen der Sozialen Arbeit zunehmend dazu aufgerufen

1 Einleitung

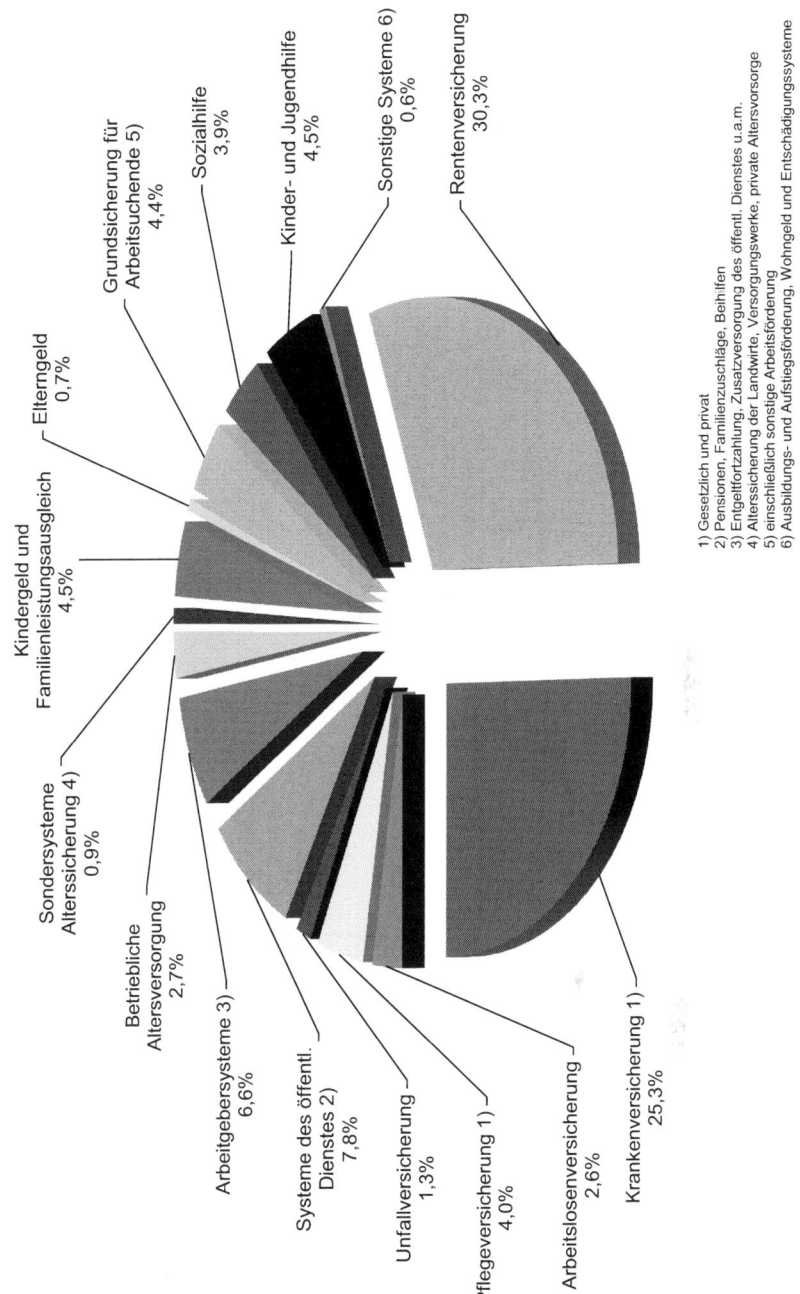

Abb. 1: Das Sozialbudget nach Sicherungszweigen im Jahr 2018 – Anteile an den Gesamtausgaben, einschließlich der Beiträge des Staats (Quelle: BMAS (2019): Sozialbudget 2018 Berlin, S. 6, [online] https://www.bmas.de/SharedDocs/Downloads/DE/PDF-Publikationen/a230-17-sozialbudget-2017.pdf;jsessionid=1CF5396 5ED31B88BABC7125BB5632CF7?__blob=publicationFile&v=2 [20.09.2019])

sind, die Zielgerichtetheit ihres Handelns auch mit (monetären) Maßzahlen zu belegen. Vor diesem Hintergrund wird in diesem Lehrbuch versucht, verschiedene Aspekte wirtschaftlichen Handelns und ihrer Folgen für die Soziale Arbeit aufzugreifen. Hierzu gehören selbstverständlich die klassischen Inhalte der Finanzierung. Ein in diesem Buch gleichrangig behandelter Aspekt ist die Wirkungsorientierung, -messung und -forschung, ohne die die Effizienz von Maßnahmen nicht ermittelt werden kann. Neben diesen ökonomischen Aspekten, die die Ebene von Organisationen und Projekten betreffen, wird in einer Makro-Perspektive die volkswirtschaftliche Bedeutung des Sektors (▶ Kap. 1.3) dargestellt sowie ein Einblick in die Strukturen der Erwerbstätigkeit im sozialen Dienstleistungssektor gegeben (Mikro-Ebene). Hier erhalten Studierende der Sozialen Arbeit eine Orientierung über Entgeltsysteme und Verdienstmöglichkeiten – auch im Vergleich zu anderen Berufen.

Das Lehrbuch schließt mit einem Kapitel, in dem auf Trends und Entwicklungen eingegangen wird, die die Sozialwirtschaft zurzeit und in Zukunft prägen werden (▶ Kap. 5).

Grundlegende Inhalte von Finanzierung und Wirkungsmessung werden in diesem Lehrbuch anhand der relevanten Literatur und unter Verwendung praktischer Beispiele (bspw. Beispielkalkulationen für verschiedene Finanzierungsformen von Angeboten Sozialer Arbeit) dargestellt. Ähnliches erfolgt für den Bereich der Wirkungsmessung bzw. -forschung. Auch hier werden die verschiedenen Methoden und Instrumente zunächst vorgestellt und anhand konkreter Beispiele ihre Einsetzbarkeit veranschaulicht bzw. diskutiert. Darüber hinaus wird ein Überblick über die Diskussion in Wissenschaft und Praxis über die jeweiligen Finanzierungsformen bzw. Methoden und Instrumente der Wirkungsforschung gegeben.

Folgende Ziele werden mit diesem Lehrbuch verfolgt:

Studierende der Sozialen Arbeit und angrenzender Bereiche

- sollen die Relevanz ökonomischer Aspekte der Sozialen Arbeit verstehen und einen Überblick über aktuelle Debatten bzgl. der Ökonomisierung erlangen,
- erwerben Kenntnisse über mögliche Finanzierungsinstrumente und deren Einsetzbarkeit in verschiedenen Handlungsfeldern und Trägersystemen,
- erhalten einen Überblick über mögliche Beschäftigungsformen und Tarifstrukturen (sowohl im Hinblick auf spätere Tätigkeiten im Personalmanagement von Einrichtungen als auch für die eigene Positionierung als Erwerbstätige),
- kennen Instrumente und Anwendungsbeispiele von Wirkungsmessung und sind in der Lage, deren Anwendbarkeit anhand aktueller Debatten zu bewerten.

Zur Erreichung dieser Ziele ist jedem Kapitel eine kurze Einführung vorangestellt, in der die wesentlichen Inhalte und Lernziele noch einmal kurz dargestellt werden. Jedes Kapitel enthält praktische Anwendungsbeispiele fiktiver, aber realitätsnaher Projekte, Prozesse und Strukturen. Am Ende eines Kapitels werden Hinweise zu vertiefender Literatur gegeben.

Im gesamten Lehrbuch werden Sie immer wieder auf eine Fallstudie mit dem Namen »JugendJetzt« stoßen. Anhand dieses exemplarischen Beispiels werden die verschiedenen sozialwirtschaftlichen Perspektiven veranschaulicht. Sie erkennen das Fallbeispiel an dem senkrechten Balken neben dem Text.

Fallbeispiel JugendJetzt

JugendJetzt ist eine Organisation, die in Musterstadt v. a. im Bereich der Jugendhilfe tätig ist. Es handelt sich dabei um einen sogenannten Freien Träger (also einen Träger, der nicht von der öffentlichen Hand – Land/Kommune/ Bund – getragen wird). Alle weiteren Informationen zur Struktur, dem Tätigkeitsspektrum, der Finanzierung etc. finden Sie in den jeweiligen Kapiteln.

1.1 Überblick über die Begriffsgeschichte und alternative Begriffe

Der Begriff der »Sozialwirtschaft« ist noch relativ jung und hat sich erst im Umfeld der Neuausrichtung des deutschen Wohlfahrtsstaates seit den 1990er Jahren etabliert. Vor dem Hintergrund von beschränkten öffentlichen Ressourcen bei gleichzeitig stabilen bzw. steigenden Bedarfen ist die Soziale Arbeit zunehmend aufgefordert, die vorhandenen Ressourcen nicht nur effektiv (d. h. wirkungsvoll), sondern auch effizient (d. h. mit möglichst geringen Mitteln wirkungsvoll) und somit nach dem ökonomischen Prinzip zu verwenden (vgl. Finis Siegler 2009). Die wachsende Bedeutung und die Integration einer ökonomischen Perspektive in die Soziale Arbeit verlaufen zeitgleich mit der Einführung und der Diskussion um das sogenannte »Neue Steuerungsmodell« für die öffentliche Verwaltung (NSM). Wesentliche Kennzeichen des Neuen Steuerungsmodells sind die Integration betriebswirtschaftlicher Steuerungsinstrumente (bspw. Budgetierung und Kontraktmanagement) sowie der Neuzuschnitt von Fachressorts in die Kommunalverwaltung (vgl. Bieker 2004). Diese zumindest partiell in vielen deutschen Kommunen umgesetzte Verwaltungsreform hatte erhebliche Auswirkungen auf das Verhältnis zwischen kommunaler Verwaltung als einem der wichtigsten Auftraggeber Sozialer Arbeit sowie deren Leistungserbringern bzw. Anbietern und hat dazu geführt, dass die den sozialen Dienstleistungssektor bis in die 1990er Jahre weitgehend konkurrenzlos dominierenden Wohlfahrtsverbände unter Druck geraten sind, ihrerseits ökonomische Rationalitäten in der Leistungserstellung zu berücksichtigen (Heinze/Schneiders 2013). Die Neuorientierung wurde bereits früh positiv als »Modernisierung sozialer Dienste« (vgl. Heinze et al.

1997) bzw. negativ als »Ökonomisierung bzw. Entprofessionalisierung« (Buestrich et al. 2010) kontrovers diskutiert. Sowohl die kommunale Verwaltungsreform als auch die Modernisierung sozialer Dienste sind in den gesamtgesellschaftlichen Trend der Ökonomisierung eingebettet, der sich auch auf anderen Ebenen der sozialpolitischen Politikformulierung und -implementation wiederfindet. Seit den 1990er Jahren ist in der deutschen Sozialpolitik (ähnlich wie in anderen bis dato ›wirtschaftsfernen‹ Politikfeldern) eine an ökonomischen Prinzipien orientierte Neustrukturierung erkennbar, die sich u. a. in der Erosion korporatistischer Organisationsformen der Leistungserstellung, der Privatisierung vormals durch die öffentliche Hand oder frei-gemeinnützige Träger erbrachten Aufgaben sowie einer gestiegenen Selbstbestimmung der Zielgruppen Sozialer Arbeit manifestiert (Heinze/Schneiders 2013). Mit diesen strukturellen Veränderungen ging auch in der Sozialen Arbeit eine begriffliche Neuorientierung einher. Soziale Arbeit wurde nun den Sozialen Dienstleistungen als sozialpolitisch motivierte personenbezogene Dienstleistung zugeordnet (vgl. für einen Überblick über den Diskurs bzgl. des Dienstleistungsbegriffs in der Sozialen Arbeit die Beiträge in Olk/Otto 2003).

Spätestens seit Ende der 1990er Jahre bezeichnete sich zumindest ein Teil der im Sozialen Sektor tätigen Organisationen zunehmend als »Sozialunternehmen« und aus dem »Sozialwesen« bzw. »Sozialsektor« wurden Begriffe wie Sozialmanagement bzw. Sozialwirtschaft kreiert (vgl. für die Darstellung der historischen Entwicklung des Begriffs und Konzepts des »Sozialmanagements« die Beiträge in Wöhrle et al. 2017).

Vor diesem sozialhistorischen Hintergrund vereint der Begriff der Sozialwirtschaft in Anlehnung an Wendt (2002) zwei Perspektiven: eine institutionelle und eine instrumentelle. Institutionell können unter dem Begriff der Sozialwirtschaft Organisationen subsumiert werden, die soziale Dienstleistungen im oben definierten Sinne erbringen. Diese können entweder nach Zielgruppen unterschieden werden (Jugend, Menschen mit Behinderung, Menschen in besonderen Problemlagen, ältere Menschen etc.) oder aber nach Tätigkeitsfeldern (Beratung, Pflege, Erziehung). Die Sozialwirtschaft ist in diesem Kontext ein Teil des Non-Profit-Sektors, aber mit diesem nicht deckungsgleich, da hier auch andere Dienstleistungen (Kultur, Sport, Bildung) angeboten werden und zudem ein zunehmender Teil von sozialen Dienstleistungen durch erwerbswirtschaftliche Unternehmen (»For-Profit«) erbracht werden.

Fallbeispiel JugendJetzt

JugendJetzt wurde durch das örtliche Finanzamt als gemeinnützig anerkannt und ist daher dem Non-Profit-Sektor eindeutig zuzuordnen.

Trotz der beschriebenen Ökonomisierungs- und Privatisierungstendenzen verfügen die fünf großen deutschen Wohlfahrtsverbände (Arbeiterwohlfahrt, Deutsches Rotes Kreuz, Deutscher Caritasverband, Diakonisches Werk sowie Der Paritätische) in fast allen Bereichen des sozialen Dienstleistungssektors über eine zentrale Position. Die auch in der BAGFW (Bundesarbeitsgemeinschaft der Freien

Wohlfahrtspflege) organisierte Zentrale Wohlfahrtsstelle der Juden (ZWST) spielt demgegenüber als Anbieter sozialer Dienstleistungen eine untergeordnete Rolle. Die in den fünf großen Verbänden organisierten Träger und Einrichtungen unterscheiden sich insofern von anderen (erwerbswirtschaftlichen) Anbietern, als sie nicht nur als Träger bzw. Anbieter von sozialen Dienstleistungen auftreten, sondern darüber hinaus Aufgaben der Interessenvermittlung bzw. der Sozialanwaltschaft übernehmen. Insbesondere die Kinder-, Jugend- und Behindertenhilfe, aber auch die Beratung von Menschen in besonderen Problemlagen (Sucht- und Straffälligenhilfe, Beratung von Menschen mit Migrationshintergrund und Asylbewerbern) werden weiterhin v. a. von frei-gemeinnützigen Anbietern, die in den Wohlfahrtsverbänden organisiert sind, dominiert. Insbesondere in der Altenpflege, in der seit Einführung der Pflegeversicherung im Jahr 1995 signifikante Ökonomisierungstendenzen erkennbar sind, zeigen sich mittlerweile deutliche Verschiebungen zugunsten privat-gewerblicher Einrichtungen bzw. Dienstleistungsanbieter (Schneiders 2010; Schneiders 2014).

Aus instrumenteller Perspektive können unter dem Begriff der Sozialwirtschaft bzw. stärker noch des »Sozialmanagements« (betriebs-)wirtschaftliche Instrumente zusammengefasst werden, die zur Steuerung, Leitung und (Erfolgs-)Kontrolle in Einrichtungen und Diensten eingesetzt werden. Vor dem Hintergrund eines zunehmenden Kostenbewusstseins zählen zu den am intensivsten diskutierten Maßnahmen das Personalmanagement, da die Personalkosten in vielen Organisationen zwischen 70 und 80 % der gesamten finanziellen Ressourcen binden. Aber auch das Qualitätsmanagement und eng damit verbunden das Controlling gewinnen als Grundlagen der Wirkungsmessung und der immer wichtiger werdenden Legitimierung sozialarbeiterischer Interventionen an Aufmerksamkeit. Schließlich ist noch auf das Fundraising als aktive Strategie zur Aktivierung zusätzlicher finanzieller Ressourcen jenseits der öffentlichen Finanzierung hinzuweisen.

In der Sozialen Arbeit ist mittlerweile eine Vielzahl von ›Management-Literatur‹ erschienen, die anwendungsbezogen betriebswirtschaftliche Instrumente und ihre Einsatzmöglichkeiten in der Sozialen Arbeit darstellt. Die wissenschaftliche Debatte in der Sozialen Arbeit haben v. a. Wolf Rainer Wendt, Armin Wöhrle und Herbert Bassarak bestimmt, die auch innerhalb der Deutschen Gesellschaft für Soziale Arbeit (DGSA) wichtige Funktionen innehatten und u. a. die Arbeitsgruppe »Sozialwirtschaft« innerhalb der DGSA mit aufgebaut haben. Erst in den letzten Jahren wurden verstärkt Arbeiten mit einem theoretischen Bezug veröffentlicht (Beiträge in Wendt/Wöhrle 2007; Bassarak/Wöhrle 2008; Grillitsch et al. 2017), der auch in Lehr- und Handbücher einfließt (u. a. Finis Siegler 2009; Arnold et al. 2014; Grunwald/Langer 2018). Mittlerweile existieren auch supranationale Vereinigungen wie bspw. die Internationale Arbeitsgemeinschaft Sozialmanagement/Sozialwirtschaft (INAS), die Wissenschaftler_innen aus der Schweiz, Österreich und Deutschland organisiert, die im Bereich Sozialmanagement/Sozialwirtschaft tätig sind.

Weitgehend unabhängig von den Debatten in der Sozialen Arbeit hat sich in der (Wirtschafts- und Organisations-)Soziologie ein Diskurs über Erscheinungsformen und Folgen der Ökonomisierung entwickelt. Aus verbändesoziologischer bzw. politikwissenschaftlicher Perspektive ist das Thema mit Fokus auf die Wohlfahrtsverbände u. a. in Evers/Heinze (2008) sowie Heinze/Schneiders (2014) thematisiert worden. Die aktuelle steuerungstheoretische Debatte kreist u. a. um die Frage, inwiefern die verstärkte Integration marktlicher Steuerungsinstrumente in den sozialen Dienstleistungssektor einen Widerspruch zu der Tatsache darstellt, dass die dort tätigen Organisationen (auch als Dritte-Sektor-Organisationen bezeichnet) aus Gründen des Markt- bzw. Staatsversagens gegründet wurden bzw. vom Staat u. a. im Rahmen der Steuergesetzgebung privilegiert werden.

Aufgrund der Besonderheiten der Sozialen Dienstleistungen, insbesondere der vorhandenen Informationsasymmetrie über die Notwendigkeit und Qualität von Leistungen sowie der für einen Erfolg erforderlichen Ko-Produktion durch die Kund_innen bzw. Klient_innen handelt es sich bei diesem Sektor nicht um eine Wirtschaftsbranche wie jede andere. Anders als andere Branchen/Sektoren gelten hier nicht (nur) die Prinzipien des Marktes. Es handelt sich allenfalls um ›Quasi-Märkte‹. Dies gilt v. a. für Beratungs- bzw. Unterstützungsleistungen, denen neben der Beseitigung bzw. Reduzierung individueller Probleme auch eine gesamtgesellschaftliche Integrationsfunktion innewohnt (bspw. in der Suchthilfe sowie der Straffälligenhilfe). Kritiker_innen der Integration marktlicher Steuerungsmechanismen problematisieren die Folgen der Ökonomisierung und Privatisierung als Entprofessionalisierung der Sozialen Arbeit (Buestrich et al. 2010; Seithe 2010) mit dem Argument, dass aus Kostengründen zunehmend un- bzw. schlecht qualifiziertes Personal eingestellt würde.

Aktuelle Entwicklungstendenzen im Sozialsektor zeigen, dass sich die Unterschiede zwischen erwerbswirtschaftlichen und Non-Profit-Unternehmen zunehmend auflösen. Eine Vielzahl von frei-gemeinnützigen Organisationen (insbesondere die Wohlfahrtsverbände) haben aus rechtlichen Haftungsgründen, aber auch um eine stärkere arbeitsrechtliche Flexibilität zu gewinnen, Tochterunternehmen ausgegründet, die zum Teil als erwerbswirtschaftliche Unternehmen in Form einer GmbH organisiert sind. Auch in ihrer Funktion als Arbeitgeber unterliegen die Wohlfahrtsverbände aufgrund mittlerweile öffentlich ausgetragener Arbeitskämpfe einer zunehmenden Legitimationskrise. Auf der anderen Seite etablieren sich in Deutschland neue Organisationen jenseits der traditionellen Wohlfahrtsverbände, deren primäre Motivation zwar nicht die Gewinnerzielung ist, die aber dennoch Züge von gewerblichen Unternehmen (Rechtsform, Risikorationalität etc.) aufweisen und die unter dem Label »Sozialunternehmen« bzw. »Social Entrepreneurship« insbesondere in den Medien viel Aufmerksamkeit erregen. Diese Social Entrepreneurs verfügen zwar im Vergleich zu den etablierten Akteuren (bislang) über nur geringe Kapazitäten und bedienen v. a. sozialpolitische Nischen (niedrigschwellige Betreuungsangebote, Organisation ehrenamtlicher Unterstützungsangebote etc.), weisen jedoch eine hohe Innovationskraft insbesondere in den Bereichen Sozialmarketing sowie Einbindung ehrenamtlichen Engagements auf (vgl. die Beiträge in Hackenberg/Empter 2011 sowie Jansen et al. 2013).

Die Ausdifferenzierung der wohlfahrtsverbandlichen Organisationsstrukturen sowie die Entstehung der erwähnten neuen Organisationsformen jenseits der klassischen Trennung zwischen Rendite- und Gemeinwohlorientierung führen zu einer Unübersichtlichkeit, die aus wissenschaftlicher Perspektive eine analytische Herausforderung darstellt. Kontrastierende Vergleiche zwischen Profit- und Non-Profit-Organisationen sind angesichts der Verbetriebswirtschaftlichung vieler auch wohlfahrtsverbandlicher Organisationen und Einrichtungen nur noch bedingt möglich. In international vergleichenden Untersuchungen zu Organisationsstrukturen und Entwicklungstrends in der Sozialwirtschaft können weder die deutschen Wohlfahrtsverbände unisono dem Non-Profit-Sektor, noch die in der Rechtsform der privatwirtschaftlichen GmbH agierenden Organisationen dem Profit-Sektor zugeordnet werden. Erforderlich ist vielmehr eine detaillierte Analyse und Einschätzung der jeweiligen Handlungsrationalitäten und Umsetzungsstrukturen. Evers/Ewert (2010) haben in diesem Zusammenhang den Begriff der Hybridität in die deutsche Diskussion eingebracht (▶ Kap. 5).

Sowohl die institutionelle als auch die instrumentelle Dimension der Sozialwirtschaft sind von erheblicher Bedeutung v. a. für die strategische Positionierung der Sozialen Arbeit, aber auch für die praktische Arbeit der in diesem Bereich Tätigen. Ein möglichst effizienter Einsatz der vorhandenen Ressourcen bzw. ein optimiertes Fundraising, das auch Finanzierungsquellen jenseits der öffentlichen Haushalte aktiviert, gehört neben fachlichen Kompetenzen zunehmend zu den Voraussetzungen für eine gelingende Soziale Arbeit. Angesichts chronisch angespannter Sozialhaushalte sind kreative Ideen des Fundraisings, insbesondere auch zur stärkeren Wiedereinbindung ehrenamtlichen Engagements, eine Möglichkeit, die vorhandenen Begrenzungen positiv umzudeuten. Darüber hinaus ist nicht nur gegenüber den Kostenträgern, sondern auch für die Reflektion der eigenen Arbeit eine konsequente Wirkungsorientierung erforderlich, die nur mit geeigneten Messinstrumenten und -verfahren gelingen kann. Studierende der Sozialen Arbeit sollten sich daher frühzeitig mit Organisationsformen, Instrumenten und Mechanismen der Sozialwirtschaft vertraut machen, um im Arbeitsalltag Strukturen zu verstehen, ggf. aber auch um innovative Lösungen entwickeln zu können. Die erforderlichen Innovationen sind nur durch stärkere Verknüpfung von fachlichem Diskurs und betriebswirtschaftlichen Erwägungen erreichbar. Einerseits kann nur so einer naiven Ökonomisierung im Sinne der unreflektierten Übertragung betriebswirtschaftlicher Instrumente auf den sozialen Dienstleistungssektor begegnet werden, andererseits ist die Entwicklung der für eine ökonomische Betrachtung von Sozialer Arbeit erforderlichen Kennziffern für eine Wirkungsmessung auf die fachliche Expertise zwingend angewiesen. Auch aus Klient_innensicht scheint eine noch stärkere Orientierung an der Wirkung wichtig. Eine fundierte Wirkungsforschung bzw. Evaluation kann dazu beitragen, die Legitimation der Sozialen Arbeit innerhalb der Gesellschaft, aber auch des Wirtschaftssystems zu erhöhen mit dem Ziel, auch ggf. wieder verstärkt Ressourcen zu aktivieren. Hierfür wurden u. a. mit dem Modell des Social Return on Investment (SROI) bzw. der Balance Score Card (BSC) Instrumente entwickelt, die den Besonderheiten der sozialen Dienstleistungsproduktion gerecht werden (▶ Kap. 3).

In den grundständigen B. A.-Studiengängen Sozialer Arbeit werden Themen der Sozialwirtschaft u. a. im Kontext sozialrechtlicher bzw. sozialadministrativer Diskurse (sozialrechtliches bzw. sozialwirtschaftliches Dreieck der Leistungserstellung) bearbeitet. Daneben wird mittlerweile eine Vielzahl von Studiengängen zum »Sozialmanagement« angeboten. Ein Teil dieser Studiengänge und auch der vorhandenen Weiterbildungsangebote fokussiert v. a. auf die Vermittlung von Managementinstrumenten, mit denen der vorhandene Kostendruck in den Organisationen verwaltet werden kann. Auf die mit sozialen Dienstleistungen einhergehenden Besonderheiten und das jeweilige Wertesystem der Organisation wird hingehen nicht oder nur am Rande eingegangen. Eine differenzierte Auseinandersetzung mit der Fragestellung, inwieweit und inwiefern ökonomische Handlungsrationalitäten und/oder -instrumente für die Steuerung Sozialer Arbeit fruchtbar gemacht werden können, steht hingegen noch aus. Dieses Lehrbuch möchte Studierende und Praktiker_innen für Problemstellungen sensibilisieren, aber auch Berührungsängste vor ökonomischen Fragestellungen abbauen. Vor dem Hintergrund, dass öffentliche und private Kostenträger zunehmend auch ökonomische Maßstäbe bei der Vergabe von Mitteln anlegen, sind vertiefte Kenntnisse über sozialwirtschaftliche Zusammenhänge erforderlich.

Die teilweise unreflektierte bzw. naive Übernahme von Instrumenten aus einer an den Bedarfen erwerbswirtschaftlicher Unternehmen orientierten Betriebswirtschaft und eine einseitige Kostenorientierung haben in einer Vielzahl von sozialen Einrichtungen zu erheblichen Irritationen bis hin zu Frustrationen der Beschäftigten geführt.

Jenseits einer unreflektierten Ökonomisierung erwachsen aus einer stärker ökonomischen Betrachtung der Sozialen Arbeit aber auch Chancen. Die Bezeichnung der von der Sozialen Arbeit erbrachten Leistungen als (Wirtschafts-)Sektor in Abgrenzung zu anderen industriellen bzw. primären Sektoren ermöglicht, die Besonderheiten des Sektors in Bezug auf Produktionsformen etc. herauszustellen, gleichzeitig aber auch die volkswirtschaftliche Bedeutung zu konturieren. Noch relativ wenig beachtet wurde, dass für die Klient_innen Ökonomisierungsprozesse auch positive Effekte hervorrufen können. So ist bspw. die Einführung Persönlicher Budgets in der Behindertenhilfe für die Träger mit zusätzlichem Koordinierungs- und teilweise auch Marketingaufwand verbunden, bedeutet für die Betroffenen aber eine höhere Selbstbestimmung und Wahlfreiheit.

Während die ›Übergriffe‹ des Ökonomischen in das Soziale in Form der Übernahme (betriebs-) wirtschaftlicher Instrumente unter dem Stichwort der »Ökonomisierung« durch die Soziale Arbeit v. a. kritisch, teilweise auch strikt ablehnend bewertet wurden, hat das Aufgreifen »sozialer« im Sinne von »gesellschaftszuträglicher« bzw. »gemeinwohlorientierter« Handlungsmuster in erwerbswirtschaftlichen Unternehmen bislang nur marginal die Aufmerksamkeit der Sozialarbeitswissenschaft auf sich gezogen. Unter dem Begriff der Betrieblichen Sozialpolitik können sowohl Maßnahmen zusammengefasst werden, die sich an die Beschäftigten (interne betriebliche Sozialpolitik) als auch nach außen richten und die auch als Corporate Social Responsibility (CSR) diskutiert und umgesetzt werden. Auf diese Formen wird am Ende des Buches eingegangen.

1.2 Zum Verhältnis von Sozialwirtschaft, Sozialer Arbeit, Sozialrecht und Sozialpolitik

Die Sozialwirtschaft als Branche ist einerseits abzugrenzen von der Sozialpolitik als rahmensetzende Institution sowie von der Sozialen Arbeit als Bezeichnung für eine Profession. Andererseits stehen die drei Begriffe in einem engen Wechsel- aber auch Spannungsverhältnis.

Die Sozialpolitik bzw. das wohlfahrtsstaatliche Regime manifestiert sich in Regulierungen sowie distributiven und infrastrukturellen Maßnahmen, die gewährleisten sollen, dass die Ziele des Sozialstaats erreicht werden. Zu diesen Zielen gehören die Chancengleichheit und die Gleichstellung, die Kompensation des Machtungleichgewichts auf dem Arbeitsmarkt sowie die Gewährleistung von Teilhabe und Partizipation für alle Bürger_innen.

Das Sozialrecht (das v. a. in den Sozialgesetzbüchern niedergelegt ist) ist das Resultat sozialpolitischer Prozesse, strukturiert diese aber auch. Die Sozialwirtschaft als Branche wiederum organisiert und erbringt Maßnahmen (die im Sozialrecht spezifiziert sind und darüber hinaus). Darüber hinaus haben die Spitzenverbände der Wohlfahrtsverbände auch den Anspruch, die Interessen derjenigen wahrzunehmen, die diese Interessen selbst nicht vertreten können (Sozialanwaltschaft).

Die Definition der Rolle der Sozialen Arbeit ist abhängig von der jeweiligen Theorie. Fasst man Soziale Arbeit als Profession auf, setzt Soziale Arbeit gemäß des Tripelmandats (Staub-Bernasconi 2008) sozialpolitische Maßnahmen um, übernimmt die Sozialanwaltschaft für die Adressat_innen und will (zumindest nach Staub-Bernasconi) eigene professionelle Standards einhalten bzw. einfordern. In der Sozialwirtschaft gehören Sozialarbeiter_innen zu den zentralen Berufsgruppen.

Zur Veranschaulichung und Präzisierung sozialpolitischer Prozesse, an denen neben anderen politischen Akteuren auch die Sozialwirtschaft bzw. die Soziale Arbeit beteiligt ist, kann das Modell des Policy Cycle genutzt werden. Hierbei handelt es sich um ein Modell aus der Politikwissenschaft. Ausgehend davon, dass es bei Politik um Prozesse öffentlich relevanten Handelns geht, können folgende Phasen des politischen Prozesses unterschieden werden (▶ Abb. 2).

Der politische Prozess beginnt mit der Problemformulierung. Die Wahrnehmung eines sozialen Phänomens als soziales und damit zu bearbeitendes Problem kann durch politische Akteure wie Parteien, Gewerkschaften und/oder Verbände (insbesondere Wohlfahrtsverbände) erfolgen. Auslöser können aktuelle Entwicklungen (wie bspw. die Zunahme der Zahl von Flüchtlingen), die Ergebnisse von (wissenschaftlichen) Studien (bspw. zum Ausmaß von Kinderarmut), Anforderungen des Gesetzgebers (Forderung nach Gleichstellung der Geschlechter) oder auch die (Wieder-)Aufnahme politischer Forderungen (Reduktion der Langzeitarbeitslosigkeit) sein. Trifft das Thema im politischen Raum und in den Medien auf ausreichend Interesse, folgt die Phase des Agendasettings, in der die politischen Akteure mögliche Lösungsmöglichkeiten diskutieren. Vertreter_innen von Wohlfahrtsverbänden sowie Berufsverbänden sowie ggf. auch besonders ausgewiesene Expert_innen werden von den Entscheidungsträger_innen in dieser Phase mit

1 Einleitung

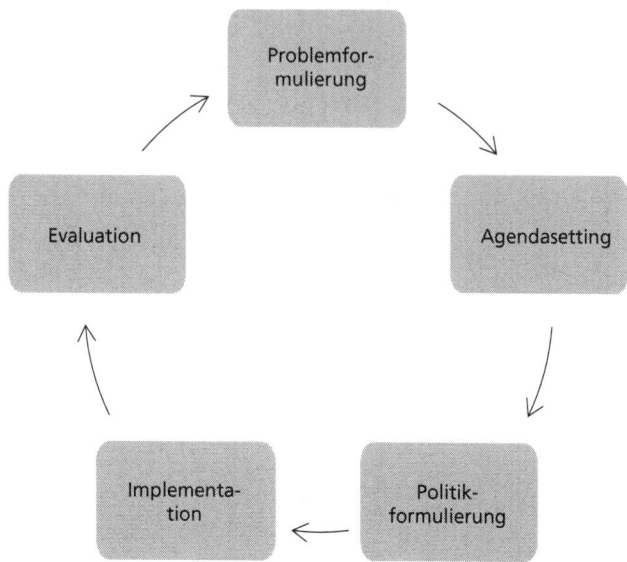

Abb. 2: Policy Cycle (Quelle: Jann, Werner/Wegrich, Kai (2014): Phasenmodelle und Politikprozesse: Der Policy-Cycle, in: Schubert, Klaus/Bandelow, Nils C. (Hrsg.): Lehrbuch der Politikfeldanalyse, Berlin: De Gruyter Oldenbourg 2014, S. 97–132, Abb. 3)

eingebunden. Die Phase der Politikformulierung umfasst den Prozess von der Einbringung einer Gesetzesinitiative in den Bundestag bis hin zur Verabschiedung eines Gesetzes.

Auf kommunaler Ebene kann es um Entscheidungen des Kommunalparlaments, aber auch um Verwaltungshandeln gehen. Auch hier werden in Form von Anhörungen interessierte Kreise (wie bspw. Vertreter_innen von Wohlfahrtsverbänden mittels der Aufforderung zur Stellungnahme) eingebunden (vgl. zur kommunalen Sozialpolitik Grohs/Reiter 2014; Bieker 2016). Die verabschiedeten Gesetze werden dann auf den nachgeordneten Ebenen bzw. Behörden in Form von Verordnungen u.a. operationalisiert. Es folgt die Implementation der Gesetze in Form von Maßnahmen, der Gewährung von Leistungen etc. Dies ist die Phase, die im Bereich der sozialen Sicherung von Sozialversicherungen, Kommunen, nachgeordneten Landesbehörden und insbesondere der Sozialwirtschaft als Erbringer eines Großteils der Maßnahmen dominiert wird. Idealtypisch schließt jeder Politikprozess mit einer Evaluation ab, in deren Rahmen überprüft wird, ob das Problem beseitigt bzw. reduziert wird und inwiefern das Gesetz bzw. die eingeleiteten Maßnahmen dazu geeignet waren, das Problem anzugehen. In Abhängigkeit vom Ergebnis dieser Evaluation folgt entweder eine Neu-Definition des Problems oder das soziale Problem gilt als gelöst bzw. gut bearbeitet. Verfolgt die Soziale Arbeit als Profession den Anspruch einer umfassenden Sozialanwaltschaft bzw. reklamiert sie für sich einen politischen Auftrag, so ist sie aufgefordert, sich nicht nur am Implementationsprozess, sondern an allen Phasen des Politikprozesses zu beteiligen.

1.3 Umfang und Strukturen der Sozialwirtschaft in Deutschland

Eine Abgrenzung der Sozialwirtschaft aus institutioneller Perspektive ist schwierig. Orientiert man sich an einer weiten Definition, so sind der Sozialwirtschaft neben den Organisationen, die soziale Dienstleistungen im engeren Sinne anbieten, auch Teilbereiche des Bildungs- und Gesundheitssektors zuzurechnen. Hinzu kommt, dass es zu Verschränkungen bzw. Mischtypen kommt. Viele Organisationen bieten sowohl soziale als auch gesundheitsbezogene Dienstleistungen an, bspw. die Wohlfahrtsverbände. Darüber hinaus sind viele Angebote nicht eindeutig einem Sektor zuzuordnen. So verfügen Kindertagesstätten über einen Erziehungs-, Betreuungs- und Bildungsauftrag, sind mithin sowohl dem sozialen als auch dem Bildungssektor zuzuordnen. In Kinder- und Jugendpsychiatrien arbeiten neben Ärzt_innen und Pflegepersonal grundsätzlich auch Sozialarbeiter_innen bzw. Sozialpädagog_innen sowie Lehrer_innen. Und in der Gesundheitswirtschaft, die nicht zum Kernbereich der Sozialwirtschaft gehört, sind neben medizinischem Personal wie Ärzt_innen und Gesundheitspfleger_innen auch Sozialarbeiter_innen/Sozialpädagog_innen bspw. im Sozialen Dienst tätig. Mittlerweile unbestritten ist die hohe volkswirtschaftliche und insbesondere beschäftigungspolitische Bedeutung der Sozialwirtschaft. Eine Untersuchung auf der Basis der volkswirtschaftlichen Gesamtrechnung kommt zu dem Ergebnis, dass die Wirtschaftsleistung (reale Bruttowertschöpfung) der Sozialwirtschaft zwischen 1991 und 2014 um 140 %, die der Gesamtwirtschaft um ca. 40 % gewachsen ist. Seit 2003 entfallen ca. 15 % aller zusätzlich geschaffenen Arbeitsplätze auf das Sozialwesen (Brenke et al. 2018, S. 308). – Die Beschäftigungsverhältnisse der Sozialen Berufe zeichnen sich im Vergleich zu anderen Branchen durch einen hohen Frauenanteil, eine hohe Quote der Teilzeitbeschäftigung sowie einen großen Anteil von befristeten Arbeitsverträgen bzw. der befristeten Ersteinstellung aus. Der Frauenanteil beträgt rund 80 % aller Beschäftigten, ca. 270.000 Personen arbeiten in geringfügigen Beschäftigungsverhältnissen und von den im vierten Quartal des Jahres 2018 insgesamt ca. 60.000 neuen sozialversicherungspflichtigen Beschäftigungsverhältnissen waren 46 % (zunächst) befristet. Alle Angaben beziehen sich auf die Wirtschaftszweige 87 und 88 »Heime und Sozialwesen« der Bundesagentur für Arbeit. Es handelt sich daher nur um einen Einblick in die Struktur der Beschäftigungsverhältnisse – ältere Daten (vgl. die in Henn et al. 2017 referierten Daten) kommen aber zu ähnlichen Ergebnissen und weisen auch auf die methodischen Schwierigkeiten bei der Abgrenzung der Sozialwirtschaft hin.

Wegen der oben dargestellten definitorischen Schwierigkeiten, welche Bereiche zur Sozialwirtschaft gehören, werden im Folgenden die Strukturen der Sozialwirtschaft anhand der zentralen Akteure (der Wohlfahrtsverbände) sowie einiger Handlungsfelder skizziert.

Aktuell nehmen die Organisationen der »Freien Wohlfahrtspflege« innerhalb des sozialen Dienstleistungssektors eine herausragende Position ein: Die sechs in der BAGFW organisierten Spitzenverbände der Freien Wohlfahrtspflege unterscheiden sich dabei sowohl hinsichtlich ihres Leistungsportfolios, der internen Organisation wie ihrer weltanschaulichen Bindung. Die folgende Tabelle gibt einen Überblick über Aufbau, Einrichtungen und Ausrichtung der Verbände (▶ Tab. 1).

Tab. 1: Überblick über Aufbau, Einrichtungen und Ausrichtung der Verbände der Freien Wohlfahrtspflege

Verband	Gründung	Gründungsideal	Einrichtungen	Mitarbeitende
Caritasverband (DCV)	1897	Tätige Nächstenliebe als Ausdruck katholischen Glaubens	24.391 (31.12.2014)	650.000 + ca. 500.000 Ehrenamtliche
Arbeiterwohlfahrt (AWO)	1919	Demokratischer Sozialismus Ideale der Arbeiterbewegung	Über 13.000 (2016)	212.000 + 66.000 Ehrenamtliche
Deutscher Paritätischer Wohlfahrtsverband	1920	Pluralität, Toleranz, Offenheit, weltanschauliche Neutralität	28.891 (03.07.2010)	141.922 + 1.000.000 Freiwillige
Deutsches Rotes Kreuz (DRK)	1921	Grundsätze der internationalen Rotkreuzbewegung (u. a. Menschlichkeit und Neutralität)	24.774 (2015)	164.500 + 410.000 Ehrenamtliche
Diakonisches Werk (DW)	1848	Erweckungsbewegung (»innere Mission«) Wesensäußerung der evangelischen Kirche	31.500 (2016)	525.000 + 700.000 Ehrenamtliche
Zentralwohlfahrtsstelle der Juden in Deutschland (ZWSt)	1917	Jüdische Selbsthilfe	440	756 (2013)

Quelle: eigene Zusammenstellung auf der Basis von Angaben auf den Homepages der Verbände

Die Tätigkeitsbereiche der Wohlfahrtsverbände (▶ Tab. 2) gliedern sich in neun Kernbereiche.

- Kinder- und Jugendhilfe: Ambulante und stationäre Hilfen für Kinder und Jugendliche, Erziehungsberatung und Freizeitangebote, Hilfen für Familien und Alleinerziehende wie Ehe- und Schwangerschaftsberatung, Lebensberatung, Familienpflege, Müttergenesung

- Altenhilfe: Hilfe für ältere Menschen (z. B. Seniorentreffs, Mahlzeiten- und Besuchsdienste, Alten- und Pflegeheime, ambulante Pflegedienste)
- Behindertenhilfe: Dienste für Menschen mit Behinderungen (Frühförderung, Kindergärten und Schulen, Berufsförderungs- und Berufsbildungswerke, Tagesstätten und Wohnheime)
- Gesundheitsdienstleistungen: Pflege von Kranken in Krankenhäusern, Tageskliniken, Tagespflegeeinrichtungen, Hilfe durch Kurheime und Beratungsstellen
- Integrationshilfen: Angebote für Migrant_innen (Ausländersozialberatung, Aussiedlerberatung, psychosoziale Zentren für Flüchtlinge, Integrationsprojekte)
- Allgemeine Sozialberatung: Sozialberatungsstellen und ambulante Dienste, Nachbarschaftszentren
- Hilfe in sozialen Notlagen: Obdachlosenunterkünfte, Schuldnerberatung, Bahnhofsmission, Telefonseelsorge
- Engagementförderung: Kontakt-, Informations-, Beratungsstellen für Selbsthilfegruppen und Gruppen bürgerschaftlichen Engagements
- Aus-, Fort- und Weiterbildung in sozialen und pflegerischen Berufen

Tab. 2: Tätigkeitsfelder und Beschäftigte der Wohlfahrtsverbände im Vergleich 2004–2016

	Einrichtungen		Betten und Plätze		Beschäftigte insgesamt	
	Anzahl	im Vergleich zu 2004	Anzahl	im Vergleich zu 2004	Anzahl	im Vergleich zu 2004
Gesundheitshilfe	7.763	- 2 %	181.045	- 20 %	413.492	+ 12 %
Jugendhilfe	41.884	+ 15 %	2.252.074	+ 18 %	418.939	+ 52 %
Familienhilfe	4.787	- 37 %	41.733	- 12 %	24.821	- 63 %
Altenhilfe	19.515	+ 24 %	579.255	+ 12 %	508.758	+ 39 %
Behindertenhilfe	19.071	+ 34 %	628.360	+ 26 %	382.870	+ 58 %
Hilfe für Personen in besonderen sozialen Situationen	10.486	+ 45 %	123.937	+ 63 %	44.632	+ 71 %
Weitere Hilfen	13.426	+ 67 %	263.050	+ 10 %	90.662	+ 74 %
Aus-, Fort- und Weiterbildungsstätten für soziale und pflegerische Berufe	1.691	+ 10 %	96.820	+ 1 %	28.490	+ 77 %
Gesamt	118.623	+ 20 %	4.166.276	+ 15 %	1.912.664	+ 35 %

Datenquelle: BAGFW (verschiedene Jahrgänge); eigene Zusammenstellung und Berechnungen

1 Einleitung

Laut aktueller BAGFW-Statistik waren 2016 in insgesamt 118.623 Einrichtungen und Diensten mit insgesamt 4.166.276 Betten bzw. Plätzen in Trägerschaft der in der BAGFW organisierten sechs Wohlfahrtsverbände (Arbeiterwohlfahrt, Diakonisches Werk, Deutscher Caritasverband, der Paritätische, Deutsches Rotes Kreuz und Zentralwohlfahrtsstelle der Juden). In den Einrichtungen und Diensten der Freien Wohlfahrtspflege waren insgesamt 1.912.664 Mitarbeiter_innen hauptamtlich beschäftigt, von ihnen sind 42 % Vollzeitarbeitskräfte und 58 % arbeiten in Teilzeit. Zusätzlich zu den hauptamtlichen Beschäftigten sind Mitarbeiter_innen auf Honorarbasis oder in einem Ausbildungsverhältnis tätig sowie Ehrenamtliche bzw. in Selbsthilfegruppen Aktive, deren Zahl auf 2,5 bis 3 Mio. geschätzt wird (BAGFW 2019). Im Vergleich zum Jahr 2004 hat sich die Zahl der Beschäftigten um ca. 35 % erhöht. Für die Zuwächse waren insbesondere die Erweiterung der Kapazitäten in den Bereichen »Kinder- und Jugendhilfe« sowie »Unterstützung für Personen in besonderen Lebenslagen« verantwortlich – hier zeigen sich die Auswirkungen der stark angestiegenen Zahl von Menschen mit Fluchterfahrungen, darunter eine hohe Zahl von unbegleiteten minderjährigen Flüchtlingen (für weitere detaillierte Daten und Informationen zu den Beschäftigten ▶ Kap. 3).

Trotz dieser insgesamt äußerst positiven Gesamtentwicklung können die Wohlfahrtsverbände nicht in allen Bereichen gleich stark von den Wachstumseffekten der Sozialwirtschaft im Ganzen profitieren. Insbesondere in der Gesundheitshilfe und Altenpflege, aber auch in anderen Bereichen der Sozialwirtschaft ist die Zahl der privat-gewerblichen Anbieter bzw. der von ihnen angebotenen Betten/Plätze/Angebote in den letzten Jahren erheblich gestiegen. Während private Anbieter in der stationären Altenpflege über eine lange Tradition verfügen und bereits in den 1970er und 1980er Jahren über nennenswerte Marktanteile verfügten, handelt es sich bei privat-gewerblichen Anbietern in der Jugendhilfe um ein relativ neues Phänomen.

Die Einführung der Pflegeversicherung Mitte der 1990er Jahre bedeutete für den sozialen Dienstleistungssektor einen zentralen Meilenstein auf dem Weg in die Sozialwirtschaft. Die in § 72 SGB XI vollzogene Aufhebung der Privilegierung der frei-gemeinnützigen Anbieter führte durch Reformen der von den Ländern zu verantwortenden Investitionskostenförderung sowie veränderten Bedingungen auf den Finanzmärkten zu einer Öffnung des Markts. Während die Kosten für die stationäre Pflege bis 1995 von den Pflegebedürftigen selbst bzw. in der Mehrheit der Fälle durch (ergänzende) Sozialhilfe getragen wurde, unterscheidet das SGB XI zwischen den Pflegekosten im engeren Sinne (Kostenträger sind bis zu den gesetzlich festgelegten Höchstbeträgen die Pflegekassen), den Hotel- bzw. Unterkunftskosten sowie den Investitionskosten (von Pflegebedürftigen bzw. dem Träger der Sozialhilfe zu finanzieren). In Bezug auf die Infrastruktur ist zu berücksichtigen, dass den Ländern die »Vorhaltung einer leistungsfähigen, zahlenmäßig ausreichenden und wirtschaftlichen pflegerischen Versorgungsstruktur« (§ 9 SGB XI) obliegt. Diesem Auftrag waren die Länder vor der Einführung der Pflegeversicherung v. a. im Rahmen der Objektförderung, d. h. durch die Förderung des Baus von Pflegeheimen, nachgekommen. Die Objektförderung diente auch zur Regulierung der Märkte: Nicht öffentlich geförderte Einrichtungen waren aufgrund hoher Investitionskosten für die Pflegebedürftigen nur sehr bedingt konkurrenzfähig. Zudem war die Gewährung der Investitionskostenförderung in den meisten Bundesländern an eine Bedarfsbestätigung seitens der Kommune gebunden. Durch die relativ restriktive Handhabung dieses Regulierungsinstruments hatten neue Investoren (jenseits der gut etablierten Freien Wohlfahrtspflege) nur wenig Anreize für ein Engagement im Pflegesektor. Die Mehrheit der Bundesländer kommt dem Auftrag nach § 9 SGB XI mittlerweile in Form der Subjektförderung nach, d. h. nicht die Erstellung der Immobilie wird subventioniert, sondern den Pflegebedürftigen wird (bei Unterschreitung definierter Einkommensgrenzen) Pflegewohngeld gewährt. Damit wurde den Kommunen auch das Instrument einer Regulierung der (Pflege-)Märkte entzogen (vgl. hierzu ausführlich Schneiders 2010). Als Konsequenz hat sich in der stationären Pflege die Trägerstruktur in Richtung einer stärkeren Bedeutung privat-gewerblicher Anbieter verändert. Noch stärker ist diese Verlagerung in der ambulanten Pflege erkennbar (▶ Tab. 3).

Tab. 3: Trägerstruktur stationäre und ambulante Pflege

	Stationäre Pflegeplätze (in Prozent) nach Trägertyp			Ambulant Pflegebedürftige (in Prozent) nach Trägertyp		
	private	frei-gemein-nützige	öffent-liche	private	frei-gemein-nützige	öffent-liche
2015	39,1 %	54,8 %	6,1 %	51 %	48 %	2 %
2013	37,9 %	56,2 %	5,8 %	49 %	49 %	2 %
2011	37,0 %	56,9 %	6,1 %	49 %	50 %	2 %
2009	35,7 %	57,8 %	6,5 %	47 %	51 %	2 %
2007	34,4 %	58,8 %	6,8 %	45 %	53 %	2 %
2005	32,5 %	59,3 %	8,2 %	43 %	55 %	2 %
2003	30,3 %	60,5 %	9,2 %	41 %	57 %	2 %
2001	27,9 %	61,7 %	10,5 %	38 %	60 %	2 %
1999	25,8 %	63,0 %	11,2 %	36 %	63 %	2 %

Datenquelle: Statistisches Bundesamt: Pflegestatistik (verschiedene Jahrgänge), eigene Zusammenstellung und Berechnung

Zwischen 1999 und 2015 konnten die privaten Anbieter im stationären Bereich ihre Marktanteile um fast 50 % steigern, während die frei-gemeinnützigen Anbieter Einbußen von mehr als 10 % hinnehmen mussten. Auch öffentliche Anbieter spielen eine immer weniger wichtige Rolle bei der Bereitstellung von stationären Pflegeplätzen. Im ambulanten Bereich ist eine ähnliche Entwicklung erkennbar: Ausgehend von höheren Marktanteilen der Privaten bereits im Jahr 1999 haben die privaten die frei-gemeinnützigen Anbieter mittlerweile überholt. Öffentliche

Anbieter sind hier nur von sehr geringer Bedeutung. Zurückzuführen ist diese Privatisierung auf veränderte rechtliche Rahmenbedingungen sowie die zurzeit relativ gute ökonomische Situation eines Großteils der älteren Menschen (vgl. Heinze/Schneiders 2018). Auch vor dem Hintergrund des demographischen Wandels und der prognostizierten weiteren Entwicklung ist die Altenpflege für private Investoren ein interessanter Wachstumsmarkt, in dem relevante Renditen erwirtschaftet werden.

Anders sieht es (noch) in der Kinder- und Jugendhilfe aus. Hier dominieren weiterhin die frei-gemeinnützigen Träger; ein Durchbruch ist den privatgewerblichen Träger bisher trotz wachsender Marktanteile und eines gleichzeitig zurückgehenden Engagements öffentlicher Träger nicht gelungen (▶ Tab. 4), und zwar sowohl in der Kindertagesbetreuung als auch in den übrigen Bereichen der Kinder- und Jugendhilfe (stationäre Einrichtungen, Hilfen zur Erziehung etc.).

Tab. 4: Trägerstrukturen in der Kinder- und Jugendhilfe (ohne Tageseinrichtungen)

	Zahl der Einrichtungen nach Trägertyp			in Prozent		
	insgesamt	privat	frei-gemein-nützig	öffentlich	privat	frei-gemein-nützig	öffentlich
2006	31.185	643	22.690	7.852	2,1 %	72,8 %	25,2 %
2010	32.676	893	24.015	7.768	2,7 %	73,5 %	23,8 %
2014*	32.893	2.462	25.521	7.372	7,5 %	78,1 %	22,6 %
	Genehmigte Plätze			in Prozent		
2006	290.694	9.341	261.130	20.223	3,2 %	89,8 %	7,0 %
2010	315.533	13.014	275.025	27.494	4,1 %	87,2 %	8,7 %
2014	310.596	26.832*	294.764	15.832	8,6 %	94,9 %	5,1 %

* ab 2014 Trägeranteile nur bedingt mit Vorjahren vergleichbar, da neue Abgrenzung zwischen frei-gemeinnützigen und privat-gewerblichen Trägern
Datenquelle: Statistisches Bundesamt: Kinder- und Jugendhilfestatistik (verschiedene Jahrgänge), eigene Zusammenstellung

Auch wenn die Daten aufgrund der veränderten Abgrenzung nur bedingt miteinander verglichen werden können, so wird deutlich, dass die Gesamtzahl der Einrichtungen in den letzten Jahren gestiegen ist, während sich die Zahl der genehmigten Plätze seit 2010 leicht verringert hat. Die öffentliche Hand zieht sich kontinuierlich aus der Jugendhilfe zurück, wenngleich die Marktanteile hier weiter deutlich höher als in der Altenpflege sind. Demgegenüber können die frei-gemeinnützigen Träger, insbesondere aber die privaten Anbieter die Zahl der Einrichtungen und genehmigten Plätze deutlich steigern.

Ähnliche Entwicklungen zeigen sich in der Kindertagespflege (▶ Tab. 5).

Tab. 5: Trägerstrukturen im Bereich der Tageseinrichtungen für Kinder

Zahl der Tageseinrichtungen für Kinder nach Träger				in Prozent		
insgesamt	privat	freigemeinnützig	öffentlich	privat	freigemeinnützig	öffentlich
2007 48.652	490	30.751	17.411	1,0 %	63,2 %	35,8 %
2010 50.849	898	32.768	17.183	1,8 %	64,4 %	33,8 %
2016 56.531	1660	36.763	18.108	3 %	65 %	32 %
Genehmigte Plätze nach Träger				in Prozent		
2007 3.218.983	19.975	1.952.739	1.246.269	0,6 %	60,7 %	38,7 %
2010 3.348.245	30.941	2.072.300	1.245.004	0,9 %	61,9 %	37,2 %
2016 3.413.553	65.950	2.178.090	1.235.463	1,9 %	63,8 %	36,2 %

Datenquelle: Statistisches Bundesamt: Kinder- und Jugendhilfestatistik (verschiedene Jahrgänge), eigene Zusammenstellung

Am Beispiel der Kindertagesbetreuung können zentrale Entwicklungslinien des sozialen Dienstleistungssektors sowie deren zentrale Akteure gut nachgezeichnet werden. Daher wird im Folgenden ein kurzer historischer Exkurs über diesen Bereich der Sozialwirtschaft gegeben.

Exkurs »Historische Entwicklung der Kindertagesbetreuung«

Vorschulische Einrichtungen, die im Laufe des 19. Jahrhunderts entstanden, waren anders als Schulen nicht in öffentlicher Trägerschaft, sondern wurden von privaten Akteuren, neben Unternehmen v. a. von den Kirchen und ihren Vereinen oder von Wohltätigkeitsvereinen, initiiert und getragen. Der Staat übernahm lediglich eine Kontroll-, aber keine Gestaltungs- oder Finanzierungsfunktion. Im Jahr 1850 wurden 75 % der existierenden Einrichtungen von kirchennahen Vereinen, 20 % von Einzelpersonen und ca. 5 % durch die Kommunen getragen. Dieses Modell, das die familienergänzende Kleinkindziehung vorrangig dem privaten Sektor und nicht dem staatlichen Aufgabenbereich zuordnete, bleibt in Deutschland auch nach 1900 bestimmend (vgl. Konrad 2012, S. 76). Insbesondere in den Kerngebieten der Industrialisierung gehörten die Betriebe zu wichtigen Trägern von Einrichtungen. So betrug Anfang des 20. Jahrhunderts der Anteil betrieblicher Einrichtungen an allen Angeboten zur Kleinkindbetreuung bzw. -erziehung im Ruhrgebiet ca. 30 % (vgl. Busch 2008, S. 455). Im Reichsjugendwohlfahrtsgesetz (RJWG) von 1924 wurde zwar festgelegt, dass die Fürsorgepflicht für Minderjährige beim Staat liegt, wenn Eltern dieser nicht nachkommen können, die Kleinkinderziehung wurde jedoch weiterhin der Freien Wohlfahrtspflege übertragen und die

> Kommunen nur nachrangig verpflichtet (vgl. Konrad 2012, S. 125ff.). Nach der durch das NS-Regime durchgeführten Gleichschaltung der Kinderbetreuung knüpfte die Bundesrepublik wieder an die Weimarer Zeit an. Nach § 5 des Jugendwohlfahrtsgesetzes (JWG) von 1953 hatten die Jugendämter die Aufsicht über die öffentliche Kleinkinderziehung, ca. 75 % der Einrichtungen wurden jedoch von Freien Trägern, die in den Wohlfahrtsverbänden organisiert waren, bzw. den Kirchen getragen (vgl. Konrad 2012, S. 184f.). Die Kommunen engagierten sich wiederum nur, wenn kein Freier Träger die benötigten Plätze anbot. Diese Vorrangstellung wurde im 1961 verabschiedeten JWG bestätigt. 1977 befanden sich ca. 25 % der Einrichtungen in öffentlicher Trägerschaft, 1990 ca. 30 % (vgl. Konrad 2012, S. 184). Der gesetzliche Vorrang konnte also nur bedingt umgesetzt werden. Mit Inkrafttreten des SGB VIII, in welches das sogenannte Kinder- und Jugendhilfegesetz (KJHG) integriert wurde, wurde die öffentliche Kleinkinderziehung erstmals in einem eigenen Kapitel (vgl. §§ 22 bis 26 SGB VIII) geregelt. Weiterhin gilt das Prinzip, dass die öffentliche Jugendhilfe nur dann aktiv werden soll, wenn kein anerkannter Träger der freien Jugendhilfe ein entsprechendes Angebot bereitstellt (§ 4 Abs. 2 SGB VIII).

Neben Kommunen sind heute insbesondere frei-gemeinnützige Träger wie Kirchengemeinden, Wohlfahrtsverbände, gemeinnützige GmbHs, Elterninitiativen oder andere Vereine aktiv (vgl. Altgeld/Stöbe-Blossey 2009, S. 196). Um als Träger der freien Jugendhilfe anerkannt zu werden, muss eine Einrichtung bzw. eine Organisation die Bedingungen des § 75 SGB VIII erfüllen. Demnach muss beispielsweise gewährleistet sein, dass ein gemeinnütziges Ziel verfolgt wird (vgl. § 75 Abs. 1 Nr. 2 SGB VIII) und dass die Einrichtung durch ihre fachlichen und personellen Voraussetzungen einen Beitrag zur Erfüllung der Aufgaben der Jugendhilfe leistet (vgl. § 75 Abs. 1 Nr. 3 SGB VIII). Kirchen, Religionsgemeinschaften und Wohlfahrtsverbände gelten gemeinhin als anerkannte Träger der freien Jugendhilfe (vgl. § 75 Abs. 3 SGB VIII).

Die Kindertagesbetreuung ist in Zuständigkeit der Länder bzw. Kommunen. In Landesgesetzen werden daher auch die Rahmenbedingungen sowie die Grundsätze der Finanzierung festgelegt, die dann von den Kommunen ggf. durch Satzungen zu Elternbeiträgen jeweils ausgestaltet werden können. Einzelne Bundesländer thematisieren privat-gewerbliche Trägerschaften in den einschlägigen Gesetzen und Verordnungen nicht, andere sehen zwar eine grundsätzliche Möglichkeit zur Zulassung vor, schließen eine öffentliche (Ko-)Finanzierung aber aus (vgl. ausführlich zu den jeweiligen Länderbestimmungen Münder 2014; Stoy 2015). Kommunale, freie gemeinnützige und teilweise auch privat-gewerbliche Kitas werden durch die öffentliche Hand gefördert. Einrichtungen von Freien Trägern übernehmen i. d. R. auch Eigenanteile zur Finanzierung. Des Weiteren werden Elternbeiträge erhoben, deren Höhe seitens der Kommunen bzw. teilweise auch von den Trägern selbst festgesetzt werden. Einzelne Bundesländer verzichten komplett auf Elternbeiträge für die Betreuung in Kindertagesstätten (Rheinland-Pfalz), andere Bundesländer haben das letzte Jahr beitragsfrei gestellt (NRW).

Die Landschaft der Kindertagesbetreuung ist in den letzten Jahren von einem erheblichen Wachstum gekennzeichnet (vgl. Grohs et al. 2014, S. 70). Der Ausbau kann als Beispiel einer sozialinvestiven Sozialpolitik bezeichnet werden. Im Prinzip knüpft die dreifache Funktion der Kinderbetreuung (als familienergänzende Erziehungs- bzw. Sozialisationsinstitution sowie als Bildungsort) wieder an die Anfänge der Kinderbetreuung ab Mitte des 19. Jahrhunderts an bzw. nimmt Elemente der in der DDR verfolgten Philosophie wieder auf. In der DDR stand der Bildungsauftrag im Vordergrund, wenngleich durch das Angebot einer Betreuung auch der unter einjährigen Kinder die Frauenerwerbstätigkeit unterstützt wurde. In der BRD hingegen bauten die wohlfahrtsverbandlichen bzw. kirchlichen Träger ihre Strukturen (wie in anderen sozialpolitischen Feldern auch) wieder auf. Bis 1970 hatte die Kinderbetreuung hier jedoch im Gegensatz zur DDR v. a. sozialpflegerische Funktionen, d. h., sie wurde eingesetzt, wenn Familien nicht dazu in der Lage waren, die Erziehungs- und Sozialisationsaufgaben wahrzunehmen (Krus/Jasmund 2012). Mittlerweile sind in allen Bundesländern für Kitas Erziehungs- und Bildungspläne verabschiedet. Das Motiv einer besseren Vereinbarkeit von Familie und Beruf greift demographische und gesellschaftliche Trends auf: Von einer besseren Vereinbarkeit von Beruf und Familie werden positive Impulse auf die niedrige Geburtenrate erwartet (vgl. für den Zusammenhang von Kinderbetreuung und Geburtenrate Bujard 2011). Darüber hinaus stehen angesichts eines andauernden Bedarfs von Fachkräften Frauen, die traditionell einen Großteil der Familien- und Erziehungsaufgaben wahrnehmen, als zusätzliches Erwerbspersonenpotenzial stärker im Fokus. Hinzu kommen gleichstellungspolitische Aspekte.

Es ist eine große Dominanz der frei-gemeinnützigen Träger erkennbar, aber die privat-gewerblichen bzw. unternehmensnahen Einrichtungen verzeichneten (ausgehend von einem sehr niedrigen Niveau) bis 2010 deutliche Wachstumsraten und auch die öffentliche Hand (i. d. R. die Kommunen) unterhält weiterhin ca. ein Drittel aller Einrichtungen, bis 2010 mit leicht fallender Tendenz (vgl. auch Rauschenbach/Schilling 2012 sowie Gadow et al. 2013, die auf Basis der Jugendhilfestatistik des Deutschen Jugendinstituts zu ähnlichen Einschätzungen kommen). Durch den massiven Ausbau der Platzzahlen in den letzten drei Jahren, der v. a. durch die öffentlichen und frei-gemeinnützigen Träger getragen wird, hat sich dieser Trend nicht fortgesetzt; aus der aktuellen Kinder- und Jugendhilfestatistik (Statistisches Bundesamt, verschiedene Jahrgänge) wird deutlich, dass sowohl in Bezug auf die Zahl der Einrichtungen, des Personals als auch der betreuten Kinder, die frei-gemeinnützigen Träger über einen ›Marktanteil‹ von ca. zwei Drittel, die öffentlichen Träger ca. über ein Drittel verfügen und die privat-gewerblichen (Wirtschaftsunternehmen und Betriebsanteil) mit ca. ein bis zwei Prozent weit abgeschlagen sind. Angesichts der Trägerstruktur und Entwicklungstendenzen kann also von einer Anbietervielfalt gesprochen werden. Allerdings ist in den allermeisten Städten und Gemeinden keine marktliche Struktur erkennbar, da trotz erheblicher Anstrengungen in den letzten Jahren (u. a. durch Förderung des Bundes) ein Nachfrageüberhang insbesondere in der Betreuung der unter Dreijährigen besteht. Die Betreuungsquoten lagen in den Städten und Kreisen 2012 zwischen 14 % und über 60 % (Destatis 2018), die Bedarfe bzw. die Nachfrage jedoch weit höher.

Insbesondere in der Altenpflege haben sich in den letzten Jahren privat-gewerbliche Anbieter etabliert. Die Jugendhilfe, aber auch andere Handlungsfelder wie insbesondere die Behindertenhilfe sind weiterhin eine Domäne der wohlfahrtsverbandlichen Anbieter. Eine Betrachtung auf der Basis statistischer Rahmendaten wird der Fragestellung nach den Organisationsformen sozialer Dienstleistungen jedoch nur unzureichend gerecht. Bei genauerem Hinsehen ist feststellbar, dass in einigen dem frei-gemeinnützigen Sektor zugeordneten Einrichtungen bzw. ambulanten Angeboten durchaus auch unternehmerische bzw. marktgetriebene Elemente erkennbar sind. So bezeichnet sich bspw. die CBT Köln als sozial-wirtschaftliches Unternehmen, das eine Vielzahl von unternehmerischen Elementen integriert hat; ähnlich wie die Stiftung Liebenau in Baden-Württemberg. Hinzu kommen immer mehr frei-gemeinnützige Anbieter, die (privat-gewerbliche) Tochtergesellschaften ausgründen. Auf der anderen Seite sind nicht alle privat-gewerblichen Anbieter ausschließlich renditeorientiert. Auch hier finden sich – insbesondere bei den kleinen und mittelständischen Unternehmen – viele Organisationen, deren Wirtschaftsbetrieb auf Kostendeckung und nicht Renditesteigerung bzw. Gewinnorientierung ausgerichtet ist. Aus der Rechtsform einer Organisation kann immer weniger auf die Handlungsorientierung geschlossen werden.

Weiterführende Literatur

Brenke, Karl/Schlaak, Thore/Ringwald, Leopold (2018): Sozialwesen: ein rasant wachsender Wirtschaftszweig, in: DIW Wochenbericht, (16), S. 306–316.
Conrads, Ralph/Holler, Markus/Kistler, Ernst/Kühn, Daniel/Schneider, Daniela (2016): Working Paper Forschungsförderung. Branchenanalyse Gesundheits- und Sozialwesen, Düsseldorf: Hans-Böckler-Stiftung.

Merke

Ausführliche und aktuelle Informationen zur Sozialwirtschaft aus betriebs- und volkswirtschaftlicher Perspektive werden in der Zeitschrift »Wohlfahrt Intern« sowie deren zusätzlichen Jahrbüchern sowie in der –Zeitschrift »Sozialwirtschaft« veröffentlicht.

2 Finanzierung Sozialer Dienstleistungen

Zur Produktion von Gütern und Dienstleistungen benötigen Unternehmen Kapital. Hiervon können Rohstoffe, Maschinen und Immobilien angeschafft sowie die Arbeitskräfte bezahlt werden. Die Beschaffung dieses Kapitals kann man als Finanzierung bezeichnen. Wirtschaftsunternehmen nutzen zur Finanzierung Eigenkapital und Kredite sowie Erlöse aus bereits verkauften Gütern und Dienstleistungen. Kredite werden bspw. bei Banken aufgenommen und mit einem Aufschlag (Zinsen) wieder zurückgezahlt. Verkaufserlöse kommen u. a. durch den Austausch von Waren bzw. Dienstleistungen gegen Geld zwischen Unternehmen und Endverbraucher_innen zustande. Ziel des Kapitaleinsatzes eines Wirtschaftsunternehmens ist die Erwirtschaftung einer Rendite bzw. eines Gewinns, der dann wiederum entweder reinvestiert wird oder aber an die Eigentümer_innen bzw. Anteilseigner_innen des Unternehmens ausgeschüttet wird.

Diese betriebswirtschaftlichen Grundlagen können nur eingeschränkt auf die Sozialwirtschaft übertragen werden. Als größter Unterschied zu erwerbswirtschaftlichen Unternehmen ist die fehlende Gewinnabsicht bei einem Großteil der Anbieter – nämlich den als gemeinnützig anerkannten – zu nennen. Auch gemeinnützige Unternehmen können Überschüsse erwirtschaften, diese müssen jedoch für den satzungsgemäßen Zweck des Sozialunternehmens eingesetzt werden und somit auf jeden Fall reinvestiert werden. Hinzu kommt, dass die Mittelzuflüsse aus Erlösen für Dienstleistungen nicht durch die Inanspruchnehmenden, sondern zu einem erheblichen Anteil von der öffentlichen Hand erfolgen. Abhängig vom Handlungsfeld bzw. den angebotenen Dienstleistungen unterscheiden sich Höhe und Struktur der Mittelbedarfe erheblich: Für stationäre Einrichtungen wie bspw. Werkstätten für Menschen mit Behinderung, stationäre Angebote der Kinder- und Jugendhilfe oder Kindertagesstätten sind bereits vor Aufnahme des Betriebs Beträge in Millionenhöhe erforderlich, bei ambulanten oder aufsuchenden Angeboten (wie bspw. der Sozialpädagogischen Familienhilfe oder anderen mobilen Diensten) wird die Kostenstruktur der laufenden Aufwendungen insbesondere durch Personalkosten dominiert.

Soziale Dienstleistungen werden zum einen von der öffentlichen Hand direkt erbracht (bspw. in Form von kommunalen Beratungsangeboten). Zum anderen werden öffentliche Mittel für die Bereitstellung von sozialen Dienstleistungen, die von anderen Akteuren (frei-gemeinnützige bzw. privat-gewerbliche Anbieter) erbracht werden, bereitgestellt. Hierbei spielen insbesondere Kommunen und sogenannte Parafisci (bspw. Sozialversicherungen) eine zentrale Rolle. Darüber hinaus stellen Bundesministerien, Landesministerien oder nachgeordnete Behörden finanzielle Mittel zur Verfügung. Neben diesen öffentlichen Kostenträgern gewinnen in den letzten Jahren andere private Akteure an Bedeutung. In diesem Zusammenhang ist insbesondere auf Stiftungen hinzuweisen. Des Weiteren übernehmen die Adressat_innen selbst in einigen Handlungsfeldern einen Teil oder vollständig die Kosten. Letzteres stellt jedoch in den Bereichen, die durch das Sozialgesetzbuch geregelt werden, die Ausnahme dar. Eigenanteile orientieren sich i. d. R. an der Leistungsfähigkeit des_der Adressat_in, unterliegen aber auch länderspezifischen Unterschieden. So weisen bspw. die Entgelte, die für den Besuch von Kindertagesstätten entrichtet werden müssen, große Unterschiede in Abhängigkeit vom Bundesland, aber auch von der Kommune auf. Während einige Bundesländer mittlerweile für alle Kinder mit Rechtsanspruch auf einen Kita-Platz auf Elternbeiträge verzichten (bspw. Berlin und Rheinland-Pfalz) und den Kommunen die Kosten erstatten, werden in anderen Kommunen Beiträge in Höhe von mehreren Hundert Euro pro Monat erhoben.

Ein Großteil der Leistungen, auf die ein Rechtsanspruch besteht, wird nicht von der öffentlichen Hand (v. a. den Kommunen) selbst angeboten, sondern von sogenannten Freien Trägern. Zu diesen Freien Trägern gehören insbesondere Organisationen, die in den sechs Wohlfahrtsverbänden organisiert sind (▶ Kap. 1.2). Diese auch als Wohlfahrtskorporatismus bezeichnete Zusammenarbeit zwischen öffentlicher Hand und gemeinnützigen Dienstleistungsorganisationen hat in Deutschland eine lange Tradition. Im Sozialgesetzbuch wird den Freien Trägern an verschiedenen Stellen sogar eine privilegierte Stellung zugewiesen. Dieses enge Kooperationsverhältnis hat sich jedoch in den letzten Jahren gelockert (▶ Kap. 5.1).

Das Verhältnis zwischen öffentlichem Kostenträger, Dienstleistungserbringer und Inanspruchnehmer_in weist Besonderheiten auf und ist abhängig vom Handlungsfeld bzw. der spezifischen Dienstleistung. Ein Großteil der öffentlich finanzierten Leistungen ist im sogenannten sozialwirtschaftlichen Dreieck organisiert. Hierbei handelt es sich um eine Konstellation, die sich nur im Bereich der sozialen Dienstleistungen findet und aus den Spezifika sozialer Dienstleistungen resultiert. Folgendes Schaubild zeigt das Verhältnis der verschiedenen Akteure (▶ Abb. 3).

Anders als in anderen Wirtschaftsbeziehungen vollzieht sich der ökonomische Tauschakt (Ware/Dienstleistung gegen Geld) nicht zwischen dem_der Inanspruchnehmer_in und dem Dienstleistungserbringer, sondern der Kostenträger ist als dritter Akteur in den Prozess mit eingebunden. Die Inanspruchnehmenden haben gegenüber einer Sozialversicherung oder einem anderen öffentlichen Träger einen Rechtsanspruch auf eine Leistung. Nach erfolgter Feststellung des Bedarfs bzw. des Rechtsanspruchs erbringt der Kostenträger diese Leistung aber nicht selbst, sondern beauftragt mit der Leistungserstellung einen Dienstleistungserbringer. Dieser Dienstleistungserbringer schließt mit dem Kostenträger einen Vertrag, in dem die Bedingungen der Leistungserstellung spezifiziert werden (Art und Umfang der Dienstleistung sowie Höhe der monetären Leistung, die der Kostenträgerleistet. Der Dienstleister erbringt dann die Dienstleistung für die Inanspruchehmenden mit dem entsprechenden Rechtsanspruch.

2 Finanzierung Sozialer Dienstleistungen

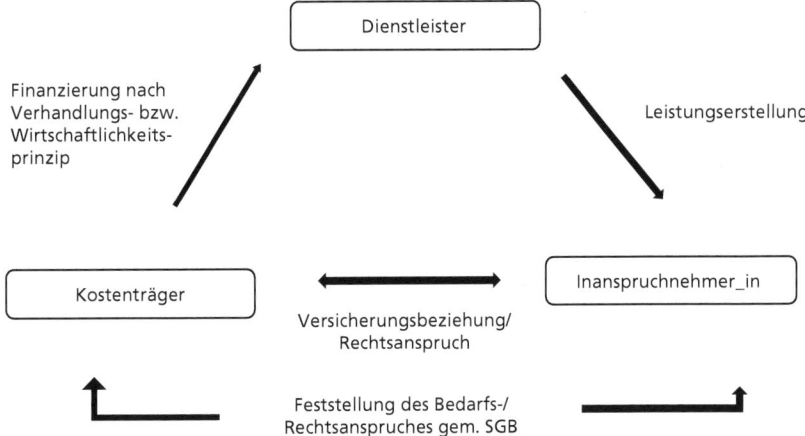

Abb. 3: Das Sozialwirtschaftliche Dreieck (eigene Darstellung)

Fallbeispiel JugendJetzt

Im Falle von JugendJetzt basiert die Finanzierung der Dienstleistungen auf § 28 SGB VIII (Erziehungsberatung) Kostenträger der Beratungsleistung sind in diesem Falle je nach Bundesland die Jugendämter, Landesjugendämter und Träger der überörtlichen Jugendhilfe. Dienstleistungserbringer (JugendJetzt), Kostenträger (Jugendamt) und Leistungsinanspruchnehmer_innen (Kinder und Eltern mit erheblichen Erziehungs- bzw. Beziehungsproblemen) stehen in einem sozialrechtlichen Dreiecksverhältnis zueinander. Dabei haben die Inanspruchnehmer_innen gegenüber dem Kostenträger einen Rechtsanspruch auf Hilfe. Diese wiederum schließen rechtsverbindliche Leistungsvereinbarungen mit den Leistungserbringern. Die Leistungserbringer (hier JugendJetzt) erbringen die Leistungen und erhalten hierfür vom Kostenträger eine Vergütung (▶ Abb. 3).

> **Merke**
>
> Ein Großteil der sozialen Dienstleistungen wird nicht in marktförmigen Prozessen ausgetauscht.

Anders als bei einer Beziehung zwischen Kunde und Wirtschaftsunternehmen, wie bspw. zwischen dem_der Käufer_in eines Autos und dem_der Autohändler_in, besteht also kein marktförmiges Austauschverhältnis, in dem der_die Kund_in ein Produkt oder eine Dienstleistung gegen Bezahlung erwirbt bzw. nutzt, sondern die Bezahlung der Dienstleistung erfolgt durch den Kostenträger. Darüber hinaus fehlt ein weiteres Merkmal einer marktförmigen Austauschbeziehung: Der_die Inanspruchnehmer_in hat zwar grundsätzlich ein Wahlrecht, was den Dienstleistungserbringer angeht. In der Praxis empfiehlt aber das Jugendamt einen Dienstleister. Im Verlauf des Hilfeprozesses haben der_die Adressat_innen bzw. deren Angehörige im Rahmen von Hilfeplangesprächen bzw. der Teilhabeplanung zwar ein Mitspracherecht, es kommen aber i. d. R. nur die Angebote in Frage, mit denen seitens des Kostenträgers bereits ein Versorgungsvertrag besteht. Der öffentliche Kostenträger verfügt insofern über ein Nachfragemonopol und kann damit einen erheblichen Einfluss auf die Preise nehmen. Die Preisgestaltung ist damit nicht Resultat von Wettbewerb bzw. dem Verhältnis von Angebot und Nachfrage, sondern wird in Aushandlungsprozessen zwischen öffentlichem Kostenträger und Sozialunternehmen gebildet.

Neben Finanzierungen im sozialwirtschaftlichen Dreieck werden einige Leistungen, auf die ein Rechtsanspruch nach SGB besteht, auch im sogenannten Einkaufsmodell organisiert. Dies betrifft v. a. das Pflegegeld (§ 37 SGB XI) bzw. das »Persönliche Budget« in der Behindertenhilfe (§§ 10 und 17 SGB IX). In diesen Bereichen können Anspruchsberechtigte zwischen einer Sach- und einer Geldleistung auswählen. Die Geldleistung versetzt die Anspruchsberechtigten in die Lage, soziale Dienstleistungen frei einkaufen können.

Eine Variante des Einkaufsmodells ist das Gutscheinmodell, bei dem an Anspruchsberechtigte Gutscheine ausgegeben werden, die bei einem Träger ihrer Wahl eingelöst werden können. Relativ weit verbreitet ist das Gutscheinsystem im SGB II und SGB III in Form von Bildungsgutscheinen; in Hamburg wird auch die Kinderbetreuung über ein Gutscheinmodell organisiert.

Was Sie in diesem Kapitel lernen können

Soziale Dienstleistungen, auf die kein Rechtsanspruch nach dem SGB besteht, können von anderen Kostenträgern finanziert werden. Insbesondere Stiftungen haben hier in den letzten Jahren an Bedeutung gewonnen. Auf die verschiedenen Finanzierungsquellen wird im Folgenden eingegangen (▶ Kap. 2.1). Da neben den weiterhin zentralen öffentlichen Kostenträgern in den letzten Jahren die Bedeutung alternativer Finanzierungsquellen gestiegen ist, wird auf diese ein Schwerpunkt gesetzt (▶ Kap. 2.3). Öffentliche Mittel werden den Anbietern in verschiedenen Formen sozialer Dienstleistungen zur Verfügung gestellt – zu den am weitesten verbreiteten zählen Leistungsentgelte und Zuwendungen. Alternative Finanzierungen werden oftmals über Projektförderungen organisiert. Auf diese und weitere Finanzierungsformen wird in Kapitel 2.2 eingegangen (▶ Kap. 2.2). Für die Darstellung wird wieder auf das fiktive Fallbeispiel aus der Kinder- und Jugendhilfe zurückgegriffen.

Fallbeispiel JugendJetzt

Für den Träger JugendJetzt stellt sich die Frage, ob weitere Kostenträger neben den gemäß § 28 SGB VIII zuständigen öffentlichen Kostenträger für dieses Angebot in Frage kommen.

2.1 Kostenträger bzw. Finanzierungsquellen

Bei den Finanzierungsquellen ist zunächst zwischen öffentlichen bzw. quasi-öffentlichen wie Sozialversicherungen (Parafisci) und privaten Mittelgebern zu unterscheiden. Darüber hinaus setzen die Anbieter bzw. Träger/Gesellschafter von sozialen Dienstleistungen (hier: Sozialunternehmen) auch eigene Mittel ein (Eigenkapital).

Folgende Tabelle gibt einen Überblick über die verschiedenen Mittelgeber sowie die Form, in denen Mittel zur Verfügung gestellt werden (▶ Tab. 6, vgl. auch Bachert/Dreizler 2018, S. 54).

Tab. 6: Überblick über die verschiedenen Mittelgeber und die Form, in denen Mittel zur Verfügung gestellt werden

	Öffentlich (inkl. Parafisci)	Privat	Stiftungen	Sozialunternehmen
Mittelgeber	Kommunen/Länder/Bund Sozialversicherungen Europäische Union	Privatpersonen private Organisationen Wirtschaftsunternehmen	Unternehmensstiftungen Privatstiftungen Förderstiftungen	Wohlfahrtsverbände und die ihnen angeschlossenen Organisationen privat-gewerbliche Sozialunternehmen Freie Träger ohne Bindung an einen Wohlfahrtsverband Stiftungen
Form der Mittelbereitstellung	Zuwendungen/ Zuschüsse Leistungsentgelte Projektförderungen	Spenden Sponsoring Teilnahmegebühren/Entgelte	Zuschüsse Projektförderungen	Mitgliedsbeiträge Eigenkapital Kredite Erlöse aus Stiftungskapital

Eigene Zusammenstellung

Sozialunternehmen bzw. die von ihnen angebotenen Leistungen und Interventionen können und müssen auf verschiedene Finanzierungsquellen zurückgreifen, man kann auch von einem Finanzierungsmix sprechen. Die Finanzierung erfolgt dabei in unterschiedlichen Formen bzw. mittels unterschiedlicher Finanzierungsinstrumente. Dabei ist zwischen Finanzierungen durch die öffentliche Hand und private Organisationen o. Ä. zu unterscheiden. Zudem können Finanzierungen von außen oder von innen her erfolgen.

> **Außen-/Innenfinanzierung**
>
> Als **Außenfinanzierung** bezeichnet man Finanzierungsformen, bei denen die Mittel von außerhalb der Organisation zur Verfügung gestellt werden (bspw.

Leistungsentgelte, Projektförderungen). Bei einer **Innenfinanzierung** kommen Eigenmittel der Sozialunternehmen zum Einsatz (Eigenkapital, Mittel aus Rückstellungen). In der Regel wird für die Finanzierung von Projekten und Maßnahmen auf beide Finanzierungsarten zurückgegriffen.

2.2 Instrumente öffentlicher Finanzierung

Die Vergabe eines Großteils der öffentlichen Mittel erfolgt mittlerweile im Rahmen von Vergabe- bzw. Ausschreibungsverfahren. Im Rahmen derartiger Verfahren werden seitens des Kostenträgers (der ja einen Rechtsanspruch einzulösen hat) Leistungen hinsichtlich der erforderlichen Quantität und Qualität spezifiziert. So bspw. in Bezug auf eine Beratungsstelle die erforderliche Mitarbeitendenanzahl bzw. Öffnungszeiten, die Qualifikationsstruktur der Mitarbeitenden, die Anforderungen an Dokumentation und Qualitätsmanagement etc. Darüber hinaus enthält die Ausschreibung Angaben zur Dauer des ausgeschriebenen Leistungsvertrags. Diese Ausschreibungen werden dann in geeigneter Form veröffentlicht (im Bundesanzeiger, einem öffentlichen Mitteilungsblatt, über Online-Plattformen etc.). Bei Vorliegen bestimmter Bedingungen können auch beschränkte Ausschreibungen erfolgen; in diesem Fall werden nur ausgewählte Dienstleistungserbringer zur Angebotsabgabe aufgefordert. In der Ausschreibung werden neben den o. g. Spezifizierungen auch Angaben über die Kriterien zur Vergabe gemacht. Üblich sind Formulierungen wie »das wirtschaftlichste Angebot erhält den Zuschlag«, womit nicht gemeint ist, dass unbedingt der Anbieter gewählt wird, der das finanziell niedrigste Angebot eingereicht hat. Das wirtschaftlichste Angebot kann auch das Angebot mit dem besten Preis-Leistungs-Verhältnis sein.

Die Vergabeverfahren können allen Entgeltsystemen vorgelagert sein, auf die im Folgenden eingegangen wird.

2.2.1 Zuschüsse

Als Zuschüsse (in Teilen der Literatur wird diese Finanzierungsform auch als Zuwendung bezeichnet) werden öffentliche Mittel bezeichnet, die Bund, Länder und Kommunen Sozialunternehmen zur Erfüllung sozialer Aufgaben zur Verfügung stellen. Der Begriff der Zuwendung wird i. d. R. nur im Zusammenhang mit der Mittelgewährung an gemeinnützige Organisationen verwendet.

Zuschüsse können institutionell (z. B. für eine Beratungsstelle) oder in Form von Projektfinanzierungen erfolgen. Im Rahmen einer institutionellen Förderung werden sämtliche Ausgaben einer Einrichtung bezuschusst, bei Projektförderungen ein zeitlich, sachlich und kostenmäßig abgrenzbares Vorhaben. Institutionelle Förderungen werden v. a. durch Kommunen und in Einzelfällen durch Länder finanziert. Mit Bundesmitteln werden v. a. Projektfinanzierungen (ko-)finanziert.

Voraussetzungen für die Gewährung einer institutionellen Förderung ist ein Antrag, in dem die Leistungen und das Erfordernis spezifiziert werden. Außerdem ist die Vorlage eines detaillierten Finanzierungs- und Wirtschaftsplans, der Angaben zu den erwarteten Ausgaben und ggf. Einnahmen Dritter sowie eingesetzter Eigenmittel enthält, erforderlich. Darüber hinaus ist ein Stellenplan vorzulegen, aus dem die Stellenanzahl und die Qualifikationen sowie tariflichen Eingruppierungen des vorgesehenen Personals hervorgehen.

Die Bewilligung der Mittel erfolgt entweder mittels eines Bewilligungsbescheids (der sich auf den Antrag bezieht), oder es wird zwischen öffentlicher Hand und Sozialunternehmen ein Zuwendungsvertrag geschlossen. Im Zuwendungsvertrag können Qualitätsanforderungen an die Aufgabendurchführung, Anforderungen an die Dokumentation etc. vereinbart werden. Institutionelle Förderungen werden zwar meist zeitlich begrenzt bewilligt (für ein oder mehrere Haushaltsjahre), die geförderte Organisation muss jedoch während bzw. nach der Förderung nur nachweisen, dass die Mittel wie im Zuwendungsvertrag ausgewiesen verwendet wurden. Der Nachweis über Einzelleistungen (Weitergabe von Klient_innendaten bzw. Zahl und Umfang von Beratungen) ist nicht erforderlich. Derartige Zuschussfinanzierungen können als Voll- oder Teilfinanzierung bewilligt werden. Bei Vollfinanzierungen werden alle Kosten übernommen.

- *Anteilsfinanzierung:* Der Träger erhält einen vereinbarten Prozentsatz der kalkulierten Gesamtkosten oder es wird eine bestimmte Kostenart übernommen.
- *Fehlbedarfsfinanzierung:* Der Träger erhält bis zu einem festgelegten Höchstbetrag öffentliche Mittel, um Finanzierungslücken zu schließen.
- *Festbetragsfinanzierung:* Der Träger erhält einen Festbetrag zur Deckung der Personalkosten.

Bei allen Teilfinanzierungsformen müssen die Sozialunternehmen einen Eigenanteil leisten. Dieser Eigenanteil kann entweder durch Spendengelder, Eigenkapital oder andere geldwerte Leistungen wie bspw. den Einsatz Ehrenamtlicher eingebracht und nachgewiesen werden. Durch die Gewährung von Zuwendungen an Sozialunternehmen werden Kommunen von öffentlichen Aufgaben entlastet, die Leistungserbringung ist im Idealfall für die Kommune kostengünstiger (da die Sozialunternehmen Eigenanteile übernehmen) und entspricht dem Subsidiaritätsprinzip. Für das Sozialunternehmen stellen Zuschussfinanzierungen eine meist mindestens mittelfristig planbare Einnahme dar.

Im Gegensatz dazu handelt es sich bei Projektförderungen um zeitlich befristete und inhaltlich klar abgegrenzte Leistungen bzw. Tätigkeiten (bspw. die Entwicklung eines neuen Beratungskonzepts und dessen Erprobung; die Durchführung von Evaluations- und anderen Forschungsstudien). Neben den Zielen des Projekts werden im Zuwendungsvertrag oftmals auch die Aufgaben stärker spezifiziert. Zunehmend werden zudem Anforderungen an die Zielerreichung bzw.

die Wirkung (▶ Kap. 4) formuliert. Ähnlich wie bei der institutionellen Förderung sind auch bei Projektförderungen i. d. R. Eigenanteile zu leisten, die in einem Finanzplan dargelegt werden müssen. Am Ende einer Projektförderung ist die zweckentsprechende Verwendung nachzuweisen. Projektförderungen dienen u. a. zur Anschubfinanzierung bzw. zur Finanzierung von Modellvorhaben, die anschließend ggf. in die Regel- bzw. institutionelle Förderung überführt werden.

Eine besondere Form der Zuwendungen/Zuschüsse sind Investitionszuschüsse, die v. a. für den Bau von Gebäuden bzw. für die Anschaffung besonderer Ausstattungsgegenstände/Geräte wie bspw. Aufzüge etc. seitens der öffentlichen Hand gewährt werden. Investitionszuschüsse werden i. d. R. als Anteilsfinanzierungen gewährt und ihre Höhe orientiert sich an den Bau- bzw. Gerätekosten. Der Zuschuss ist mit einer Zweck- und Zeitbindung versehen, d. h., er darf nur für den im Bewilligungsbescheid ausgewiesenen Zweck verwendet werden und die geförderte Immobilie/das Gerät muss für die vereinbarte Dauer seinem Zweck entsprechend eingesetzt werden. Sollte bspw. eine derart geförderte Einrichtung vor Ablauf der Zweckbindung einer anderen Nutzung zugeführt werden, so müssten ggf. die Investitionskostenzuschüsse an den Förderer zurückgezahlt werden.

Zuschuss- bzw. Zuwendungsfinanzierungen können als *objektbezogene Finanzierungen* bezeichnet werden, da sich die Bemessung der zur Verfügung gestellten öffentlichen Mittel nicht an Individuen orientiert, sondern an Sozialunternehmen für die Bereitstellung von sozialen Dienstleistungen bzw. die Durchführung von Projekten ausgezahlt wird.

2.2.2 Entgeltfinanzierung

Im Gegensatz zu Zuwendungs- bzw. Zuschussfinanzierungen gehören Formen der Entgeltfinanzierung zu den (indirekten) *subjektorientierten Finanzierungen*, da sich ihre Höhe an den Leistungen bemisst, die anspruchsberechtigte Personen (Subjekte) in Anspruch nehmen. Bei direkten subjektorientierten Finanzierungen erhalten die Anspruchsberechtigten die Leistungen direkt von der öffentlichen Hand, i. d. R. dem (über-)örtlichen Sozialleistungsträger – wie bspw. beim Pflegegeld oder dem Persönlichen Budget (▶ Kap. 2.2.3). Der überwiegende Teil der Leistungen im Bereich des SGB VIII, XI und XII sowie dem neuen BTHG (SGB IX) werden in Form von Entgeltfinanzierungen und im sozialwirtschaftlichen Dreiecksverhältnis (▶ Abb. 3) vergütet. Gängige Entgeltfinanzierungen sind Fachleistungsstunden, Tagessätze sowie Fallpauschalen.

Fachleistungsstunde

Die Fachleistungsstunde (FLS) wird insbesondere zur Vergütung von ambulanten bzw. präventiven sozialen Dienstleistungen eingesetzt, bspw. im Bereich der Hilfen zur Erziehung, für Beratungs- und Betreuungsleistungen von Menschen mit Behinderung, die selbstständig wohnen oder in der Frühförderung. Die Finanzierungsform orientiert sich sowohl fachlich als auch hinsichtlich der Kosten am Einzelfall. Der Gegenstand der Leistung und die Höhe der Vergütung pro FLS werden zwischen Kostenträger und Sozialunternehmen vertraglich in Leistungs- und Entgeltvereinbarungen festgehalten. Als Grundlage legt das Sozialunternehmen i. d. R. eine Kalkulation vor, aus der die Personal- und Sachkosten für die Vorhaltung der sozialen Dienstleistung sowie die Zahl der erbringbaren Beratungs- bzw. Betreuungsstunden hervorgehen. Die Höhe der FLS ist dann der Quotient aus Aufwendungen und leistbaren Beratungsstunden.

Beispiel

Summe der Aufwendungen bei einer Personalstelle pro Jahr:	60.000 Euro
Gesamtzahl der leistbaren FLS pro Jahr (ca. 50 % der Gesamtarbeitszeit/Jahr):	800 FLS
Höhe der Vergütung pro FLS:	75 Euro/FLS

Tabelle 8 zeigt, dass die Personalkosten mehr als 60 % der Gesamtkosten ausmachen – dies ist bei den personalintensiven sozialen Dienstleistungen ein eher niedriger Wert. Die Vergütungshöhe hängt damit v. a. von der Qualifikation (und damit tariflichen Eingruppierung) des Personals sowie von der Definition der Nettoarbeitszeit ab. Die Nettojahresarbeitszeit ergibt sich aus der Differenz der Bruttojahresarbeitszeit und personen- und fachbezogenen Nebenzeiten. Zu diesen Nebenzeiten gehören Urlaubs- und Fortbildungstage sowie Zeiten, die für die Vor- und Nachbereitung, kollegiale Beratung, Supervision etc. aufgewendet werden müssen. Ggf. enthält die Berechnung auch den Ansatz einer durchschnittlichen Zahl von Krankheitstagen. In Abhängigkeit von der sozialen Dienstleistung werden auch Ausfallzeiten aufgrund von fehlgeschlagenen Besuchen und Fahrtzeiten berücksichtigt.

Merke

Die Vergütung pro FLS ist nicht mit dem Stundenlohn der Fachkraft gleichzusetzen, da eine Fachkraft ihre Arbeitszeit nicht komplett mit (vergüteten) Face-to-Face-Kontakten mit den Adressat_innen verbringen kann, sondern ca. die Hälfte der Arbeitszeit für Tätigkeiten aufbringt, die mit der Hauptaufgabe in Verbindung steht (Nebentätigkeiten). Darüber hinaus sind bei der Kalkulation der Nettoarbeitszeiten auch Urlaubs-, Krankheits- und Fortbildungszeiten zu berücksichtigen.

In der Regel werden die Leistungs- und Vergütungsvereinbarungen nicht für jedes Sozialunternehmen separat verhandelt, sondern es wird auf Rahmenverträge zurückgegriffen. Diese Rahmenverträge werden auf Landesebene zwischen Vertreter_innen der Kostenträger (Landesjugendämter o. Ä.) und der Sozialwirtschaft (LIGA der Wohlfahrtsverbände o. Ä.) getroffen und enthalten u. a. die

Spezifizierung des Leistungsangebots, Angaben zu Anforderungen an die Qualitätssicherung sowie Angaben zur Ausgestaltung der Entgelte. Diese wiederum bilden die Grundlage für Vereinbarungen zwischen den örtlichen Ämtern und den Einrichtungen.

Tagessätze

Die Entgeltform des Tagessatzes wird v. a. zur Vergütung von Leistungen in stationären bzw. teilstationären Einrichtungen (wie bspw. stationären Kinder- und Jugendhilfeeinrichtungen, Mutter-Kind-Einrichtungen, stationären Einrichtungen der Behindertenhilfe, Frauenhäusern etc.; Einrichtungen für Wohnungslose, Suchtkliniken und Psychiatrien) eingesetzt. Das Sozialunternehmen enthält eine Vergütung pro Tag, den der_die Klient_in in der Einrichtung verbringt. Die Höhe der Vergütung wird zwischen öffentlicher Hand und Sozialunternehmen im Rahmen von Leistungs- und Entgeltverhandlungen vereinbart. Als Grundlage wird i. d. R. auf Kostenkalkulationen der Einrichtungen zurückgegriffen, in denen die durchschnittlichen Kosten für den Aufenthalt einer Person pro Tag ermittelt werden. In diese Kalkulation gehen neben Personal- und Sachkosten auch Kosten für die Immobilie (ggf. Miete, Abschreibungskosten, Nebenkosten etc.) ein. Die Höhe des Tagessatzes entspricht dann dem Quotienten aus Selbstkosten und Nutzungstagen und angenommener bzw. vereinbarter Auslastung. Da von einer hundertprozentigen Belegung angesichts von Wechseln der Klient_innen bzw. ungeplanten Beendigungen i. d. R. nicht ausgegangen werden kann, wird zwischen dem Kostenträger und den Sozialunternehmen auf der Basis von Erfahrungswerten eine Auslastungsquote angenommen.

Beispielrechnung:

Selbstkosten:	3 Mio. Euro
Platzzahl:	100
Nutzungstage pro Jahr:	300 (82 %)
Tagessatz: Selbstkosten/(Platzzahl x Nutzungstage):	100 Euro

Fallpauschalen

Bei Fallpauschalen erfolgt eine Finanzierung ohne Berücksichtigung der tatsächlichen zeitlichen Dauer einer sozialen Dienstleistung. Zur Ermittlung der Höhe der Pauschalen wird wiederum auf Kostenkalkulationen zurückgegriffen, aus denen Durchschnittswerte für die Bearbeitung eines Falls ermittelt werden. Fallpauschalen werden insbesondere bei niedrigschwelligen Beratungsleistungen vereinbart, bei denen die absolute Höhe der Vergütung überschaubar ist. Darüber hinaus erfolgt die Finanzierung von Kindertagesbetreuung in einigen Bundesländern nach diesem Prinzip. So wird bspw. in NRW eine Pauschale pro betreutem Kind gewährt, deren Höhe von dem Alter des Kindes, der Betreuungsdauer pro Tag sowie der Gruppenkonstellation abhängig ist. Für Kinder mit besonderem

Förderbedarf sowie für Kinder mit Migrationshintergrund werden Zuschläge gewährt. Ergänzt wird die Finanzierung durch Elternbeiträge sowie Eigenanteile der Eltern. Anhand der Finanzierung der Kindertagesbetreuung zeigen sich die Auswirkungen der föderalen Struktur des bundesdeutschen Sozialstaats besonders gut: Zwischen den Bundesländern, aber auch innerhalb der Länder zwischen den einzelnen Kommunen bestehen erhebliche Unterschiede in den Finanzierungsbedingungen (Goerres/Tepe 2013).

2.2.3 Einkaufsmodelle

Bei Einkaufsmodellen wird der Rechtsanspruch eines Individuums nicht über das sozialwirtschaftliche Dreieck finanziert, sondern der_die Anspruchsberechtigte erhält eine Geldleistung, mit der er_sie dann eine entsprechende Dienstleitung bei einem Anbieter seiner_ihrer Wahl einkaufen kann. Daher spricht man hier auch von *direkten Subjektfinanzierungen*. Derartige Modelle stellen bislang noch die Ausnahme dar und werden v. a. bei Ansprüchen gegenüber den Pflegeversicherungen sowie im Bereich der Behindertenhilfe eingesetzt.

Pflegegeld

Leistungen der Pflegeversicherung (SGB XI) werden im stationären Bereich anhand von Tagessätzen vergütet, im ambulanten Bereich können anspruchsberechtigte Pflegebedürftige zwischen Sach-, Geld- und einem Entlastungsbeitrag wählen. Die Höhe der Leistungen ist budgetiert und richtet sich nach dem Pflegegrad (Ausmaß der Pflegebedürftigkeit bzw. des Unterstützungsbedarfs) und der Form der Leistungserbringung (▶ Tab. 7).

Innerhalb der Budgets für ambulante Leistungen können Anspruchsberechtigte entweder Leistungen von ambulanten Diensten in Anspruch nehmen (Sachleistungen) oder aber eine Geldleistung, über deren Verwendung sie selbst entscheiden können. Die Höhe der Vergütungssätze für Sachleistungen wird in Form von Leistungskomplexen oder aber Stundensätzen zwischen Anbietern und Pflegeversicherungen ausgehandelt. Ca. zwei Drittel aller Anspruchsberechtigten, die zu Hause versorgt werden, entscheiden sich für das Pflegegeld. Die Entscheidung für ein Pflegearrangement hängt ab von der Phase des Lebenslaufs bzw. der Pflegebiographie. Neugeborene, Kinder und Jugendliche, die pflegebedürftig sind bzw. werden, werden zunächst fast ausschließlich in der häuslichen Pflege unter Inanspruchnahme von Geldleistungen versorgt. Darüber hinaus wird Verhinderungspflege in Anspruch genommen. Auch ältere Menschen werden bei einsetzender Pflegebedürftigkeit zunächst häuslich gepflegt und zwar zu ca. 50 % ohne Unterstützung ambulanter Pflegedienste (vgl. Rothgang et al. 2017, S. 125).

Tab. 7: Leistungsansprüche der Versicherten im Jahr 2019 an die Pflegeversicherung

	Pflegegrad 1 geringe Beeinträchtigungen der Selbstständigkeit oder der Fähigkeiten	Pflegegrad 2 erhebliche Beeinträchtigungen der Selbstständigkeit oder der Fähigkeiten	Pflegegrad 3 schwere Beeinträchtigungen der Selbstständigkeit oder der Fähigkeiten	Pflegegrad 4 schwerste Beeinträchtigungen der Selbstständigkeit oder der Fähigkeiten	Pflegegrad 5 schwerste Beeinträchtigungen der Selbstständigkeit oder der Fähigkeiten mit besonderen Anforderungen an die pflegerische Versorgung
Häusliche Pflege					
Pflegegeld (von € monatlich)	–	316 €	545 €	728 €	901 €
Pflegesachleistungen (von bis zu € monatlich)	–	689 €	1.298 €	1.612 €	1.995 €
Verhinderungspflege					
Pflegeaufwendungen (für bis zu 6 Wochen im Kalenderjahr von bis zu € jährlich)					
durch nahe Angehörige	–	474	817,50	1.092	1.351,5
durch sonstige Personen	–	1.612	1.612	1.612	1.612
Kurzzeitpflege					
Pflegeaufwendungen (für bis zu 8 Wochen im Kalenderjahr von bis zu € jährlich)	–	1.612	1.612	1.612	1.612

2.2 Instrumente öffentlicher Finanzierung

Tab. 7: Leistungsansprüche der Versicherten im Jahr 2019 an die Pflegeversicherung – Fortsetzung

Leistung						
Teilstationäre Tages- und Nachtpflege	Pflegeaufwendungen (von bis zu € monatlich)	–	689	1.298	1.612	1.995
Entlastungsbetrag bei ambulanter Pflege	Leistungsbetrag (bis zu € monatlich)	125	125	125	125	125
Zusätzliche Leistungen in ambulant betreuten Wohngruppen	€ monatlich	214	214	214	214	214
Vollstationäre Pflege	Pflegeaufwendungen von pauschal bis zu € monatlich	125	770	1.262	1.775	2.005
Pflege in vollstationären Einrichtungen der Hilfe für behinderte Menschen	Pflegeaufwendungen in Höhe von	–	10 % des Heimentgelts, höchstens 266 € monatlich			
Pflegehilfsmittel, die zum Verbrauch bestimmt sind	Aufwendungen von bis zu € monatlich	40	40	40	40	40
Technische Pflegehilfsmittel und sonstige Pflegehilfsmittel	Aufwendungen je Hilfsmittel in Höhe von	100 % der Kosten, unter bestimmten Voraussetzungen ist jedoch eine Zuzahlung von 10 %, höchstens 25 € je Pflegehilfsmittel, zu leisten. Technische Pflegehilfsmittel werden vorrangig leihweise, also unentgeltlich und somit zuzahlungsfrei, zur Verfügung gestellt.				
Maßnahmen zur Verbesserung des Wohnumfelds	Aufwendungen in Höhe von bis zu	4.000 € je Maßnahme (bis zum vierfachen Betrag – also bis zu insgesamt 16.000 € –, wenn mehrere Anspruchsberechtigte zusammenwohnen)				

Tab. 7: Leistungsansprüche der Versicherten im Jahr 2019 an die Pflegeversicherung – Fortsetzung

Zahlung von Rentenversicherungsbeiträgen für Pflegepersonen	je nach bezogener Leistungsart bis zu € monatlich (Beitrittsgebiet)	–	156,44 (144,13)	249,14 (229,54)	405,57 (373,67)	579,39 (533,82)
Zahlung von Beiträgen zur Arbeitslosenversicherung für Pflegepersonen	€ monatlich (Beitrittsgebiet)	–	38,94 (35,88)	38,94 (35,88)	38,94 (35,88)	38,94 (35,88)
Zuschüsse zur Kranken- und Pflegeversicherung für Pflegepersonen bei Pflegezeit	bis zu € monatlich Krankenversicherung	160,94	160,94	160,94	160,94	160,94
	Pflegeversicherung	31,67	31,67	31,67	31,67	31,67
Pflegeunterstützungsgeld (brutto) für Beschäftigte während einer kurzzeitigen Arbeitsverhinderung	bis zu 10 Arbeitstage					

Quelle: BMG – Bundesministerium für Gesundheit (2019): Pflegeleistungen zum Nachschlagen. 5., akt. Aufl., Berlin, [online] https://www.bundesgesundheitsministerium.de/fileadmin/Dateien/5_Publikationen/Pflege/Broschueren/190329_Pflegeleistungen_2019.pdf, S. 34–39

Persönliches Budget

Rehabilitative Leistungen werden in Deutschland traditionell im sozialwirtschaftlichen Dreiecksverhältnis erbracht. Das heißt, Leistungsvereinbarungen inkl. der Entgelte werden zwischen den jeweiligen Kosten- bzw. Leistungsträgern und Leistungserbringern ausgehandelt und verrechnet. Bereits 2001 wurde in § 2 SGB IX die Möglichkeit sogenannter »Persönlicher Budgets« verankert. Personen mit entsprechendem Leistungsanspruch können anstelle von Dienst- oder Sachleistungen zur Teilhabe ein Persönliches Budget wählen. Durch das Gesetz zur Vereinfachung der Verwaltungsverfahren im Sozialrecht (Verwaltungsvereinfachungsgesetz) vom 21. März 2005 wurde klargestellt, dass für alle Leistungen zur Teilhabe statt Dienst- und Sachleistungen Persönliche Budgets bewilligt werden können.

Leistungen zur Teilhabe umfassen Leistungen zur medizinischen Rehabilitation sowie zur Teilhabe am Arbeitsleben bzw. am Leben in der Gemeinschaft. In das Persönliche Budget können darüber hinaus Leistungen der Kranken- und Pflegekassen, der Träger der Unfallversicherung sowie Hilfen nach dem SGB XII integriert werden. Neben den genannten können folgende Leistungsträger an einem Persönlichen Budget beteiligt sein: Rentenversicherungsträger, Träger der Alterssicherung der Landwirte, Träger der Kriegsopferversorgung/-fürsorge, Jugendhilfeträger, Sozialhilfeträger, Integrationsamt sowie die Bundesagentur für Arbeit (BMAS 2018, S. 4).

Mit dem 2008 eingeführten Persönlichen Budget kam es zu einem Paradigmenwechsel bzgl. der Rollen von Leistungsempfänger_innen, Kostenträgern und Dienstleistungserbringern. Menschen mit Behinderung haben nun die Wahl, in einem festgelegten finanziellen Rahmen selbst über die konkrete Ausgestaltung der Dienstleistungen entscheiden. Das Persönliche Budget kann auf Antrag die nach bestehenden Leistungsgesetzen zu gewährenden nicht-monetären Teilhabeleistungen durch Geldleistungen und/oder Gutscheine ersetzen.

Von den 834.000 Menschen mit Behinderung, die im Jahr 2013 Leistungen der Eingliederungshilfe erhielten, entschieden sich nur ca. 8.500 Menschen für die Form des Persönlichen Budgets. Damit konnte gegenüber dem Vorjahr zwar eine leichte Steigerung um 1,3 % verzeichnet werden, der Anteil an der Gesamtzahl liegt jedoch weiterhin bei lediglich ca. ein Prozent aller grundsätzlich Anspruchsberechtigten, und nur ca. 7,5 % der Persönlichen Budgets werden trägerübergreifend gewährt (Statistisches Bundesamt, 2016). Aktuellere Daten liegen zurzeit (noch) nicht vor, da erst mit Inkrafttreten des § 41 SGB IX zum 1. Januar 2018 eine fortlaufende trägerübergreifende Datenerhebung von Fallzahlen zum Persönlichen Budget geschaffen wurde. Auch die von der Deutschen Rentenversicherung (DRV) gewährten Leistungen zur Rehabilitation werden nur in sehr geringem Maße in Form von Persönlichen Budgets ausgezahlt: von den im Jahr 2016 insgesamt verausgabten 6,36 Mrd. Euro wurden nur 600.000 Euro im Rahmen von Persönlichen Budgets gewährt (DRV 2018, S. 67).

Gutscheinmodelle

Gutscheine werden seitens der Bundesagentur für Arbeit bzw. von Jobcentern insbesondere im Rahmen der Aktivierung und beruflichen Eingliederung ausgegeben. Anspruchsberechtigte erhalten einen Gutschein für eine bestimmte Maßnahme, die sie dann bei einem Anbieter ihrer Wahl einlösen können. Auch die Bildungs- und Teilhabeleistungen für Kinder von Eltern im SGB-II-Bezug werden in Form von Gutscheinen ausgegeben. In Hamburg wird das Gutscheinmodell für die Kita-Finanzierung eingesetzt. Eltern erhalten einen Gutschein für Betreuungsleistungen, den sie bei einer Einrichtung ihrer Wahl einlösen können. Der Umfang der im Gutschein enthaltenen Leistungen richtet sich nach dem Alter der Kinder, dem Erwerbsstatus der Eltern sowie weiteren sozialen Kriterien (wie bspw. einem Migrationshintergrund). Die Einrichtungen erhalten dann für diese Gutscheine eine entsprechende Vergütung. Motiv für die Einführung dieses Systems war neben einer zielgenaueren Finanzierung die Erreichung einer größeren Autonomie der Eltern bei der Wahl der Einrichtung (zur Umsetzung des Gutscheinsystems vgl. die Beiträge in Betz et al. 2010).

Wirkungsorientierte Vergütungsmodelle

Noch relativ neu und bislang v. a. im Rechtskreis des SGB II und SGB III (Arbeitsförderung) umgesetzt, sind sogenannte wirkungsorientierte Vergütungsmodelle. Hier erhalten Träger von Maßnahmen zur (Wieder-)Eingliederung von Arbeitslosen zusätzlich zu vereinbarten fall- bzw. leistungsbezogenen Vergütungen teilweise zusätzliche Erfolgsprämien. Diese Prämien werden bspw. gewährt, wenn Personen mit besonderen Vermittlungsschwierigkeiten im Rahmen einer Maßnahme ein Arbeitsplatz auf dem ersten Arbeitsmarkt vermittelt wird. Die Höhe der Prämie kann in Abhängigkeit von der Art des Arbeitsverhältnisses (Teilzeit/Vollzeit) und der Dauer des Beschäftigungsverhältnisses (sechs bzw. zwölf Monate andauerndes Beschäftigungsverhältnis) gestaffelt sein.

In anderen Handlungsfeldern stellen derartige erfolgsbezogene Vergütungssysteme (noch) die Ausnahme dar. Ein Modell, das in den letzten Jahren relativ viel Aufmerksamkeit in Wissenschaft und Praxis hervorgerufen hat, ist der *Social Impact Bond*. Es handelt sich hierbei um ein Finanzierungsinstrument, das das sozialwirtschaftliche Dreiecksverhältnis um einen vierten Akteur – einen privaten Kapitalgeber – erweitert. Zwischen dem privaten Kapitalgeber und der öffentlichen Hand wird ein Vertrag geschlossen, in dem spezifiziert wird, unter welchen Bedingungen die öffentliche Hand dem Kapitalgeber das Kapital sowie eine gewisse Summe zusätzlich (Rendite) erstattet. Der (private) Kapitalgeber stellt also zunächst – statt des öffentlichen Kostenträgers – die für eine Maßnahme erforderlichen Mittel zur Verfügung. Mit diesen Mitteln werden dann von einem Sozialunternehmen die vereinbarten sozialen Dienstleistungen erbracht. Im Falle des Erreichens der vorher vereinbarten Leistungsziele erhält der private Kapitalgeber das eingesetzte Kapital sowie eine Erfolgsprämie zurück. Hintergrund dieser Idee ist, das Risiko für neue, innovative Maßnahmen von der öffentlichen

Hand auf andere zu übertragen, privates Kapital für den sozialen Dienstleistungssektor zu aktivieren und eine stärkere Wirkungsorientierung zu erreichen (Kaspers 2018). Bislang wurde dieses Modell v. a. in angelsächsischen Ländern umgesetzt, in Deutschland gibt es nur wenige Projekte. Zurzeit in Umsetzung ist ein Projekt im Landkreis Osnabrück. Es handelt sich um ein Pilotprojekt zur präventiven Unterstützung von Eltern mit besonderem Unterstützungsbedarf. Die Eltern erhalten auf freiwilliger Basis ein besonderes Elterntraining. Gelingt es im Rahmen der Maßnahme die Situation in den Familien nachhaltig zu verbessern, übernimmt der Landkreis die Kosten und erstattet der Kreissparkasse das eingesetzte Kapital. Das Projekt mit einer Laufzeit von 2017 bis 2020 wird von der Phineo AG koordiniert und von der Bertelsmann Stiftung wissenschaftlich begleitet (Hornung 2018).

Diese wirkungsorientierten Vergütungsmodelle werden trotz ihrer in Deutschland bislang nur marginalen Bedeutung sehr kontrovers diskutiert (vgl. die Beiträge in Burmester et al. 2017). Dabei wird u. a. darauf hingewiesen, dass aus der Wirkungsorientierung sogenannte Creaming Effekte resultieren könnten.

Creaming Effekte

Mit Creaming Effekten (Effekte der Sahneabschöpfung) werden die Auswirkungen von Auswahlprozessen bezeichnet, bei denen aus einer Gruppe möglicher Maßnahmeteilnehmer_innen diejenigen ausgewählt werden, die über die besten Erfolgsaussichten verfügen. Diese Creaming Effekte sind dann problematisch, wenn der Bedarf bzw. die Bedürftigkeit nicht mehr im Mittelpunkt stehen. Dies wirkt sich bei Maßnahmen der Arbeitsförderung bspw. nachteilig für Menschen mit besonders starken bzw. mehrfachen Vermittlungshemmnissen aus.

Neben Kritik an der Wirkungsmessung im Allgemeinen und ihrer methodischen Schwierigkeiten im Besonderen (▶ Kap. 4.4) wird problematisiert, dass wirkungsorientierte Vergütungsmodelle grundsätzliche wohlfahrtsstaatliche Prinzipien in Frage stellen (wie bspw. die Einlösung des individuellen Rechtsanspruchs). Darüber hinaus stellt sich die Frage, inwieweit die Rendite-Interessen privater Geldgeber mit den Spezifika sozialer Dienstleistungen in Einklang gebracht werden können (insbesondere die eingeschränkte Konsumentensouveränität der Adressat_innen, vgl. u. a. Schober/Rauscher 2014).

Fallbeispiel JugendJetzt

Der Jugendhilfeträger JugendJetzt sieht sich vor die Herausforderung gestellt zu überprüfen, ob und mit welcher Finanzierungsform das vorgesehene Angebot einer Erziehungsberatung nach § 28 SGB VIII zumindest kostendeckend oder sogar gewinnbringend bereitgestellt werden kann. Seitens der Stadt wird signalisiert, dass man das Beratungsangebot über Leistungsentgelte oder über einen Zuschuss finanzieren würde. Der Höchstsatz pro Fachleistungsstunde wird seitens der Kommune mit 86 Euro festgelegt, da ein anderer Träger zu diesem Satz ein ähnliches Angebot bereits in einem Stadtteil unterbreitet. Außerdem will die Kommune die Höchstzahl an Stunden pro Beratungsfall auf maximal 30 beschränken. Alternativ wird als jährliche Pauschale für ein Beratungsangebot, das allen Ratsuchenden zur Verfügung steht, ein Betrag von 100.000 Euro angeboten.

Um herauszufinden, ob und mit welcher Finanzierungsform das Angebot zumindest kostendeckend oder sogar gewinnbringend erbracht werden kann, gilt es zu klären, welche Kosten mit der Bereitstellung des Angebotes verbunden sind. Mittels einer Plankostenrechnung erfolgt eine grobe Kalkulation der durch das Angebot entstehenden Kosten (▶ Tab. 8). Darüber hinaus kann durch die Berechnung des Break-Even-Point eingeschätzt werden, wie viele Beratungen durchgeführt werden müssen, damit die Beratungsstelle kostendeckend arbeitet.

Tab. 8: Plankostenrechnung für JugendJetzt

	Fixkosten	**1 VZ**	**2 VZ**	**3 VZ**
1	Personalkosten	51.000 €	98.700 €	141.000 €
2	Kaltmiete	2.730 €	4.290 €	5.460 €
3	Nebenkosten	1.092 €	1.560 €	2.200 €
4	Abschreibungen	1.500 €	1.500 €	1.500 €
5	Telefon – Festnetz	240 €	240 €	240 €
6	Telefon – Handy	240 €	480 €	720 €
7	Trägerumlage	3.500 €	7.000 €	10.500 €
	Gemeinkosten als Obergrenzenbudgets			
8	Geschäftsausstattung	2.000 €	3.000 €	3.600 €
9	Supervision	810 €	1.080 €	1.350 €
10	Fortbildung	260 €	520 €	780 €
11	Büromaterialien und Porto	1.200 €	1.800 €	2.160 €
12	Fachzeitschriften	200 €	200 €	250 €
	Variable Kosten			
13	Verpflegung	600 €	1.200 €	1.800 €
14	Benzinkosten	1.000 €	2.000 €	3.000 €
	Gesamtkosten in Euro	**66.372 €**	**123.570 €**	**174.560 €**

VZ = Vollzeitstelle
Eigene Berechnungen und Darstellung

Die einzelnen Kosten beruhen auf folgenden Überlegungen:

1. Personalkosten: Es wird angenommen, dass in der Beratungsstelle Sozialarbeiter_innen/Sozialpädagoginnen in Vollzeit beschäftigt werden. Die Höhe der Personalkosten wurde auf Basis des TV-L kalkuliert. Während es sich bei der ersten Vollzeitstelle um eine_n Mitarbeitenden mit langjähriger Berufserfahrung und entsprechender Entgeltstufe handelt, wird für die zweite Vollzeitstelle eine_n Mitarbeiter_in mit geringer Berufserfahrung, für die dritte Vollzeitstelle ein_e Mitarbeiter_in ohne Berufserfahrung angenommen (mit entsprechend niedrigeren Entgeltstufen).
2. Für die Kaltmiete wurde ein Betrag von 6,50 Euro/m² angenommen. Bei einer Vollzeitstelle reicht eine Fläche von ca. 35 m², bei zwei Vollzeitstellen von 50 m², bei drei Vollzeitstellen 70 m², da Küche, Sanitärräume etc. gemeinsam benutzt werden können.
3. Es wurden 2,60 Euro/m² Nebenkosten angenommen.
4. Abschreibungen entstehen auf langlebige Wirtschaftsgüter, hier v. a. für die Küchenausstattung.
5. Der Festnetzanschluss umfasst eine Telefon- und Internetflatrate.
6. Jede_r Mitarbeiter_in hat ein Diensthandy mit Flatrate (20 Euro/Monat).
7. Mit der Trägerumlage werden Kosten auf übergeordneter Ebene finanziert (Personalkosten für Leitungsaufgaben, Verwaltungsaufwand für Abrechnungen etc.; Versicherungen etc.). Die Höhe der Trägerumlage kann sich wie hier dargestellt an der Zahl der Vollzeitstellen orientieren oder aber auf das Gesamtangebot pauschal kalkuliert werden.

Die folgenden Kosten werden als Budget kalkuliert, d. h. Ausgaben können bis zu der angegebenen Höchstgrenze getätigt werden

1. Hierunter fallen Anschaffungsgegenstände wie Büromöbel, Hardware etc. soweit sie nicht zu den langlebigen Wirtschaftsgütern gehören und abgeschrieben werden müssen (▶ Punkt 4).
2. Eine fachlich kompetente Soziale Arbeit benötigt Supervision; die Kosten steigen nicht linear, da ggf. Gruppensupervisionen durchgeführt werden können.
3. Fachkräfte der Sozialen Arbeit sollten sich regelmäßig fortbilden, z. B. über veränderte rechtliche Rahmenbedingungen; neue Methoden/Konzepte etc.
4. Ein Teil der Büromaterialien kann gemeinsam genutzt werden, Verbrauchsmaterial wird in Abhängigkeit von der Zahl der Vollzeitstellen bzw. der Fallzahl benötigt.
5. Fachzeitschriften können von mehreren Mitarabeiter_innen gelesen werden, insofern entstehen bei höherer Stellenanzahl keine weiteren Kosten. Hier wurde allerdings angenommen, dass bei drei Mitarbeiter_innen ggf. neue Schwerpunkte in der Beratungsarbeit hinzukommen, die das Abonnement/die Lektüre einer weiteren Fachzeitschrift erfordern.

Bei den Punkten 12 und 13 handelt es sich um variable Kosten, deren Höhe von der Zahl der Beratungsfälle abhängig ist. Es wurde daher eine lineare Steigerung angenommen. Da sich die variablen Kosten nur einen sehr geringen Anteil an den Gesamtkosten ausmachen und sich insofern nur sehr schwach auf die Beurteilung der Rentabilität auswirken, sollen diese für die folgenden Berechnungen fix gesetzt werden. Das vereinfacht die Berechnungen.

Ausgehend von den Gesamtkosten kann nun berechnet werden, wie viele Beratungsfälle bzw. Beratungsstunden zur Kostendeckung in den verschiedenen Varianten erforderlich sind (▶ Tab. 9).

Tab. 9: Berechnung des Break-Even für JugendJetzt

	1 VZ	2 VZ	3 VZ
Summe aller Kosten in Euro	66.372,00	123.570,00	174.560,00
Maximale FLS pro Fall (Vorgabe der Kommune)	27,00	27,00	27,00
Entgelt pro FLS in Euro (Vorgabe der Kommune)	72,00	72,00	72,00
Arbeitsstunden pro VZ-Kraft pro Tag (laut TV-L)	7,80	7,80	7,80
Arbeitstage pro Jahr	210,00	420,00	630,00
Arbeitsstunden pro VZ-Kraft pro Jahr	1.638,00	3.276,00	4.914,00
max. Einnahmen pro Fall (bei Ausschöpfung der max. Stundenzahl) in Euro	1.944,00	1.944,00	1.944,00
benötigte Fälle im Jahr (Break-even-Point)	34,14	63,56	89,79
benötigte Fälle im Jahr (gerundet)	35	64	90
Für die Kostendeckung zu erbringende abrechenbare FLS (pro Jahr)	921,83	1.716,25	2.444,44
Für die Kostendeckung zu erbringende abrechenbare FLS (gerundet)	922	1.717	2.445
Für die Kostendeckung zu erbringende abrechenbare FLS pro Arbeitstag	4,39	4,11	3,86
Für die Kostendeckung zu erbringende abrechenbare FLS pro Arbeitstag (gerundet)	5	5	4
Verbleibende Zeit pro Arbeitstag pro VZ-Kraft in Stunden	3,41	3,69	3,94

VZ = Vollzeit(-Stelle)
Eigene Berechnung und Darstellung

Da eine Plankostenrechnung nur auf Schätzwerten beruht, besteht ein grundsätzliches Risiko, das jedoch in Abhängigkeit von der Finanzierungsvariante unterschiedlich ausfällt.

Möglichkeit 1: Finanzierung über Zuschuss

Auf den ersten Blick erscheint eine Finanzierung über den angebotenen Zuschuss in Höhe von 100.000 Euro angesichts der veranschlagten Fix- und variablen Kosten bei der Besetzung nur einer Stelle sehr attraktiv. Eine weitere Vollzeitstelle ist hingegen nicht finanzierbar, ggf. könnte man aber eine weitere Teilzeitstelle einrichten oder aber Honorarkräfte beschäftigen. Für eine abschließende Bewertung müsste jedoch geklärt werden, welche Vereinbarungen zwischen Kostenträger und JugendJetzt bzgl. des Leistungsangebots getroffen werden und ob die Pauschalfinanzierung an bestimmte Bedingungen (bspw. Anforderung an Öffnungszeiten, Mindestzahl der Fälle) geknüpft ist, die in einem Qualitätsbericht belegt werden müssen. Bei der Besetzung nur mit einer Fachkraft stellt sich v. a. die Frage nach der Vorgehensweise bei längeren Ausfall- bzw. Krankheitszeiten.

An diese Fragen knüpfen die Überlegungen bzgl. fachlicher Aspekte an. Ausgehend von der aus wirtschaftlicher Sicht einzig tragbaren Variante, die Beratung mit einer Vollzeitkraft anzubieten, muss zu Beginn per Leistungsvereinbarung geklärt werden, an welche inhaltlichen Bedingungen die Pauschalfinanzierung geknüpft ist. Sollten keine Mindestfallzahlen o. Ä. festgelegt werden, könnte die Fachkraft sehr autonom entscheiden, wie viele Beratungen durchgeführt werden. Es bestünde kein Druck, hohe Fallzahlen zu erreichen oder Familien über den tatsächlichen Bedarf hinaus zu beraten, um die maximal abrechenbare Stundenzahl zu erreichen. Aus diesen Arbeitsbedingungen kann eine hochwertige Beratungsarbeit resultieren, wenn die Fachkraft verantwortlich arbeitet und keine längeren Ausfallzeiten entstehen. Aus Sicht des Kostenträgers und der Adressat_innen besteht jedoch auch die Gefahr, dass keine offensive Öffentlichkeitsarbeit bzgl. des Beratungsangebots stattfindet und nur eine geringe Anzahl von potenziell Anspruchsberechtigten das Angebot wahrnimmt.

Möglichkeit 2: Finanzierung über Fachleistungsstunden

Bei der Variante, das Beratungsangebot über Leistungsentgelte – hier Fachleistungsstunden – zu finanzieren, ist die Beurteilung der Wirtschaftlichkeit komplexer. Das Risiko einer Unterdeckung (d. h., dass die Kosten die Einnahmen übersteigen) ist hier größer, da nur tatsächlich bearbeitete Fälle bzw. durchgeführte Beratungen abrechenbar sind. Es gilt also festzustellen, bei welcher Variante das wirtschaftliche Risiko am geringsten ist.

Ein erheblicher Teil der Kosten besteht aus Aufwendungen, die relativ unabhängig von der Zahl der beschäftigten Fachkräfte ist. Der Break-Even-Point (Zeitpunkt bzw. Fallzahl, ab der die Kosten gedeckt sind) wird bei einer höheren Fallzahl also eher erreicht. Je mehr Stellen vorhanden sind, desto weniger Fälle bzw. weniger abrechenbare Stunden werden pro Stelle benötigt. Allerdings steigt dadurch die Gesamtzahl der zur Kostendeckung erforderlichen Fälle bzw. abrechenbaren FLS. Es steigt also einerseits das Risiko, dass aufgrund fehlenden Bedarfs bzw. Nachfrage die Gesamteinrichtung nicht genügend Fälle insgesamt bearbeitet werden, andererseits erhöht sich die Chance, dass die einzelnen Fachkräfte die nötigen Fallzahlen bzw. den Break-Even-Point erreichen. Die Berechnung der Fallzahlen birgt zusätzlich das Risiko, dass keinesfalls sicher ist, ob jeder Fall auch tatsächlich die Maximalzahl von 30 abrechenbaren Stunden beansprucht. Bei Berücksichtigung dieser Aspekte erscheint die Variante, die Beratungsstelle mit zwei Stellen zu besetzen, als angemessen. So können auch eventuell auftretende Ausfallzeiten durch Krankheit o. Ä. besser kompensiert werden. Hinzu kommen fachliche Aspekte, wie bspw. die Möglichkeit zum kollegialen Austausch, der nur in Teams möglich ist.

Das Risiko bei einer Finanzierung über FLS besteht zunächst darin, genügend Fälle zu akquirieren, d. h. Familien mit entsprechenden Bedarfen für eine Beratung zu gewinnen. Darüber hinaus arbeitet die Beratungsstelle nur dann wirtschaftlich, wenn die in der Break-Even-Point-Berechnung ermittelte Fall- bzw. Stundenzahl erreicht wird. Die Fachkräfte sind also aufgerufen, Vor- und Nachbereitungszeiten sowie weitere Nebenzeiten nicht über das kalkulierte Ausmaß hinaus auszuweiten, um die erforderliche Anzahl von abrechenbaren FLS zu erreichen. Im vorliegenden Fall scheint der angebotene Vergütungssatz pro FLS ausreichend, um auch die Nebenzeiten gut abdecken zu können, ohne die Fachkräfte zu überlasten.

Aus wirtschaftlicher Perspektive erscheint die Pauschalfinanzierung mit einer Stelle zielführend, fachlich ist eine Mehrstellenbesetzung angemessener, allerdings birgt die Variante Leistungsentgelte wirtschaftliche Risiken, die wiederum Leistungsdruck erzeugen, der sich auf die Fachlichkeit auswirken kann. Vor einer Entscheidung sollten die Schätzwerte bzgl. der Kosten überprüft werden und insbesondere eine Sozialraumanalyse zur Abschätzung des Bedarfs durchgeführt werden.

Tipps

Eine sehr gute, ausführliche Darstellung, welche einzelnen Kosten berücksichtigt werden müssen bzw. wie eine solche Berechnung durchzuführen ist, findet sich in dem Aufsatz von Heister (2012) sowie in Bachert/Dreizler (2018).

Die Kommunale Gemeinschaftsstelle für Verwaltungsmanagement (KGSt) stellt für die Berechnung von FLS Arbeitshilfen zur anrechenbaren Arbeitszeit etc. zur Verfügung. In einzelnen Bundesländern wurden darüber hinaus von Kostenträgern und Wohlfahrtsverbänden Arbeitshilfen zur Berechnung der Höhe von FLS entwickelt, die von den Kostenträgern, aber auch von den Dienstleistungserbringern genutzt werden können.

Bspw. für Nordrhein-Westfalen:

Landesarbeitsgemeinschaft Öffentliche und Freie Wohlfahrtspflege in NRW c/o DRK-Landesverband Westfalen-Lippe e. V. (2017): Aushandlung ambulanter Erziehungshilfen. Empfehlungen für Jugendämter und freie Träger, [online] https://www.lwl-landesjugendamt.de/media/filer_public/d2/13/d213378a-a446-4861-a8ba-036e79e7fb9c/170223_aushandlung-ambulanter-erziehungshilfen_web.pdf [25.09.2018].

> **Übungsaufgabe**
>
> Übertragen Sie die Angaben zu einzelnen Kostenarten bzw. zur Höhe der Entgelte in eine Excel-Tabelle. Verändern Sie einzelne Werte (Höhe einzelner Kostenarten, Höhe der abrechenbaren FLS, Höhe der Entgelte für FLS), um zu sehen, wie sich Veränderungen auswirken!

2.2.4 Fazit

Die einzelnen Finanzierungsinstrumente weisen spezifische Stärken (Strength), Schwächen (Weakness), Chancen (Opportunities) und Risiken (Threats) für Adressat_innen, Sozialunternehmen und Kostenträger auf. Diese können im Rahmen einer SWOT-Analyse systematisch erhoben und verglichen werden (▶ Tab. 10).

Tab. 10: SWOT-Analyse

Stärken	Schwächen
•	•
•	•
Chancen	**Risiken**
•	•
•	•

Eigene Darstellung

So ist eine Zuwendungsfinanzierung für Kostenträger und Sozialunternehmen mit relativ wenig Aufwand für die Abrechnung verbunden, der Kostenträger hat hier aber nur wenig Einfluss auf die konkrete Leistungsgestaltung und auch die Zielgenauigkeit der Förderung ist ggf. niedriger als bei Entgeltfinanzierungen. Für die Sozialunternehmen bedeutet die Zuschussfinanzierung im Förderzeitraum eine sichere Einnahme, nach Ablauf des Förderzeitraums ist ggf. eine erneute Antragstellung erforderlich, deren Ausgang unsicher ist. Hinzu kommen Unsicherheiten bzgl. der Auskömmlichkeit der Finanzierung. Wenn bspw. ein Beratungsangebot so stark nachgefragt wird, dass das vorgesehene Personal dies nicht bewältigen kann und zusätzliche Mitarbeitende eingestellt werden müssen, übersteigen die Kosten ggf. die zur Verfügung gestellten Mittel. In diesem Fall sind zwar Nachverhandlungen mit dem Kostenträger möglich, deren Ausgang ist jedoch nicht absehbar.

Das Risiko der Entgeltfinanzierung liegt für Sozialunternehmen in fehlenden Umsätzen aufgrund von ausbleibender Nachfrage, Fehlzeiten z. B. durch längere Krankheit von Fachkräften sowie in der von einigen öffentlichen Kostenträgern geforderten Erbringung von Eigenmitteln. Bei ausreichender Nachfrage kann sie jedoch auch ertragsbringend sein. Darüber hinaus ist die Entgeltfinanzierung (bei Vorliegen entsprechender vertraglicher Vereinbarungen) langfristig planbar.

Seitens der Kostenträger werden in den letzten Jahren mit dem Argument der höheren Zielgenauigkeit und besseren Wirtschaftlichkeit für die öffentlichen Haushalte stärker Entgeltfinanzierungen eingesetzt. Bislang noch relativ wenig diskutiert wird, dass aus dem Leistungsanreiz auch eine Mengenexpansion resultieren könnte. Dies würde bei den Kostenträgern wiederum zu Kostensteigerungen führen. Interessenverbände der Sozialwirtschaft kritisieren den teilweise ruinösen Wettbewerb, der durch Ausschreibungen zwischen Einrichtungen entsteht (vgl. Vobker 2011).

Als Finanzierungsform zwischen FLS und Zuschüssen können Fallpauschalen vereinbart werden. Derartige Fallpauschalen reduzieren den Abrechnungsaufwand und ermöglichen aus Sicht der Sozialunternehmen eine höhere Gestaltungsfreiheit bei den Maßnahmen. Zugesicherte Fallpauschalen stellen zudem einen planbareren Umsatz dar, unabhängig von der Anzahl der in Anspruch genommenen Beratungsstunden der Klient_innen und Ausfallzeiten des Personals. Demgegenüber kann eine mit der Pauschalfinanzierung verbundene Budgetierung dazu führen, dass vorhandene Bedarfe bei Ausschöpfung des Budgets nicht mehr befriedigt werden. Aus Sicht der Inanspruchnehmer_innen können Pauschalen aber auch dazu führen, dass Sozialunternehmen zur Erreichung von Gewinnen gezielt Leistungsbegrenzungen vornehmen bzw. Leistungen vorenthalten.

Die in den letzten Jahren an Bedeutung gewonnenen Einkaufsmodelle zielen v. a. auf eine höhere Selbstbestimmung der Adressat_innen. Persönliches Budget und Gutscheinmodelle stellen einen tiefgreifenden Systemwechsel dar und greifen erheblich in das Gefüge der Organisationen ein. Soziale Dienstleistungen müssen unter verstärkten Wettbewerbsbedingungen auf einem wachsenden und unübersichtlicher werdenden Markt von Anbietern positioniert und den Ansprüchen und Bedürfnissen ihrer Kund_innen gerecht werden. Es geht hier nicht mehr darum, aus einer pädagogischen (Macht-)Position heraus zu wissen, was gut für jemanden ist, oder zu sagen, was jemand noch lernen müsse. Es geht für Leistungsanbieter nunmehr verstärkt darum, die vom Menschen mit Behinderung oder mit Qualifizierungsbedarfen gewünschten Dienstleistungen passgenau anzubieten.

Die Autonomie der Zielgruppen in der Behindertenhilfe wurde nicht zuletzt dadurch gestärkt, dass im Rahmen des Persönlichen Budgets trägerübergreifende Komplexleistungen in Anspruch genommen werden können. Das bedeutet, dass verschiedene Träger der Rehabilitation gleichzeitig an einem Persönlichen Budget beteiligt sind. Dies bedeutet für die Betroffenen insofern eine Verbesserung, als die bis dato geltende starke Versäulung der wohlfahrtsstaatlichen Leistungen eine Zusammenlegung erheblich erschwerte.

Für die Träger bedeutet das Persönliche Budget eine zusätzliche Herausforderung insofern, als die Leistungsentgelte bspw. für den Werkstattbesuch, das betreute Wohnen und sonstige Beratungsleistungen nicht mehr direkt vom Kostenträger überwiesen werden. Da im Rahmen des Persönlichen Budgets grundsätzlich das Wahlrecht respektiert werden muss, kann eine Situation eintreten, in der ein Mensch mit Behinderung die einzelnen Leistungen zur Teilhabe am Arbeitsleben, die Unterstützung bei der Alltagsbewältigung etc. von verschiedenen Anbietern ›einkaufen‹ möchte. Dies führt für die Träger zu einem erhöhten Verwaltungsaufwand und reduziert natürlich auch die Einnahmesicherheit. Vor diesem Hintergrund werden etablierte Träger – insbesondere aus dem stationären Bereich – keine offensive Beratung in Richtung von Persönlichen Budgets anbieten wollen. Für Sozialarbeiter_innen bedeutet dies, dass sie in der Beratungsarbeit vor einem Dilemma stehen. Bestätigen sie eine_n Klient_in in seinem_ihrem Wunsch nach der Beantragung von Leistungen in Form des Persönlichen Budgets im Sinne des Empowerments, gefährden sie unter Umständen ihren eigenen Arbeitsplatz. Inwieweit das Persönliche Budget im SGB IX bzw. dem BTHG in Zukunft stärker nachgefragt wird und somit nachhaltige Auswirkungen auf die Trägerstrukturen haben wird, bleibt abzuwarten. Aus Kostenträgersicht ist fraglich, ob die im Rahmen von Einkaufsmitteln vergebenen Mittel auch tatsächlich die Zielgruppen erreichen bzw. für die Einlösung des Rechtsanspruchs genutzt werden oder ob hier auch Mitnahmeeffekte (bspw. durch Angehörige) entstehen. Die Sicherung der Qualität ist hier noch weitgehend ungeklärt.

2.3 Fundraising jenseits öffentlicher Finanzierungen

In den letzten Jahren haben Finanzierungsquellen jenseits der öffentlichen Kostenträger an Bedeutung gewonnen. Zum einen aufgrund der teilweise angespannten kommunalen Haushaltslage, die dazu geführt hat, dass v. a. freiwillige Leistungen nicht oder nicht mehr im gewohnten Umfang finanziert wurden. Zum anderen aber auch aufgrund einer veränderten Förderphilosophie, die von Sozialunternehmen erhöhte Eigenanteile einfordert.

Der Begriff des Fundraisings wird unterschiedlich genutzt. Während in einigen Lehrbüchern unter Fundraising die Ressourcenbeschaffung jenseits von öffentlichen Finanzierungsquellen verstanden wird, beschränken andere den Begriff auf Förderungen, die ohne Gegenleistung des Sozialunternehmens erbracht werden, im engeren Sinne als ›Spenden‹ zu bezeichnen. Mittel, für die Mittelgeber eine marktadäquate Gegenleistung verlangen, sind hingegen als Sponsoring zu bezeichnen. Da – wie weiter unten noch gezeigt wird – die Grenzen zwischen Spenden und Sponsoring jedoch teilweise fließend sind, soll hier eine weitere Definition des Fundraisings genutzt werden:

> **Fundraising**
>
> Unter Fundraising wird im Folgenden die Beschaffung von Ressourcen für soziale Dienstleistungen jenseits öffentlicher Finanzierungen verstanden.

Ressourcen können in Form von Geld, Sachmitteln oder zeitlichen Ressourcen (freiwilliges bzw. ehrenamtliches Engagement) bereitgestellt werden. Als Ressourcenbereitsteller sind Privatpersonen, Unternehmen und Stiftungen zu unterscheiden. Durch Fundraising eingeworbene Mittel können den Eigenmitteln zugeordnet werden, die – wie oben dargestellt – für die Akquirierung öffentlicher Mittel erforderlich sind. Im Folgenden werden die verschiedenen Formen kurz vorgestellt (▶ Kap. 2.3.1, ▶ Kap. 2.3.2, ▶ Kap. 2.3.3, ▶ Kap. 2.3.4). Im Fazit werden die Voraussetzungen, Chancen und Risiken der Nutzung alternativer Finanzierungsquellen diskutiert.

2.3.1 Spenden

Bei Spenden handelt es sich um monetäre Leistungen, Sachmittel oder Zeitleistungen, die von Privatpersonen oder Unternehmen ohne sachliche oder geldwerte Gegenleistung freiwillig entrichtet werden. Privatpersonen engagieren sich insbesondere über finanzielle Zuwendungen und/oder ehrenamtliches Engagement; für Unternehmen ist es besonders attraktiv, Sach- oder Dienstleistungen aus ihrem Leistungsspektrum heraus zur Verfügung zu stellen (z. B. bei einem Gartenbauunternehmen Klettergerüste inkl. Aufbau für ein Außengelände; Einrichtungsgegenstände von einem Möbelproduzenten; Fahrzeugüberlassung von einem Autohersteller oder -händler; Beratung von kleineren Träger bei Steuerangelegenheiten durch Steuerberater_innen etc.).

> **Bußgelder**
>
> Eine besondere Form von Spenden sind Bußgeldspenden. Als gemeinnützige Organisation kann man sich bei Gerichten als Spendenempfänger registrieren lassen. Bei Gerichtsverfahren können Richter_innen festlegen, an welche Organisation das auferlegte Bußgeld zu spenden ist. Für eine erfolgreiche Einwerbung derartiger Mittel ist es hilfreich, Richter_innen auf bestimmte Projekte aufmerksam zu machen, die im Zusammenhang mit Verfahren stehen (bspw. Projekte zur Verkehrserziehung von Kindern bei Richter_innen, die im Verkehrsstrafrecht tätig sind).

Um erfolgreich Spenden einwerben zu können, ist es hilfreich, die Motivationen von Spendenden zu kennen. Die Gründe, die Privatpersonen zu Spenden motivieren, sind vielschichtig: Geld- und Sachspenden werden nicht nur aus altruistischen (selbstlosen) Gründen geleistet, sondern insbesondere Privatpersonen erwarten soziale Anerkennung, Zufriedenheit, Dankbarkeit etc. Werden diese Erwartungen erfüllt, sind Spender_innen ggf. auch wiederholt spendenbereit.

Spendende Unternehmen versprechen sich zusätzlich zu den oben genannten Gegenleistungen ggf. die Anbahnung weiterer Geschäftsbeziehungen zu größeren Trägern oder einen Reputationsgewinn. Eine derartige vom Träger zu erbringende Gegenleistung ist im Einzelnen nicht in Geldwerten zu bemessen. Die Grenzen zum Sponsoring sind daher fließend, wie weiter unten gezeigt wird (▶ Kap. 2.3.2)

Die Möglichkeit, Spenden an gemeinnützige Organisationen steuerlich geltend zu machen (und damit die eigene Steuerlast zu senken), trägt neben den genannten Gründen zusätzlich zur Spendenbereitschaft bei.

> **Voraussetzungen für Spendenbescheinigungen**
>
> »Um Spendenquittungen ausstellen zu können, die vom Spender steuerlich geltend gemacht werden, muss eine gemeinnützige Einrichtung besonders förderungswürdig sein. (In der Anlage zu § 48 der Einkommensteuer-Durchführungsverordnung zu § 10b EstG wird gefordert, dass Spendenquittungen nur von Einrichtungen ausgestellt werden dürfen, die mildtätige, kirchliche, religiöse und wissenschaftliche Zwecke und als besonders förderungswürdig anerkannte gemeinnützige Zwecke unterstützen.)« (Kolhoff 2017, S. 112)

Auch die Motivationen für ehrenamtliches bzw. freiwilliges Engagement sind vielschichtig. Aus den Daten des Freiwilligensurveys ist bekannt, dass für Engagierte wichtig ist, dass die Tätigkeit Spaß macht bzw. als sinnvoll erachtet wird. Weitere Gründe sind der Kontakt zu anderen Menschen sowie der Wunsch, die Gesellschaft mitzugestalten. Seltener wird als Motiv der Erwerb zusätzlicher Qualifikationen genannt (BMFSFJ 2016). Eine Identifikation mit den Zielen der Organisation und/oder eines bestimmten Projekts befördert die Bereitschaft zur Investition der eigenen Freizeit. Darüber hinaus werden auch hier Gegenleistungen wie soziale Anerkennung erwartet.

Einschätzungen bzgl. des Spendenvolumens sind schwierig, da es hierzu in Deutschland keine systematischen Erhebungen gibt. Schätzungen aufgrund der Steuerstatistik gehen von einem Volumen von über acht Mrd. Euro jährlich aus (vgl. Urselmann 2016). Der Deutsche Fundraising Verband e. V. 2017 kommt auf der Basis von Befragungsdaten auf eine Gesamtsumme von ca. 3,6 Mrd. Euro bzw. 143 Euro pro Spender_in. Der deutsche Spendenrat geht für 2018 von ca. 5,3 Mrd. Euro aus (Deutscher Spendenrat 2019). Der ganz überwiegende Teil der Spenden zielt auf humanitäre Zwecke (ca. 80 % aller Spenden), Hauptzwecke sind hier die Not- und Katastrophenhilfe, aber auch die Kinder- und Jugendhilfe (im weiteren Sinne) sowie Organisationen bzw. Projekte für Kranke bzw. Menschen mit Behinderung.

Daten zum Umfang und zur Struktur des ehrenamtlichen bzw. freiwilligen Engagements können dem regelmäßig durchgeführten Freiwilligensurvey entnommen werden. Es stehen sowohl aktuelle als auch ältere Berichte sowie Sonderauswertungen zur Verfügung (Deutsches Zentrum für Altersfragen, o. J.).

Die Daten zeigen, dass sich mehr als 40 % der Wohnbevölkerung Deutschlands freiwillig engagiert. Überdurchschnittlich vertreten sind jüngere Menschen (bis 50 Jahren) und Menschen mit hohen Bildungsressourcen. Die Zahl der freiwillig Engagierten ist in den letzten Jahren gestiegen, der_die Einzelne verwendet jedoch weniger Zeit im freiwilligen Engagement. Im ländlichen Raum engagieren sich anteilig Menschen häufiger als in städtischen Gebieten. Nach Sport und Bewegung gehören Tätigkeiten im sozialen und Bildungsbereich wie z. B. Schule und Kindergarten sowie Jugendarbeit und Bildungsarbeit für Erwachsene zu den zentralen Feldern freiwilligen Engagements. Besonders interessant ist, dass unter denjenigen, die sich bislang (noch) nicht engagieren, eine hohe Bereitschaft für die Übernahmen freiwilliger Tätigkeiten vorhanden ist, dies betrifft insbesondere auch Menschen mit Migrationshintergrund, die bislang nur unterdurchschnittlich stark engagiert sind. Hier sind Sozialunternehmen aufgerufen, diese Engagementpotenziale zu aktivieren, zum einen um Angebote durch Ehrenamtliche zu ergänzen, zum anderen aber auch um der Aufgabe der gesellschaftlichen Integration gerecht zu werden.

2.3.2 Sponsoring

Sponsoringmittel werden von Unternehmen mit dem vorrangigen Ziel vergeben, den Bekanntheitsgrad des eigenen Unternehmens zu erhöhen bzw. das Image des eigenen Unternehmens zu verbessern. Sie können in Form von Geld-, Sach- oder Dienstleistungen vergeben werden. Ähnlich wie bei Spenden wird ein Großteil des Sponsorings durch die Vergabe finanzieller Mittel organisiert. Diese können der Organisation im Ganzen oder aber für bestimmte Projekte zur Verfügung gestellt werden. Ähnlich wie bei Spenden ist es für viele Unternehmen interessant, als Sponsoringleistungen eigene Produkte und Dienstleistungen zu vergeben, um so die Werbewirkung optimal auszunutzen.

> **Spende oder Sponsoring?**
>
> Ob eine Sach- oder Dienstleistung (wie bspw. die Überlassung eines Dienstwagens durch einen Automobilhersteller) als Sponsoring oder als Spende zu bewerten ist, ist abhängig von der steuerrechtlichen Bewertung sowie der Vertragsgestaltung. Aufgrund der Komplexität des Themas sind hier einfache Zuordnungen schwierig. Bei größeren Trägern sollte daher eine derartige Einschätzung vom Management vorgenommen werden, kleinere Träger sollten sich diesbezüglich durch Experten beraten lassen.

Es wird also für die Gewährung von Geld-, Sach- oder Dienstleistungen eine geldwerte Gegenleistung erwartet. Sponsoringmittel werden daher auch nicht aus dem Gewinn eines Unternehmens entnommen, sondern stellen Ausgaben des Werbeetats dar, und es wird keine Spendenbescheinigung ausgestellt. Im Gegensatz zu Spenden ist es in Sponsoring-Beziehungen üblich, die Bedingungen (Leistung und Gegenleistung der gesponserten Organisation) vertraglich zu regeln. Klassische Gegenleistungen im Social-Sponsoring sind bspw. das Aufnehmen des Logos in Broschüren oder auf Dienstwagen, die Aufnahme des Unternehmensnamens in den Titel eines Projekts bzw. einer Veranstaltung. Diese und ähnliche Sponsoring-Aktivitäten sind in **Corporate-Social-Responsibility**-Strategien integriert.

> **Corporate Social Responsibility**
>
> Unter dem Begriff Corporate Social Responsibility (CSR) werden Maßnahmen zusammengefasst, mit denen Unternehmen ihrer sozialen Verantwortung gerecht zu werden versuchen. Hierzu gehören sowohl Einzelaktionen, die Unternehmensmitarbeiter_innen im lokalen Umfeld durchführen wie bspw. die Renovierung von Jugendzentren oder Spielplätzen, als auch unternehmensinterne Projekte wie bspw. die arbeitsmarktliche Integration von Flüchtlingen.

Bruhn 2018, S. 327 gibt einen guten Überblick über die verschiedenen Foren des Social-Sponsorings.

Auch über den Umfang des Sponsorings liegen nur Schätzungen vor. Bruhn (2018, S. 1) geht von einem Volumen in Höhe von ca. 5,5 Mrd. Euro pro Jahr aus. Ein erheblicher Teil entfällt hiervon jedoch auf das Sport-Sponsoring.

Sponsoring gehört zu den voraussetzungsvollen Instrumenten des Fundraisings. Ein erfolgreiches Sponsoringkonzept enthält Aussagen zu

- der Auswahl des Sponsors (d. h., gibt es Branchen, Unternehmensformen, Anbieter, die aufgrund der von ihnen vertriebenen Produkte und/oder Dienstleistungen als Sponsor nicht in Frage kommen bzw. welche Branchen/Unternehmen sind besonders geeignet),
- der Vertragsgestaltung (Festlegung der Leistungen und Gegenleistungen unter Berücksichtigung der steuerrechtlichen Rahmenbedingungen) und
- der Nachhaltigkeit von Sponsorenbeziehungen (wie kann aus einem einmaligen Projekt eine dauerhafte Sponsoring-Beziehung werden).

Grundsätzlich sollte vor der Anbahnung einer Sponsoring-Zusammenarbeit, spätestens aber vor Unterzeichnung eines Vertrags, überprüft werden, ob der Sponsor bzw. die von ihm transportierten Werte mit dem Wertekanon der sozialen Einrichtung/des sozialen Projekts übereinstimmen. Bei Abweichungen sollte eine Abwägung zwischen den aus dem Sponsoring resultierenden (finanziellen) Vorteilen mit den ggf. verbundenen (Image-)Nachteilen erfolgen. Ausführliche Angaben zu Formen, Voraussetzungen und zur Umsetzung von Sponsoring finden sich bei Bruhn (2018).

> **Reflektionsaufgabe**
>
> Welche Unternehmen kommen für
>
> - Einrichtungen der Kinder- und Jugendhilfe,
> - Einrichtungen der Suchtkrankenhilfe,
> - Einrichtungen der Behindertenhilfe
>
> als Sponsoren in Frage, welche nicht?

Fallbeispiel JugendJetzt

Auch JugendJetzt könnte jenseits der öffentlichen Finanzierung für die projektierte Beratungsstelle alternative Finanzierungsquellen aus nicht-öffentlichen Mitteln erschließen, um so den ggf. erforderlichen Eigenanteil beitragen zu können, ohne eigene Mittel im engeren Sinne aufzuwenden. So könnten bspw. Autohersteller oder -händler auf die Bereitstellung des Dienstwagens angesprochen werden. Im Gegenzug könnte der Dienstwagen mit einem entsprechenden Schriftzug versehen werden (»Dieses Fahrzeug wurde gesponsert durch Firma XY«).

2.3.3 (Förder-)Stiftungen

Der Begriff Stiftung bezeichnet zum einen eine Rechtsform; zum anderen taucht der Begriff der ›Stiftung‹ auch in Namen von Einrichtungen oder Trägerorganisationen auf, die als Verein, gGmbH oder GmbH organisiert sind. Ein Beispiel hierfür ist die Evangelische Huyssens-Stiftung, ein Krankenhaus in Essen, das von der Rechtsform her eine gGmbH ist.

Neben öffentlich-rechtlichen Stiftungen, die öffentliche Aufgaben wahrnehmen (z. B. handelt es sich bei den Universitäten in Niedersachsen um Stiftungen), existieren privat-rechtliche Stiftungen oder kirchenrechtliche Stiftungen.

Privat- bzw. kirchenrechtliche Stiftungen können in zwei Hinsichten zur Finanzierung sozialer Dienstleistungen beitragen. Entweder ist die Stiftung selbst operativ tätig, also als Sozialunternehmen (wie bspw. die Stiftung Liebenau, ein großer Anbieter sozialer Dienstleistungen aus Süddeutschland) oder es sind sogenannte Förderstiftungen, die nicht operativ selbst tätig, sondern mit finanziellen Mitteln die Projekte anderer fördern. Im Folgenden wird insbesondere auf die Rolle von Förderstiftungen eingegangen.

Förderstiftungen als juristische Personen verfügen über ein Stiftungskapital von mindestens 50.000 Euro. In Stiftungen eingebrachtes Kapital kann von den Kapitalgeber_innen nicht zurückgefordert werden. In der Regel wird nicht das Stiftungskapital verausgabt, sondern nur die aus dem Kapital resultierenden Renditen. Das Stiftungskapital, das aus Aktien oder aus Unternehmensbeteiligungen bestehen kann, wird am Kapitalmarkt angelegt. Für die Gründung einer Stiftung ist eine Satzung erforderlich, in der u. a. der Satzungszweck festgehalten wird. Förderstiftungen, die satzungsgemäß gemeinnützige Zwecke verfolgen, sind von den meisten Steuern befreit, so unterliegt das in derartige Stiftungen eingebrachte Kapital bspw. nicht der Erbschaftssteuer. Diese steuerlichen Vergünstigungen haben dazu beigetragen, dass die Zahl der Stiftungen und die Summe des eingebrachten Stiftungskapitals in den letzten Jahren erheblich angestiegen sind. Privatpersonen und/oder Unternehmer_innen haben Stiftungen gegründet, um gemeinnützige Zwecke in den Bereichen Umwelt, Bildung, Sport, Soziales etc. zu unterstützen. Der Bundesverband Deutscher Stiftungen verzeichnet zurzeit fast 22.000 Stiftungen mit insgesamt über 100 Mrd. Euro Stiftungskapital; ca. 95 % der Stiftungen sind als gemeinnützig anerkannt. Der primäre Satzungszweck bezieht sich bei 52 % der Stiftungen auf die »Gesellschaft«, weitere 34,5 % fördern v. a. Bildungsprojekte. Neben einigen sehr großen Stiftungen, die soziale Zwecke bundesweit fördern wie bspw. die Bosch-Stiftung konzentrieren sich andere auf bestimmte Regionen (bspw. die Stiftung Mercator auf das Ruhrgebiet) oder sind lokal engagiert. Es lohnt sich zu prüfen, ob insbesondere bei den lokal ansässigen Stiftungen Möglichkeiten für die (ergänzende) Finanzierung von sozialen Projekten bestehen.

> **Tipp**
>
> Der Bundesverband Deutscher Stiftungen (o. J.) bietet für die Suche nach einer Förderstiftung eine Online-Recherchemöglichkeit an. Hier kann nach Stiftungszweck und Region gezielt gesucht werden.

2.3.4 Crowd-Funding

Neben dem klassischen Fundraising in Form der direkten Ansprache von Spender_innen und Sponsor_innen bzw. der Werbung über traditionelle Medien gewinnt das Crowd-Funding in den vergangenen Jahren an Bedeutung. Ausgehend von der Übersetzung aus dem Englischen wird es auch als »Schwarmfinanzierung« bezeichnet. Grundlegende Idee ist, dass durch viele kleine gespendete Beträge auch größere Geldsummen für Projekte eingeworben werden können. Crowd-Funding findet meist online basiert statt und erreicht daher insbesondere jüngere, internetaffine Zielgruppen. Crowd-Funding wird für die Finanzierung von Projekten eingesetzt, die Schwierigkeiten haben, auf dem normalen Kapitalmarkt Mittel zu beschaffen. Grundsätzlich sind zwei Formen zu unterscheiden:

- Beteiligung an Spendensammelplattformen
- Provisionen für die Weiterleitung auf kommerzielle Seiten

Ein Beispiel für eine Internetplattform für das Crowd-Funding für soziale Projekte ist »betterplace.org«. Hier können gemeinnützige Organisationen ihre Projekte vorstellen, und Spendenwillige können direkt auf der Plattform ihre Spenden abgeben. Die Abrechnung erfolgt über das gemeinnützige Unternehmen betterplace.org, das zur Deckung der Verwaltungs- und Bankkosten 2,5 % jeder Spende einbehält. Insgesamt sind zurzeit ca. 23.000 Projekte weltweit registriert. Seit 2007 wurden 48 Mio. Euro Spenden akquiriert, davon im Jahr 2016 13 Mio. Euro.

Clicks4charity ist eine Internetplattform, von der aus Nutzer auf die Seiten von Online-Händlern weitergeleitet werden. Für jede Weiterleitung erhält clicks4charity eine Provision, die an gemeinnützige Projekte, die sich vorher registriert haben, weitergeleitet werden. Die Nutzenden können angeben, an welches Projekt die Provision weitergegeben werden soll. Die Dienstleistung ist sowohl für Projekte als auch für Nutzende kostenlos, die Plattform finanziert sich über Spenden sowie über Provisionen für Buchkäufe, die aus rechtlichen Gründen nicht weitergegeben werden dürfen.

Der Zugang zu den Plattformen ist relativ einfach, für die erfolgreiche Einwerbung von Spenden ist es jedoch erforderlich, das eigene Projekt öffentlichkeitswirksam vorzustellen. Hierfür ist ggf. professionelle Unterstützung (Anfertigung von Bild- und Filmmaterial) erforderlich.

2.4 Fazit

Die Finanzierung sozialer Dienstleistungen ist ein sehr komplexes Thema. In den letzten Jahren ist die Tendenz erkennbar, stärker subjektorientiert zu fördern. Darüber hinaus werden öffentliche Mittel eher im Rahmen von Entgeltfinanzierungen als in Form von Zuschüssen/Zuwendungen verausgabt, mit dem damit verbundenen Aufwand für Dokumentation und Abrechnung. Sozialarbeiter_innen sollten zumindest in groben Zügen die Kalkulationsgrundlagen und -instrumente kennen.

Alternative Finanzierungsquellen können dazu beitragen, erforderliche Eigenanteile bereitzustellen, ihre Akquirierung ist jedoch auch (zeit-)aufwändig. Größere Sozialunternehmen verfügen mittlerweile oftmals über ein professionelles Fundraising, d. h., es gibt Mitarbeiter_innen, die gezielt verschiedene Maßnahmen des Fundraisings umsetzen. Für kleinere Anbieter ist der Aufwand oftmals personell kaum zu bewältigen; hier sollten insbesondere lokale Partner gesucht werden.

Inwieweit die (wieder stärkere) Einbindung freiwilligen Engagements zu einer finanziellen Entlastung der Sozialunternehmen führen kann, ist nicht pauschal zu beantworten. Während in einigen Handlungsfeldern die Integration freiwillig Engagierter ggf. zu einer Entlastung der beruflich Beschäftigten und einer Verbesserung der Lebensqualität der Adressat_innen beitragen kann (bspw. in Form von Freizeit-/Betreuungsaufgaben für ältere und/oder pflegebedürftige Menschen), erfordern andere Handlungsfelder ein hohes Maß an Spezialwissen und methodischen Kompetenzen, wie sie nur Professionelle aufweisen (bspw. im Kinderschutz).

📖 Weiterführende Literatur zur Finanzierung

Heister, Werner (2012): Aspekte der Wirtschaftlichkeitsrechnung in sozialen Einrichtungen, in: Bieker, Rudolf/Vomberg, Edeltraud (Hrsg.): Management in der Sozialen Arbeit, Stuttgart: Kohlhammer, S. 156–179.
Kolhoff, Ludger (2017): Finanzierung der Sozialwirtschaft. Eine Einführung, Wiesbaden: Springer (Überblick über verschiedene Finanzierungsformen).
Bachert, Robert/Dreizler, Andrea (2018): Finanzierung von Sozialunternehmen. Theorie, Praxis, Anwendung. 2. Aufl., Freiburg: Lambertus (mit vielen praktischen Beispielen).

📖 Weiterführende Literatur zu Finanzierungsquellen und -formen jenseits der öffentlichen Finanzierung

Urselmann, Michael (Hrsg.) (2016): Handbuch Fundraising, Wiesbaden: Springer.
Urselmann, Michael (2018): Fundraising. Professionelle Mittelbeschaffung für gemeinwohlorientierte Organisationen. 7. Aufl., Wiesbaden: Springer.
Kemmler, Jessica (2018): Praxisbeispiel Fördermittel von Soziallotterien, in: Bachert, Robert/Dreizler, Andrea (Hrsg.): Finanzierung von Sozialunternehmen. Theorie, Praxis, Anwendung, Freiburg: Lambertus, S. 211–226.

3 Erwerbstätigkeit im sozialen Dienstleistungssektor

Was Sie in diesem Kapitel lernen können

Wie bereits in der Einleitung dargestellt, verursacht der soziale Dienstleistungssektor nicht nur erhebliche Kosten für die öffentlichen Mittelgeber, es handelt sich auch um einen bedeutenden Wirtschaftssektor und großen Arbeitsmarkt. Im folgenden Kapitel erfahren Sie mehr über die Beschäftigungsstrukturen und Entgeltsysteme bzw. Verdienstmöglichkeiten in sozialen Berufen. Diese Informationen dienen Berufseinsteiger_innen zur Orientierung, sollen aber auch dazu motivieren, Arbeitnehmer_innenrechte selbstbewusst wahrzunehmen.

Die Sozialwirtschaft hat sich in den letzten Jahren zu einem der zentralen Wirtschaftssektoren in Deutschland entwickelt. Auch wenn die genaue Zahl der Beschäftigten aufgrund von Schwierigkeiten bei der Abgrenzung des Sektors zu anderen Bereichen nur schwer zu ermitteln ist (▶ Kap. 2), so ist mittlerweile unumstritten, dass der Sektor industrielle Branchen wie die Automobilindustrie mit ca. 740.000 Beschäftigten längst überholt hat. Dies zeigen nicht nur bundesweite Studien (Brenke et al. 2018; Zimmer/Paul 2018), sondern auch zahlreiche Studien auf Ebene der Bundesländer bzw. einzelner Kommunen. So trägt der Sozialsektor in Sachsen mit ca. 80.000 Beschäftigten (das sind zehn Prozent aller Beschäftigten im Freistaat) jährlich etwa drei Mrd. zur Bruttowertschöpfung bei. Ca. 40 % aller öffentlichen Ausgaben fließen in Form von Steuern und Sozialversicherungsbeiträgen der öffentlichen Hand wieder zu (Karmann et al. 2011). Für Rheinland-Pfalz wurden mit ca. 175.000 Beschäftigten und einem Beschäftigtenanteil von 14 % noch höhere Werte ermittelt (Kukula et al. 2014). Für einige Bundesländer liegen mittlerweile Darstellungen zur (volks-)wirtschaftlichen Bedeutung der Sozialwirtschaft vor, die sich an SROI-Instrumenten orientieren (▶ Kap. 4.2.2).

Ausgehend von der hohen Personalintensität sozialer Dienstleistungen – der Einsatz von Rohstoffen bzw. anderen Vorprodukten, Energie etc. ist im Vergleich zu den Personalkosten vernachlässigbar (▶ Kap. 1.1) – beruht die beschäftigungspolitische und volkswirtschaftliche Bedeutung insbesondere auf der Erwerbstätigkeit im Sektor. Umfang und Struktur dieser Erwerbstätigkeit sollen im Folgenden näher dargestellt werden.

Orientiert man sich an einer weiten Definition, so sind der Sozialwirtschaft neben dem Gesundheits- und Sozialsektor auch Teilbereiche des Bildungs- und

Gesundheitssektors zuzurechnen. Ausgehend von dieser Abgrenzung gehört zur Sozialwirtschaft dann gemäß der Beschäftigtenstatistik nach Wirtschaftszweigen der Bundesagentur für Arbeit neben den genannten Bereichen auch ein Teilbereich der öffentlichen Verwaltung (bspw. Beschäftigte in Jugend- und Sozialämtern). Insgesamt ist von einer Gesamtzahl von über vier Mio. Beschäftigten in der Sozialwirtschaft auszugehen. In dieser Zahl sind neben Sozialarbeiter_innen und Sozialpädagog_innen andere soziale Berufe wie Heilerziehungspfleger_innen, Erzieher_innen, Sozialassistent_innen, aber auch stärker gesundheitsbezogen bzw. pflegerisch Tätige wie Ärzt_innen, Gesundheits- und Krankenpfleger_innen sowie Altenpfleger_innen erfasst. Insofern handelt es sich bei der Zahl von vier Mio. Beschäftigten nicht um eine Angabe, die mit der Bedeutung der Sozialen Berufe im engeren Sinne gleichgesetzt werden könnte.

Sonderauswertungen der Statistik der Bundesagentur für Arbeit zeigen, dass sich die Zahl der Erwerbstätigen mit einem akademischen Abschluss in der Sozialen Arbeit im Zeitraum zwischen 2007 und 2016 um ca. 35 % erhöht hat (BA 2018a). Ein ähnliches Bild zeigen pflegerische Berufe und Erziehungsberufe. So hat sich die Zahl der in ambulanten Pflegediensten Tätigen zwischen 1999 und 2015 von 188.000 auf 355.000 Personen fast verdoppelt, in der stationären Pflege ist ein Anstieg von ca. 65 % zu verzeichnen (Statistisches Bundesamt: Pflegestatistik, verschiedene Jahrgänge). Die Erziehungsberufe zeigen eine ähnliche Performanz: In den letzten Jahren ist die Zahl der in der Tagesbetreuung Beschäftigten von 355.710 auf 576.193 Menschen gestiegen, mithin ein Plus von über 60 % (Kinder- und Jugendhilfestatistik des Statistischen Bundesamts, verschiedene Jahrgänge).

Diese Entwicklungen blieben nicht ohne Auswirkungen auf den Arbeitsmarkt. Laut aktueller Engpassanalyse der Bundesagentur für Arbeit sind im Gesundheits- und Pflegesektor bundesweit Engpässe bei der Gewinnung von Fachkräften zu verzeichnen (BA 2018a). Auch im Bereich der Erziehungsberufe hat der massive Ausbau der Kindertagesbetreuung in den letzten Jahren dazu geführt, dass in einigen Städten bzw. Regionen die Nachfrage das Angebot an Fachkräften übersteigt. Nicht ganz so ausgeprägt ist der Fachkräftebedarf zurzeit im Bereich der Sozialarbeiter_innen und Sozialpädagog_innen. Während im Zuge der steigenden Zahl von Flüchtlingen in den Jahren 2015 und 2016 ein deutlicher Engpass bei diesen Berufsgruppen erkennbar war, hat sich die Lage mittlerweile wieder etwas normalisiert. Dennoch verfügen Absolvent_innen weiterhin über sehr gute Berufseinstiegschancen.

Festzuhalten bleibt, dass die Unternehmen und Organisationen der Sozialwirtschaft im Vergleich bzw. im Gegensatz zu zahlreichen anderen Branchen in den letzten Jahren zum Teil erhebliche Beschäftigungszuwächse realisieren konnten. Ähnliche Entwicklungstendenzen zeigen sich auch in anderen europäischen Staaten. Deutschland befindet sich dabei mit einem Beschäftigtenanteil von ca. 5,6 % im Sozialwesen gemessen an der Gesamtbeschäftigung im oberen Mittelfeld. Während in den skandinavischen Ländern Quoten von um die zehn Prozent erreicht werden, liegt der Anteil der Beschäftigten im Sozialwesen in den ›neuen Beitrittsländern‹ Bulgarien, Slowenien oder Rumänien bei ca. ein bis zwei Prozent. Gleichwohl zeigt sich auch in diesen Staaten im Zeitablauf zum Teil ein erheblicher Bedeutungszuwachs des Sozialwesens, so bspw. in Rumänien von 0,0 % im Jahr 2005 auf 0,8 % in 2015 (Brenke et al. 2018, S. 309).

Zu den Beschäftigungszuwächsen in Deutschland haben die in der Bundesarbeitsgemeinschaft der Freien Wohlfahrtspflege organisierten Wohlfahrtsverbände (BAGFW) als wichtige Anbieter sozialer Dienstleistungen in den letzten Jahren erheblich beigetragen. Die Gesamtstatistik der BAGFW (BAGFW 2019) weist für 2016 bundesweit 118.623 Einrichtungen mit 4.166.276 Betten bzw. Plätzen aus. Die Bedeutung als Arbeitgeber_in unterstreicht die Zahl von 1.912.665 hauptamtlichen Mitarbeiter_innen (davon 58 Prozent in Teilzeit), was rund vier Prozent aller Erwerbstätigen in der Bundesrepublik ausmacht. Die seit 2004 realisierten Beschäftigungszuwächse sind jedoch v. a. auf einen starken Anstieg der Teilzeitbeschäftigten zurückzuführen, deren Zahl um 67 % auf insgesamt 1.107.870 stieg, während die Zahl der Vollzeitbeschäftigten lediglich um 7 % auf 804.795 leicht stieg. Die Zahl der zusätzlich ehrenamtlich tätigen Personen wird von der BAGFW auf 2,5 bis 3 Mio. geschätzt (vgl. BAGFW 2019).

Größter Arbeitsbereich ist hierbei die Kinder- und Jugendhilfe mit etwas mehr als einem Drittel (35 %; 41.884 Einrichtungen und Diensten bzw. 2.252.074 Betten und Plätzen) aller Einrichtungen. Den größten Anteil nimmt dabei die Kindertagesbetreuung ein. Gemessen an der Zahl der Beschäftigten ist der Altenhilfebereich der größte, hier sind mit 508.758 Personen über ein Viertel aller Beschäftigten tätig.

Die der BAGFW angeschlossenen Wohlfahrtsverbände haben in den letzten Jahrzehnten in fast allen Tätigkeitsbereichen erhebliche Beschäftigtenzuwächse realisiert. Während der Bereich der Krankenhäuser in den letzten Jahren (zwischen 2004 und 2016) von einem sehr hohen Niveau ausgehend eine nur unterdurchschnittliche Performanz entwickelt hat, zeigen sich erhebliche Zuwächse insbesondere in den Bereichen »Jugendhilfe« (+ 52 %), der »Altenhilfe« (+ 39 %), sowie im Bereich der Aus-, Fort- und Weiterbildungsangebote (+ 77 %). Im Gegensatz dazu hat der Bereich der »Familienhilfe« stark an Beschäftigten verloren (- 53 %). Außergewöhnlich starke Zuwächse wurden darüber hinaus im Bereich der »Hilfen für Menschen in besonderen Problemlagen« realisiert – eine Folge des erheblichen Anstiegs von Flüchtlingen in den Jahren 2015 und 2016. Auf die Veränderungen des Verhältnisses von privat-gewerblichen/öffentlichen/frei-gemeinnützigen Organisationen wurde oben bereits eingegangen (▶ Kap. 1.2). Auch wenn es in den letzten Jahren durch Ökonomisierungsstrategien Veränderungen bei den Leistungsanbietern gab, dominieren im Feld der Sozialwirtschaft die Wohlfahrtsverbände. Der Deutsche Caritasverband ist mit über 650.000 Beschäftigten der größte Arbeitgeber in Deutschland, das Diakonische Werk mit ca. 525.000 Beschäftigten folgt auf Platz 2.

3.1 Beschäftigungsstruktur in Sozialen Berufen

Eine Statistik, mit der man einen tieferen Einblick über die Sozialen Berufe im engeren Sinne erhält, ist die Statistik nach Berufen der Bundesagentur für Arbeit (BA 2018b). Hier werden in der Gruppe 831 Erziehung, Sozialarbeit und Heilerziehungspflege zusammengefasst. Insgesamt sind in diesen Berufen zum Stichtag 30.09.2016 ca. 1,408 Mio. sozialversicherungspflichtig beschäftigte Menschen tätig, also ca. 4,5 % aller sozialversicherungspflichtig Beschäftigten (ca. 32 Mio.) zum Stichtag. Hinzu kommen geringfügig Beschäftigte (sogenannte ›Mini-Jobber‹) und Honorarkräfte sowie Menschen, die auf freiberuflicher bzw. selbstständiger Basis in den genannten Berufen tätig sind. Zum Vergleich: 2014 betrug die Zahl der in der Gruppe 831 erfassten Beschäftigten noch 1,256 Mio. Beschäftigte, mithin ist die Zahl binnen zwei Jahren um ca. zwölf Prozent gestiegen. Hierbei handelt es sich nicht um eine einmalige oder kurzfristige Entwicklung: Eine ältere Statistik, deren Daten aufgrund einer veränderten Systematik nicht fortgesetzt werden konnte, zeigt für die Jahre zwischen 1999 und 2011 einen Anstieg von über 50 % (BA 2018b).

Die Struktur der Beschäftigten in Sozialen Berufen unterscheidet sich zum Teil erheblich von der anderer Branchen. Folgende Tabelle zeigt zentrale Merkmale im Vergleich (▶ Tab. 11).

Tab. 11: Struktur der sozialversicherungspflichtig Beschäftigten insgesamt und in Sozialen Berufen (Gruppe 831)

	Männer	Frauen	Deutsche	Ausländer	unter 25 Jahre	25 bis unter 55 Jahre	55 bis unter 65 Jahre	65 Jahre und älter
Insgesamt	53,7 %	46,3 %	89,8 %	10,1 %	10,6 %	70,9 %	17,7 %	0,8 %
Gruppe 831	25,4 %	74,6 %	96,2 %	3,7 %	6,5 %	71,9 %	21,1 %	0,6 %

Datenquelle: BA 2018b, eigene Berechnungen und Darstellung

Es wird deutlich, dass in den Sozialen Berufen mit einem Anteil von fast 75 % deutlich mehr Frauen als Männer arbeiten, während das Verhältnis über alle Berufe hinweg nahezu ausgeglichen ist. Auch in Bezug auf den Anteil von ausländischen Beschäftigten zeigen sich deutliche Unterschiede: Während in anderen Berufen ausländische Beschäftigte einen Anteil von zehn Prozent und mehr ausmachen, sind dies in den Sozialen Berufen nur unter vier Prozent. Die Altersstruktur in den Sozialen Berufen weist im Vergleich zur allgemeinen Altersstruktur nur wenige Abweichungen auf. Der relativ geringe Anteil von Beschäftigten unter 25 Jahren ist ein Indiz für einen relativ hohen Anteil von akademisch ausgebildeten Beschäftigten, die sich in diesem Alter noch im Studium befinden.

Die ›weibliche Dominanz‹ in den Sozialen Berufen ist Gegenstand zahlreicher Untersuchungen gewesen. Bereits in den 1970er Jahren hat Beck-Gernsheim (1976) auf die geschlechtsspezifische Segregation des Arbeitsmarkts hingewiesen. Dass diese u. a. auf die Berufsfindungsprozesse zurückzuführen sind, wurde anhand empirischer Daten belegt (Nissen et al. 2003). Aktuelle Studien zeigen, dass zwischen Frauen und Männern weiterhin deutliche Unterschiede bzgl. der bevorzugten Ausbildungsberufe als auch der danach ausgeübten Erwerbsberufe bestehen (Hausmann/Kleinert 2014).

Auffällig ist v. a. der hohe Anteil von Teilzeitbeschäftigten in der Sozialwirtschaft. Während 73 % aller Beschäftigten in Vollzeit arbeiten, sind es in der genannten Berufsgruppe »Erziehung, Sozialarbeit und Heilerziehungspflege« nur 44 %. Befristete Beschäftigungsverhältnisse sind in den letzten Jahren ausgeweitet worden; rund die Hälfte der Neueinstellungen im Bereich sozialer Dienste ist in Deutschland inzwischen befristet (▶ Kap. 1.3).

Inwiefern die Tatsache, dass die Sozialen Berufe v. a. von Frauen ausgeübt werden, auch dazu beiträgt, dass es sich bei einer Vielzahl von Beschäftigungsverhältnissen um befristete bzw. Teilzeitstellen handelt (▶ Kap 3.3), ist umstritten. Während einige Autoren ausgehend von Berufsfindungstheorien davon ausgehen, dass zumindest ein Teil der Teilzeitarbeitsplätze dem expliziten Wunsch der jeweiligen Beschäftigten entsprechen, zeigen andere Studien, dass ein erheblicher Teil der Teilzeitbeschäftigungen vergeben werden, um die Arbeitnehmer_innen flexibler einsetzen zu können (Beher/Fuchs-Rechlin 2013).

> **Reflektionsaufgabe JugendJetzt**
>
> Überlegen Sie, inwiefern auch im Fallbeispiel der Träger ggf. durch die Beschäftigung von Teilzeitkräften und/oder Honorarkräften (Arbeitskräfte ohne sozialversicherungspflichtiges Anstellungsverhältnis beim Träger) versuchen könnte, die wirtschaftlichen Risiken beim Aufbau und Betrieb der Beratungsstelle zu reduzieren.

> **Merke**
>
> Prekäre Arbeitsverhältnisse im sozialen Dienstleistungssektor sind zum Teil auch den spezifischen Refinanzierungsbedingungen geschuldet.

Folgende Tabellen geben einen Überblick über die Struktur dieser Beschäftigten im Hinblick auf die Verteilung auf die verschiedenen Qualifikationsniveaus (▶ Tab. 12, ▶ Tab. 13).

Tab. 12: Sozialversicherungspflichtig Beschäftigte nach der ausgeübten Tätigkeit der Klassifikation der Berufe (KldB 2010) und Anforderungsniveau

	Anforderungsniveau aus der KldB 2010			
	Helfer_in	Fachkraft	Spezialist_in	Expert_in
Über alle Berufe hinweg insgesamt	15,4 %	58,2 %	12,8 %	13,0 %
Gruppe 831: Erziehung, Sozialarbeit, Heilerziehungspflege	11,6 %	59,8 %	6,1 %	22,5 %

Datenquelle: Bundesagentur für Arbeit, eigene Berechnungen und Darstellung

Im Vergleich zu anderen Branchen/Berufsgruppen, sind in den Bereichen Erziehung, Sozialarbeit und Heilerziehungspflege vergleichsweise viele ›Experten‹ tätig, d. h. Personen, die komplexe Tätigkeiten ausüben, für die eine akademische Ausbildung erforderlich ist.

Tab. 13: Sozialversicherungspflichtig Beschäftigte nach der ausgeübten Tätigkeit der Klassifikation der Berufe (KldB 2010) und Berufsabschluss

	Berufsabschluss			
	ohne beruflichen Ausbildungsabschluss	mit anerkanntem Berufsabschluss	mit akademischem Berufsabschluss	Ausbildung unbekannt
Über alle Berufe hinweg insgesamt	12,2 %	61,9 %	16,0 %	9,9 %
Gruppe 831: Erziehung, Sozialarbeit, Heilerziehungspflege	8,0 %	66,5 %	21,9 %	3,5 %

Quelle: Bundesagentur für Arbeit; eigene Berechnungen und Darstellung

Die relativ niedrige Quote von Beschäftigten ohne Berufsabschluss hängt wohl auch damit zusammen, dass der soziale Dienstleistungssektor in hohem Maße insofern reguliert ist, als für Tätigkeiten Qualifikationsniveaus seitens der Kostenträger vorgeschrieben werden. So wird im Rahmen von Entgeltverhandlungen i. d. R. neben der Höhe der Vergütung etc. auch festgeschrieben, welche formale Qualifikation das eingesetzte Personal aufweisen muss bzw. in welchem Umfang qualifiziertes Personal erforderlich ist, die sogenannte Fachkraftquote (▶ Kap. 2).

3.2 Entgeltsysteme und Tarifverträge

Ein zentraler Bestandteil der bundesdeutschen Wirtschaftsordnung ist das Tarifsystem bzw. die Tarifautonomie. Die gesetzlich geschützte Tarifautonomie gewährleistet, dass die Arbeitsbedingungen zwischen den Tarifparteien (Arbeitgeber- und Arbeitnehmerverbände) ausgehandelt werden, ohne dass der Gesetzgeber direkten Einfluss nimmt. Zu den Arbeitsbedingungen, die im Rahmen von Tarifverträgen geregelt werden, gehören neben Höhe der Löhne bzw. Gehälter sowie Sonder- und Schichtzulagen Urlaubsregelungen, Kündigungsfristen, Arbeitszeiten, Vereinbarungen über zusätzliche (Alters-)Vorsorgeleistungen, Maßnahmen zur Vereinbarkeit von Beruf und Familie etc. Tarifverträge können branchenweit für bestimmte Regionen geschlossen werden; es existiert aber auch eine (steigende) Anzahl von Tarifvereinbarungen auf Ebene einzelner Unternehmen (bspw. im Bereich der Automobilindustrie, aber auch in der Sozialwirtschaft für einzelne große Träger). Wirtschaftspolitisch verspricht man sich von der Vereinbarung verbindlicher Tarife für ganze Berufsgruppen bzw. Belegschaften statt individueller Verträge, so dass der Erfolg der Unternehmen nicht von den Personalkosten, sondern von der Innovativität bzw. der Qualität der hergestellten Produkte und Dienstleistungen bestimmt wird. Eine völlige Freigabe von Lohn- bzw. Gehaltshöhen würde ggf. zu Dumpinglöhnen führen, wenn Unternehmen versuchten, ihre Renditen über niedrigere Löhne für die Beschäftigten zu erhöhen. Diese Tariforientierung hat maßgeblich zum wirtschaftlichen Erfolg der Bundesrepublik beigetragen. Zudem konnten durch die Tarif**partnerschaft** statt der konfrontativen Aushandlung von Löhnen und Gehältern Streiks oftmals vermieden werden. In den letzten Jahren zeigen sich im System der Tarifautonomie jedoch zunehmende Auflösungserscheinungen. Durch den Ausstieg einer steigenden Zahl von Unternehmen aus den Arbeitgeberverbänden verlieren die Branchen- und Flächentarifverträge an Bedeutung.

In der Sozialwirtschaft existieren zurzeit ca. 1.430 Tarifabschlüsse bzw. arbeitsrechtliche Vereinbarungen (davon ca. 130 im kirchlichen bzw. AVR-Bereich). Neben Rahmenabschlüssen und Lohnvereinbarungen ist insbesondere die hohe Zahl von Spezialvereinbarungen (840) auffällig. Derartige Spezialvereinbarungen werden oftmals getroffen, um in wirtschaftliche Schwierigkeiten gekommene Unternehmen durch Gehaltsreduzierungen u. Ä. zu sanieren. Evans et al. (2012) kommen auf der Basis verschiedener Studien sowie eigener Expert_inneninterviews zu der Einschätzung, dass in der Sozialwirtschaft ca. ein Drittel der Betriebe bzw. über die Hälfte der Beschäftigten durch Branchentarifverträge erfasst und fünf Prozent der Betriebe bzw. elf Prozent der Beschäftigten im Rahmen von Haus- oder Firmentarifverträge abgedeckt sind. 63 % der Betriebe bzw. 37 % der Beschäftigten arbeiten jedoch ohne einen Tarifabschluss bzw. ohne eine arbeitsrechtliche Vereinbarung.»Damit ist die Tarifbindung in der Sozialwirtschaft etwas höher als im Durchschnitt der Deutschen Wirtschaft, aber auch deutlich niedriger als in anderen lang etablierten Branchen wie etwa dem Baugewerbe oder auch bei den Finanzdienstleistungen« (ebd., S. 29). Zwischen den Trägergruppen gibt es große Unterschiede. So verfügen ca. 90 % der Einrichtungen und Organisationen, die dem DCV oder dem DW angeschlossen sind, über Tarifverträge, aber nur ca. 20 % der privaten Anbieter (ebd.)

Insgesamt ist die Sozialwirtschaft durch eine hohe Diversität und einen relativ niedrigen gewerkschaftlichen Organisationsgrad von ca. zehn Prozent (Gesamtwirtschaft ca. 14 %) gekennzeichnet. Dies ist u. a. der Tatsache geschuldet, dass zwei große Träger bzw. Trägerverbünde (Diakonisches Werk und Deutscher Caritasverband) über ein eigenes (kirchliches) Arbeitsrecht verfügen. Das kirchliche Arbeitsrecht unterscheidet sich vom Tarifvertragsrecht u. a. dadurch, dass die Tarifverhandlungen nicht zwischen dem Arbeitgeberverband und den Gewerkschaften geführt werden, sondern von paritätisch zusammengesetzten Kommissionen innerhalb der Verbände. Mithin sind die Gewerkschaften an den Aushandlungsprozessen nicht direkt beteiligt. In einigen Landesverbänden der Diakonie sind Gewerkschaften mittlerweile in die Tarifverhandlungen einbezogen. Eine weitere Besonderheit des kirchlichen Arbeitsrechts ist die Tatsache, dass die Beschäftigten über kein Streikrecht verfügen, um Forderungen nach Entgelterhöhungen etc. Nachdruck zu verleihen.

Private Träger können Tarifverträge abschließen bzw. sich an vorhandenen Verträgen anderer orientieren, können aber auch eigene Tarifwerke erstellen oder aber die Gehälter individuell mit den Beschäftigten aushandeln.

Ausgehend von den jeweiligen Tarifverträgen erhalten Professionelle mit ähnlichen Qualifikationen abhängig von der Tarifbindung des_der jeweiligen Arbeitgeber_in teilweise unterschiedliche Vergütungen.

Folgende Tabelle gibt einen Überblick über Tarifverträge im sozialen Dienstleistungssektor (▶ Tab. 14).

Tab. 14: Tarifverträge im sozialen Dienstleistungssektor

Arbeitgeber	z. B. Beschäftigung in	Tarifvertrag	Besonderheiten
Städte, Gemeinden, Landkreise	Jugendämtern, kommunalen Kindertagesstätten, kommunalen Krankenhäusern etc.	TVöD VKA-Kommunen	TVöD SuE für Sozial- und Erziehungsberufe
Bundesländer	Landeskliniken, nachgeordneten Behörden	TV-L	Die Länder Berlin und Hessen haben einen eigenen Tarifvertrag; die Entgelte der TV-L-Ost und TV-L-West sind mittlerweile angeglichen
Sozialversicherungen	Deutsche Rentenversicherung	TV DRV-Bund, TV-TgDRv, TV DRV KBS	
	Bundesagentur für Arbeit	TV BA	
	AOK	AOK	
	Innungskrankenkassen	IKK	

Tab. 14: Tarifverträge im sozialen Dienstleistungssektor – Fortsetzung

Arbeitgeber	z. B. Beschäftigung in	Tarifvertrag	Besonderheiten
	Unfallversicherung	BG-AT	
AWO	Ambulanten Diensten, stationären Einrichtungen, Kindertagesstätten, Werkstätten für Menschen mit Behinderung, Beratungseinrichtungen, Fachberatungen etc.	TV AWO	Regionale Tarifverträge
DCV		AVR Anlage 33; KAT Nordelbien KTD Nordelbien	Sonderbedingungen für Mitarbeitende im Sozial- und Erziehungsdienst und einzelne Landesverbände mit Sonderbestimmungen
Der Paritätische		AVB (Arbeitsvertragsbedingungen)	nicht für alle dem Paritätischen angehörige Organisationen bindend
DW		AVR	neben Bundestarifvertrag regionale Tarifverträge in Bayern, Nassau/Hessen, Schleswig-Holstein/Hamburg
DRK		Reformtarifvertrag	

Eigene Recherchen und Darstellung

Einen Überblick über aktuelle Tarifverträge sowie Entgelttabellen bietet die Webseite www.oeffentlicher-dienst.info. Die differenzierten Tarifbestimmungen inkl. der Bedingungen für die Einstufungen finden sich auf den Seiten der entsprechenden Verbände. Aufgrund teilweise paralleler Tarifverträge und sehr differenzierter Stellenbeschreibungen etc. sind die (Mantel-)Tarifverträge sehr umfangreich mit zum Teil mehreren hundert Seiten und entsprechend unübersichtlich. Im Folgenden können daher keine exakten Angaben zu den Gehältern bei den verschiedenen Organisationen/Verbänden gemacht werden; vielmehr werden die grundlegenden Prinzipien der Eingruppierung sowie einige Beispielgehälter dargestellt. Die Daten geben jeweils den Stand zum 1. August 2019 wieder; Ungenauigkeiten können sich aufgrund von Zuschlägen (für Nacht- bzw. Sonderschichten und Überstunden) sowie Sonderzahlungen (z. B. Urlaubs- und Weihnachtsgeld, Gratifikationen zur Geburt von Kindern etc.) ergeben.

Die Höhe des Gehalts ist grundsätzlich abhängig von der formalen Qualifikation, der ausgeübten Tätigkeit sowie der Berufserfahrung der_des Mitarbeitenden. In allen Tarifverträgen erfolgt zunächst eine Zuordnung zur Entgeltgruppe (abhängig von Qualifikation/ausgeübter Tätigkeit), danach wird abhängig von der Betriebszugehörigkeit und/oder Berufserfahrung die Entgeltstufe festgelegt.

Bezüglich der Zuordnung zur Entgeltgruppe unterscheidet der Paritätische bspw. zwischen Sozialpädagog_innen/Sozialarbeiter_innen mit und ohne überwiegender Klient_innenarbeit (Gruppe D bzw. E) sowie in Abhängigkeit von einer Leitungsposition (Gruppe F). Der Unterschied zwischen Gruppe E und F beträgt in der Entgeltstufe 1 ca. 400 Euro (3.240 bzw. 3.662 Euro). Beim Deutschen Roten Kreuz werden Sozialarbeiter_innen/Sozialpädagog_innen abhängig vom (Hochschul-)Bildungsabschluss, insbesondere aber von der Art und Zielgruppe der Tätigkeit nach den Entgeltgruppen S8b (2.576 Euro) bis S18 (3.596,33 Euro) bezahlt. Höhere Gehaltsstufen sind Tätigkeiten mit besonderer Verantwortung (bspw. Tätigkeiten zur Vermeidung der Kindeswohlgefährdung sowie im Kontext der zwangsweisen Unterbringung von Menschen mit psychischen Krankheiten) vorbehalten. Eine ähnliche Struktur weist auch der AVR der DCV auf: Auch hier wird in Abhängigkeit von der formalen Qualifikation, aber auch der ausgeübten Tätigkeit in die Entgeltgruppen S8b bis S18 eingruppiert, wobei die Richtlinien denen des DRKs sehr ähnlich sind, die einzelnen Entgeltgruppen jedoch etwas besser vergütet werden (S8b: 2.848.64 Euro; S18: 3.856.63 Euro; vgl. auch https://www.lambertus.de/de/159/avr-caritas-gehaltsrechner.html). Auch bei der AWO wird zwischen Entgeltgruppen (S8b bis S16, in einigen Landesverbänden bis S17) unterschieden; zwischen den Landesverbänden bestehen zum Teil erhebliche Unterschiede in der Eingruppierung und Vergütung der einzelnen Entgeltgruppen, so dass ein systematischer Vergleich nicht möglich ist. Eine ähnlich große Unübersichtlichkeit zeigt sich im Tarifvertrag des Diakonischen Werks. Hier gibt es neben den allgemeinen Arbeitsvertragsrichtlinien (AVR) Landesverbände, die nach dem Kirchlichen Tarifvertrag (KTD) bzw. nach dem Kirchlichen Arbeitnehmer_innenvertrag (KAT) vergüten. Insgesamt sind die Unterschiede zwischen den Wohlfahrtsverbänden nicht erheblich; ausschlaggebend ist vielmehr die Eingruppierung in die jeweilige Entgeltgruppe und ggf. bei vorhandener Berufserfahrung in die (Erfahrungs-)Stufe.

Für Mitarbeitende bei den öffentlichen Trägern (Gemeinden, Städte und Landkreise) gilt der TVöD für Sozial- und Erziehungsberufe (SuE). Sozialarbeiter_innen/Sozialpädagog_innen werden hier i. d. R. in die Entgeltgruppen S11a/b (3.082.25/3.143.77 Euro) bis maximal S18 (3.856.63 Euro) eingruppiert. Ähnlich wie bei den Wohlfahrtsverbänden hängt die Eingruppierung nicht nur von der fachlichen Qualifikation, sondern auch von der ausgeübten Tätigkeit sowie bei Leitungstätigkeiten von der Größe der Einrichtungen ab. Auch im öffentlichen Dienst werden Mitarbeitende, die mit sogenannten ›schwierigen Aufgaben‹ wie bspw. Maßnahmen bei Kindeswohlgefährdung bzw. im Sozialpsychiatrischen Dienst eingesetzt sind, höher eingruppiert als Mitarbeitende in anderen ambulanten bzw. stationären Angeboten. Berufsanfänger_innen werden in allen Tarifen i. d. R. in die Stufe 1 ihrer Entgeltgruppe eingeordnet; ein Aufstieg in die weiteren Stufen ist entweder nach der Probezeit (Paritäter) oder aber nach ein bzw. zwei Jahren vorgesehen. Ein Aufstieg in die Entgeltstufe 2 ist mit einem Gehaltsplus von ca. 175 Euro (Diakonisches Werk) bzw. 100 bis 300 Euro (DCV, AWO, DRK und TVöD SuE) verbunden.

3 Erwerbstätigkeit im sozialen Dienstleistungssektor

> **Reflektionsaufgabe JugendJetzt**
>
> Überlegen Sie, welche Auswirkungen die Einstufung der Fachkräfte in die verschiedenen Entgeltgruppen bzw. -stufen auf die Gesamtkosten hat. Die Einstellung von gut qualifiziertem, erfahrenen Personal führt zu einer Steigerung der Kosten pro FLS bzw. zu höheren Gesamtkosten der Beratungsstelle.

3.3 Verdienstmöglichkeiten im Vergleich

Die Bundesagentur gibt für Erwerbstätige im Sozialwesen ein Durchschnittsentgelt von 3.728 Euro (Westliche Bundesländer) und 3.113 Euro (östliche Bundesländer) an (BA 2018b). Diese Werte geben das Durchschnittsentgelt unabhängig vom Beruf, der Qualifikation sowie der Berufserfahrung wieder. Die Durchschnittswerte basieren dabei auf Verdiensten in sehr unterschiedlichen Berufen. So gehören nach der Definition der Bundesagentur für Arbeit zum »Sozialwesen« sowohl Heime als auch ambulante Angebote mit ihren Beschäftigten. Zu den das Sozialwesen prägenden Berufen gehören akademische Berufe wie Sozialarbeiter_in/Sozialpädagog_in, Ausbildungsberufe wie Erzieher_in und Altenpfleger_in sowie hauswirtschaftliche Berufe. Darüber hinaus sind auch Angelernte bzw. Fachfremde tätig.

Die erheblichen Verdienstunterschiede zwischen den verschiedenen Berufen werden aus der folgenden Tabelle ersichtlich (▶ Tab. 15).

Tab. 15: Durchschnittliche Bruttomonatsgehälter in Euro auf Basis von 38 Wochenstunden nach WSI-Lohnspiegel

	Gesamt	West	Ost	Männer	Frauen
Altenpfleger_in	2.293	2.402	1.901	2.316	2.285
Erzieher_in	2.594	2.674	2.344	2.770	2.540
Hauspfleger_in	2.475	2.668	1.977	3.036	2.361
Kindergartenleiter_in	3.202	3.218	3.099	3.300	3.192
Sozialarbeiter_in	3.148	3.269	2.626	3.354	2.936
Sozialpädagog_in	2.985	3.114	2.528	3.220	2.835
Sonstige Sozialberufe	2.815	2.880	2.561	3.008	2.668

Datenquelle: Lohnspiegel.de (2018), eigene Darstellung

Diese berufsspezifischen Daten werden von der gewerkschaftsnahen Hans-Böckler-Stiftung veröffentlicht. Zur Ermittlung der Werte kann die Stiftung auf eine Datenbank zurückgreifen, die auf Angaben zur Gehaltshöhe von realen Beschäftigten unterschiedlicher Branchen basiert. Es wird deutlich, dass Sozialarbeiter_innen innerhalb der Sozialberufe zu den am besten bezahlten Berufen gehören. Höhere Gehälter können nur Leitungskräfte realisieren. Diese Tatsache ist u. a. sicherlich auch darauf zurückzuführen, dass es sich bei Sozialarbeiter_innen und Sozialpädagog_innen um Berufe handelt, die i. d. R. einen akademischen Abschluss mindestens auf Bachelor-Niveau (Universitäts- oder Hochschulstudium) erfordern.

Vergleicht man die Verdienstmöglichkeiten von Sozialarbeiter_innen mit anderen akademischen Berufen, so wird deutlich, dass in dieser Berufsgruppe die niedrigsten Gehälter gezahlt werden. Insbesondere Absolvent_innen mit technischen, aber auch mit wirtschafts- oder anderen sozialwissenschaftlichen Abschlüssen können jenseits des öffentlichen Diensts deutlich höhere Gehälter realisieren. So liegt das Durchschnittseinkommen von Architekt_innen bei 3.311 Euro, von Jurist_innen bei 4.726 und Maschinenbauingenieur_innen bei 4.905 Euro (alle Angaben aus dem Online-Angebot von Lohnspiegel.de). Diese Ergebnisse basieren zwar nicht auf repräsentativen Umfragen, werden aber in der Tendenz durch andere Untersuchungen bspw. auf der Basis des IAB-Betriebspanels (Institut für Arbeitsmarkt- und Berufsforschung, Conrads et al. 2016) bestätigt.

Die vergleichsweise schlechten Verdienstmöglichkeiten sind zum einen den Strukturen im sozialen Dienstleistungssektor geschuldet. Viele frei-gemeinnützige Anbieter orientieren sich in ihrer Gehaltsstruktur an öffentlichen Tarifwerken, ohne jedoch ggf. die im öffentlichen Dienst üblichen Sonderzahlungen bzw. besonderen arbeitsrechtlichen Bedingungen (hohe Arbeitsplatzsicherheit, relativ strukturierte und sichere Aufstiegsmöglichkeiten) zu realisieren. Darüber hinaus ist in verschiedenen Studien ein Zusammenhang zwischen dem Frauenanteil in einer Branche und der Vergütung (Devaluationsthese) nachgewiesen worden (Schildmann/Voss 2018, S. 12). Zudem ist der Sektor maßgeblich von den öffentlichen Haushalten abhängig, die in den letzten Jahrzehnten stark unter Druck stehen. Die angespannten öffentlichen Kassen gepaart mit einer unterdurchschnittlichen gewerkschaftlichen Organisierung tragen dazu bei, dass Lohnforderungen nicht gestellt bzw. nicht eingelöst werden.

3.4   Fazit

Im Vergleich zu anderen Berufen mit akademischer (Aus-)Bildung sind die Gehälter in der Sozialwirtschaft relativ niedrig. Dies ist auf der anderen Seite den Besonderheiten der Branche geschuldet, in der die öffentlichen Kostenträger (noch) oftmals über ein Nachfragemonopol verfügen und Sozialunternehmen nur begrenzte Möglichkeiten haben, höhere Vergütungssätze durchzusetzen, die es wiederum ermöglichen würden, höhere Gehälter zu bezahlen.

Darüber hinaus sind Arbeitskämpfe zur Durchsetzung von Tariferhöhungen im sozialen Dienstleistungssektor (noch) die Ausnahme. Jenseits des öffentlichen Diensts ist der Organisationsgrad (d. h. die Zahl der gewerkschaftlich organisierten Beschäftigten) relativ niedrig und viele Beschäftigte scheuen Streiks, die zu Lasten der Adressat_innen gehen würden. Hinzu kommt, dass das für Caritas und Diakonie geltende kirchliche Arbeitsrecht keine Arbeitskämpfe in Form von Streik vorsieht. Größere Arbeitsniederlegungen von Erzieher_innen und Sozialarbeiter_innen/Sozialpädagog_innen gab es erstmals 2009 im sogenannten Kita-Streik. Im Ergebnis wurden höhere Gehälter für die Erzieher_innen vereinbart, die in Kindertagesstätten tätig sind.

Der aktuell bereits vorhandene und sich in der Zukunft wahrscheinlich verschärfende Fachkräftemangel im Bereich der Sozialen Berufe wird die Konfliktfähigkeit, d. h. die Durchsetzungsfähigkeit der Beschäftigten wahrscheinlich erhöhen. Es bleibt abzuwarten, inwieweit die öffentlichen Kostenträger höhere Personalkosten refinanzieren. Festzuhalten bleibt, dass ein hoher Organisationsgrad bzw. das Engagement in Gewerkschaften und Berufsverbänden dazu beitragen kann, angemessene Gehälter für die Sozialen Berufe zu erreichen.

Weiterführende Literatur

Conrads, Ralph/Holler, Markus/Kistler, Ernst/Kühn, Daniel/Schneider, Daniela (2016): Working Paper Forschungsförderung. Branchenanalyse Gesundheits- und Sozialwesen, Düsseldorf: Hans-Böckler-Stiftung.

Evans, Michaela/Galchenko, Viacheslaw/Hilbert, Josef (2012): Befund Sociosclerose – Sozialwirtschaft in der Interessensblockade? In: Sozialer Fortschritt, 62, S. 209–216.

Schildmann, Christina/Voss, Dorothea (2018): Aufwertung von sozialen Dienstleistungsberufen. Warum sie notwendig sind und welche Stolpersteine noch auf dem Weg liegen. Report Nr. 4 Forschungsförderung, Düsseldorf: Hans-Böckler-Stiftung.

4 Wirkungsmessung und -forschung

> **Was Sie in diesem Kapitel lernen können**
>
> Im folgenden Kapitel werden zunächst die Begrifflichkeiten um Wirkung bzw. Evidenz, Wirkungsmessung und -forschung und ihre jeweiligen theoretischen Hintergründe geklärt (▶ Kap. 4.1). Danach erhalten Sie einen Überblick über zentrale Instrumente der Wirkungsforschung (▶ Kap. 4.2), die sich v. a. auf ökonomische Perspektiven konzentrieren. Anhand von einigen Praxisbeispielen (▶ Kap. 4.3) erfahren Sie mehr über die Anwendung der verschiedenen Methoden. Das Kapitel schließt mit einer zusammenfassenden Darstellung der Diskussion über die Notwendigkeit bzw. Angemessenheit von Wirkungsmessung in der Sozialen Arbeit (▶ Kap. 4.4).

Die Diskussion um die Wirkung Sozialer Arbeit ist nicht neu. Es entspricht fachlichen Standards, dass sich Professionelle vor der Konzeption einer Intervention bzw. im Verlauf einer Maßnahme damit auseinandersetzen, welches Ziel sie erreichen wollen – also welche Wirkung entfaltet werden soll und ob sie dieses Ziel erreichen. Dabei ist die Zielperspektive abhängig vom Verständnis Sozialer Arbeit. Ausgehend vom Doppelmandat der Sozialen Arbeit können grob zunächst zwei Sphären unterschieden werden, auf die Soziale Arbeit Wirkung entfaltet: auf das Individuum und auf die Gesellschaft.

Während weitestgehend Einigkeit darüber herrscht, dass die Soziale Arbeit als Handlungswissenschaft Veränderungen bewirken möchte (beim Individuum bzw. dem es umgebenden sozialen System), ist die Messbarkeit Sozialer Arbeit – also inwiefern die Resultate Sozialer Arbeit messbar sind – sehr umstritten. Bevor auf diese Diskussion eingegangen wird, ist es erforderlich, zunächst einige zentrale Begrifflichkeiten zu klären.

4.1 Begrifflichkeiten

Die Verwendung des Begriffes »Wirkung« setzt voraus, dass Soziale Arbeit durch Interventionen Veränderungen auslösen kann und will. Ausgehend von einem defizitorientierten Ansatz der Sozialen Arbeit wäre eine solche Veränderung konsequenterweise in der Reduzierung von Defiziten zu sehen. Aber auch im Kontext des Empowerment-Ansatzes kann Wirkung in dem Sinne erzeugt werden, dass die Menschen (wieder) dazu in der Lage sind, ihre eigenen Ressourcen zu nutzen bzw. die sie umgebenden Umfeldbedingungen entsprechend zu verändern.

In engem Zusammenhang mit der Wirkungsorientierung steht die Evidenzbasierung. Diese geht davon aus, dass solche Maßnahmen bzw. Interventionen einzusetzen sind, deren Wirkung in zuvor durchgeführten Studien nachgewiesen wurde. Ziel einer evidenzbasierten Intervention ist es also, aus einem Set an möglichen Maßnahmen die Intervention einzusetzen, die die beste Wirkung im Sinne der Zielerreichung verspricht. Darüber hinaus wird der_die Adressat_in einer Intervention in die Lage versetzt, auf der Basis von kommunizierten bzw. veröffentlichten Studienergebnissen selbst bzw. mit zu entscheiden, welche Maßnahme eingesetzt wird. Im medizinischen Bereich ist die Evidenzbasierung bereits weitreichend umgesetzt.

Ein Arzt_eine Ärztin wird nach der Diagnose einer Krankheit das Medikament verschreiben, dessen Wirkung in Studien nachgewiesen wurde bzw. die Therapie einleiten, die in anderen Fällen die größte Wirkung entfaltet hat. Im Idealfall erläutert er_sie dem_der Patient_in Alternativen mit den jeweiligen Folgen und informiert, welche Risiken, aber auch welche Chancen mit einer Operation im Vergleich zu einer konservativen Behandlung verbunden sind. Anschließend kommt es (im Idealfall) zu einer gemeinsamen Entscheidung vom Arzt_von Ärztin und Patient_in gemäß der zu wählenden Therapie. Die Top-Down-Perspektive des Arztes_der Ärztin wird also durch die Bottom-Up-Perspektive des_der Patient_in ergänzt (vgl. James 2016).

Aber ist es möglich, die in der Medizin mittlerweile selbstverständliche ›Evidence-Based-Practice‹ auf Handlungsfelder der Sozialen Arbeit zu übertragen? Stärkt die Wirkungsorientierung die Selbstbestimmung der Adressat_innen? Lassen sich Wirkungen sozialer Dienstleistungen überhaupt messen? Und: Wenn ja, wie?

Diese Fragen werden seit Jahrzehnten in der Fachwissenschaft, aber auch der Praxis kontrovers, v. a. auch professionstheoretisch diskutiert (vgl. Polutta 2014). Das Spektrum der Meinungen bewegt sich zwischen einer kategorischen Ablehnung jedweder Wirkungsmessung bis hin zur (unreflektierten) Übernahme von Messmethoden aus der Medizin oder der Allgemeinen Betriebswirtschaftslehre. Die Kritik von Seiten der Sozialen Arbeit entfaltete sich dabei v. a. an der Übernahme einfacher Input-Output-Modelle zur Wirkungsmessung (▶ Abb. 4)

Demnach ist ein Prozess dann wirksam, also *effektiv*, wenn ein Output erfolgt. Ausschlaggebend ist in der gewerblichen Wirtschaft jedoch nicht die Wirkung, sondern das Verhältnis von eingesetzten Ressourcen und Output, also die *Effizienz*. Effizienz liegt vor, wenn der Gegenwert der investierten Rohstoffe, Personalressourcen, Maschinenstunden etc. niedriger ist als die Erlöse aus dem Verkauf der produzierten Güter und somit eine Rendite erwirtschaftet wird.

Derartige einfache Input-Output-Modelle stoßen auch in Wirtschaftsunternehmen hinsichtlich ihrer Aussagekraft zunehmend an ihre Grenzen, weil Produk-

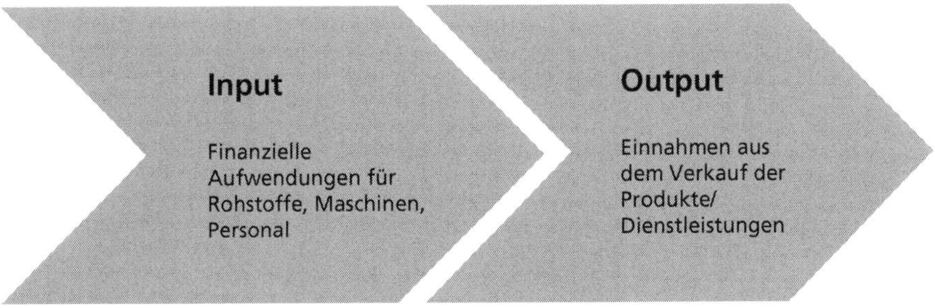

4.1 Begrifflichkeiten

Input

Finanzielle Aufwendungen für Rohstoffe, Maschinen, Personal

Output

Einnahmen aus dem Verkauf der Produkte/ Dienstleistungen

Abb. 4: Das Input-Output-Modell (eigene Darstellung)

tionsprozesse komplexer werden und für den erfolgreichen Absatz von Produkten auch die Produktionsprozesse und deren gesellschaftliche Legitimierung wichtiger werden. Umso weniger sind diese Modelle auf die Sozialwirtschaft übertragbar. Dies liegt u. a. daran, dass der Input aufgrund des Phänomens der erforderlichen Ko-Produktion (Bereitschaft von Klient_innen, sich auf die Zusammenarbeit einzulassen) aus verschiedenen Quellen gespeist wird, auf die die Fachkräfte nur bedingt Einfluss haben. Zum anderen entfalten soziale Dienstleistungen oftmals Wirkungen sowohl auf das Individuum als auch auf die Gesellschaft. Letztere sind nur schwer messbar.

Vor diesem Hintergrund ist es erforderlich, differenzierte Konzepte zur Wirkungsmessung zu entwickeln. Viele der mittlerweile eingesetzten Instrumente bzw. Konzepte orientieren sich an dem Modell einer Wirkungskette, die neben monetären Kennzahlen weitere Aspekte berücksichtigt. Hierzu gehören insbesondere die Ressourcen der Adressat_innen sowie die Differenzierung nach Wirkungen auf die Adressat_innen und die Gesellschaft. Es wurden unter der Begrifflichkeit »Controlling« verschiedene Modelle derartiger Wirkungsketten entworfen, die teilweise unterschiedliche Begrifflichkeiten für die einzelnen Wirkdimensionen verwenden (vgl. Bono 2006; Halfar 2009: 674f.). Im Folgenden wird (in Anlehnung an Halfar 2009: 674f.) ein Modell vorgestellt, das sowohl die individuelle Ebene als auch die gesellschaftliche Ebene einbezieht (▶ Abb. 5).

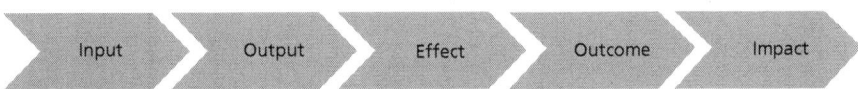

Abb. 5: Erweitertes Modell zur Wirkungsmessung (eigene Darstellung)

- **Input:** Ressourcen, die die öffentliche Hand in Form von finanziellen Mitteln sowie Sozialunternehmen in Form von Eigenanteilen einsetzen sowie die Ressourcen der Adressat_innen. Komplexe Modelle berücksichtigen darüber hinaus auch die das Individuum umgebende Umwelt (Familie, Peers etc.)
- **Output:** Leistungserbringung in Form von finanzieller Unterstützung, Beratungsleistung und anderen sozialen Dienstleistungen

- **Effect:** unmittelbar und nachweisbare Wirkung bei den Adressat_innen – bei finanziellen Leistungen besteht er bspw. aus dem Vorhandensein von finanziellen Mitteln bei den Adressat_innen, bei Beratungsleistungen aus einem Wissensgewinn
- **Outcome:** bei den Adressat_innen ausgelöste Wirkungen, wie z. B. veränderte Verhaltensweisen, Veränderungen der Lebenszufriedenheit etc.
- **(Social-)Impact:** (Aus-)Wirkungen und Nutzen auf die Gesellschaft, in finanzieller Hinsicht steuerliche Rückflüsse aus dem Einkommen der Adressat_innen; Verringerung von (Beschaffungs-)Kriminalität etc.

Effect, Outcome und Impact, also die Wirkung im engeren Sinne, lassen sich nur teilweise voneinander abgrenzen. Hinzu kommt, dass diese nicht immer in messbaren Größen angegeben werden können bzw. deren Quantifizierung methodisch sehr aufwändig ist.

Beispiele für messbare Effekte in verschiedenen Handlungsfeldern

- Werkstätten für Menschen mit Behinderung (WfbM)
    - Quoten von Übergängen in den ersten Arbeitsmarkt
    - Beschäftigungsfähigkeit innerhalb von Werkstätten für Menschen mit Behinderung (WfbM)
    - Qualität der in WfbM hergestellten Produkte und Dienstleistungen
    - Verbesserung der Lebensqualität der Beschäftigten
- Pflegeberatung
    - Anzahl der Beratungen
    - Zahl der von Pflegebedürftigen bzw. Angehörigen getroffenen Entscheidungen für eine Versorgungsform/einen Anbieter
    - Kenntnisse über Finanzierungsmöglichkeiten ...
- Beratung für Suchtkranke
    - Anzahl der Beratungen
    - Verbesserung der Lebensqualität der Beratenen
    - Zahl der Vermittlungen in weitere ambulante/stationäre Angebote
    - Reduktion von Beschaffungskriminalität
- Schulsozialarbeit
    - Verbesserung des Bildungszugangs für benachteiligte Gruppen
    - Reduktion/Moderation von Konflikten
    - Reduktion von Schulabbrecherquoten
- Stationäres Angebot für psychisch Kranke
    - Verbesserung der Lebensqualität
    - Anzahl der Personen, denen eine Wiedereingliederung in den Arbeitsmarkt gelingt
    - Verringerung des aggressiven Verhaltens gegenüber der Familie/Gesellschaft

> **Reflektionsaufgabe JugendJetzt**
>
> Welche Indikatoren könnten für die Wirkungen des Beratungsangebots von JugendJetzt herangezogen werden?

In der Sozialen Arbeit lassen sich Angaben, die dem Output zuzuordnen sind, also zu erbrachten Leistungen, Wartezeiten, der Dauer von Betreuungen oder Beratungen, einfach in quantitativen Größen bzw. Kennzahlen angeben. Diese Angaben können als Maßstab für benötigte Ressourcen im Bereich der Zuwendungsfinanzierung genutzt werden und dienen zur Kalkulation von Leistungsentgelten (▶ Kap. 2)

Der Outcome ist demgegenüber wesentlich schwieriger zu ermitteln, v. a., wenn man Zahlenwerte anstrebt. Folgende grundsätzliche methodische Schwierigkeiten treten bei der Messung von Wirkungen sozialer Dienstleistungen auf:

- Identifizierung bzw. Wahrnehmung und Quantifizierung von Veränderungen bei den Adressat_innen bzw. in der Gesellschaft – Problem der Operationalisierung
    - Wie kann bspw. die Veränderung von Beziehungsqualität gemessen werden?
    - Kann es als Erfolg bezeichnet werden, wenn ein Kind im Rahmen einer Inobhutnahme von seinem familiären Umfeld separiert wird?
    - Wenn mehrere Maßnahmen durchgeführt wurden: Auf welche ist der wahrgenommene Effekt zurückzuführen?
- With-or-Without-Problematik bzw. Deadweight:
    - Hätten sich bestimmte Defizite auch ohne die durchgeführte Maßnahme aufgelöst bzw. hätten Ressourcen auch ohne die Intervention aktiviert werden können?
    - Ist der beobachtete Effekt tatsächlich auf die Intervention/Maßnahme zurückzuführen oder hat der_die Adressat_in ggf. einen Entwicklungsschub vollzogen oder sich ggf. in der Umwelt etwas verändert?
- Time-Lag bei Interventionen
    - Sind Effekte von Maßnahmen/Interventionen vielleicht (noch) nicht bei der Wirkungsüberprüfung sichtbar, sondern erst zu einem späteren Zeitpunkt?
- Zeit- und Kostenaufwand von Wirkungsmessung

Trotz dieser methodischen Schwierigkeiten wurden in den letzten Jahren eine Reihe von Wirkungsstudien durchgeführt und standardisierte Instrumente zur Wirkungsmessung entwickelt (Wirkungsforschung).

Zur Identifizierung von Veränderungen kann zum einen auf Einschätzungen der Fachkräfte, zum anderen auf die Befragung von Adressat_innen zurückgegriffen werden. Darüber hinaus kommen andere Instrumente der empirischen Forschung wie (teilnehmende) Beobachtung, Interviews, ethnographische Studien etc. zum Einsatz.

Die Durchführung derartiger Wirkungsstudien ist sehr aufwändig und gehört im sozialarbeiterischen Alltag aufgrund fehlender Zeitressourcen (noch) nicht zum Standard. Die Entwicklung komplexer Untersuchungsdesigns, die den methodischen und fachlichen Anforderungen gerecht werden, erfordert Spezialwissen, das nicht zu den Kernkompetenzen von Sozialarbeiter_innen gehört. Daher wurden in den letzten Jahren einige standardisierte Designs entwickelt, die mit überschaubarem Aufwand in Sozialunternehmen eingesetzt werden können.

4.2 (Standardisierte) Instrumente der Wirkungsforschung

Wirkungsforschung muss wie zuvor dargestellt die Ressourcen der Klient_innen bzw. deren Umwelt, die eigentlichen Interventionen, die finanziellen Aufwendungen sowie die Auswirkungen auf das Individuum und dessen Umwelt berücksichtigen. Ziel der Wirkungsforschung ist aus ökonomischer Perspektive die Optimierung des Mittel- und Ressourceneinsatzes in Bezug auf die angestrebten Ziele (z. B. Ziele, die im Hilfeplanverfahren festgelegt wurden).

In der quantitativen Wirkungsforschung kann zwischen zwei Modellen unterschieden werden: Zum einen ist dies die v. a. in der Psychologie und Medizin Anwendung findende Experimentalforschung. Hier werden soziale Kontexte so weit wie möglich ausgeschlossen und genau definierte Maßnahmen hinsichtlich ihrer Wirkungen auf eine Personengruppe mit bestimmten Merkmalen experimentell überprüft. Derartige Studien werden in der Sozialen Arbeit aufgrund ethischer Bedenken und methodischer Schwierigkeiten nur sehr selten eingesetzt. Vielmehr werden Ansätze verfolgt, die Kontextdaten berücksichtigen. Im Mittelpunkt steht die Frage, welche Faktoren für das Eintreten von Wirkungen von Relevanz sind. Das Ergebnis sind Angaben darüber, welche Maßnahme unter welchen Bedingungen für welche Person bzw. Personengruppen Wirkungen erzielt und auf in welcher Weise diese bewirkt werden. Derartige Wirkungsstudien arbeiten i. d. R. mit quantitativen Methoden. Die qualitative Wirkungsforschung konzentriert sich auf die Ebene der subjektiven Wahrnehmung oder der Interaktionsprozesse. Dabei geht es um die »Rekonstruktion der Art und Weise des Zustandekommens, des Gelingens, oder des Scheiterns von Hilfeprozessen, zur Identifikation der Art und Weise, wie Interaktionen bestimmte Prozessmerkmale in Interventionen erst herausbilden« (Polutta 2014, S. 66).

Die für die Wirkungsforschung erforderlichen Daten können entweder aus vorhandenen Controllingsystemen einer Organisation (Akten, Datenbanken, in denen Informationen und Kennzahlen enthalten sind) entnommen werden oder aber im Rahmen von eigens durchgeführten Studien bzw. Evaluationen erhoben werden.

Ein Beispiel für adressatenbezogene Kennzahlen wären veränderte Verhaltensweisen, Kompetenzen und Fähigkeiten der Adressat_innen während bzw. als Folge der Hilfe. Wie erfolgreich die Hilfe ist oder zu sein scheint, wird dabei im Vergleich zu ›normalen‹ Entwicklungsschritten gemessen. Weit verbreitet ist die Überprüfung, inwiefern Ziele, die im Hilfeplangespräch bestimmt wurden, im vorgesehenen Zeitraum erreicht werden. Hierfür haben viele Anbieter und Kostenträger sozialer Dienstleistungen entsprechende Vorlagen entwickelt. Die Zielerreichung kann mit der Vergabe von Schulnoten oder aber in Prozentwerten von der Fachkraft und/oder dem_der Adressat_in differenziert bewertet bzw. eingeschätzt werden. Des Weiteren können Befragungen bzgl. der Zufriedenheit der Adressat_innen vorgenommen werden. Hinzu kommen weitere Merkmale wie z. B. die Dauer einer Hilfe, der Umfang der Leistung und die Quoten vorzeitigen Beendigungen (Abbrüche), die direkt den Akten bzw. einer entsprechenden Datensammlung beim Träger entnommen werden können.

Wesentlich aufwändiger sind Untersuchungsdesigns, die eigene Datenerhebungen erfordern. Folgende Untersuchungsdesigns können unterschieden werden: Bei *randomisierten Studien* werden aus der Grundgesamtheit (Gruppe von Personen mit vergleichbaren Merkmalen) zufällig zwei verschiedene Gruppen gebildet. Um die Wirkung einer Intervention zu messen, erhalten Personen der ersten Gruppe eine entsprechende Maßnahme, während die Personen der zweiten Gruppe, auch Vergleichs- oder Kontrollgruppe genannt, eine andere oder keine Maßnahme erhalten. Durch die Zufallsauswahl soll sichergestellt werden, dass sich die beiden Gruppen ausschließlich hinsichtlich der Inanspruchnahme der Intervention voneinander unterscheiden. Die Wirkungen werden anschließend durch den Vergleich der Entwicklungsfortschritte oder Veränderungen beider Gruppen durch Vorher-Nachher-Messungen ermittelt. Eine Intervention kann in diesem Modell dann als ›erfolgreich‹ bezeichnet werden, wenn sich bei der ersten Gruppe (die eine Hilfemaßnahme in Anspruch genommen hat) stärkere Effekte auf die im Vorfeld bestimmten Kriterien zeigen. Zu beachten ist hierbei, dass sichergestellt wird, dass die Wirkungen eindeutig auf die Maßnahme zurückgeführt werden können und nicht auf andere Einflussgrößen wie bspw. veränderte/unterschiedliche Kontextbedingungen (vgl. Polutta 2014: 67). Dies muss durch entsprechend kontrollierte Bedingungen während der Maßnahme gewährleistet werden. Derartigen Studien wird eine sehr hohe Aussagekraft zugeschrieben, der praktischen Durchführung stehen jedoch neben methodischen und finanziellen auch ethische Bedenken gegenüber. So ist es relativ schwierig, eine ausreichend große Anzahl von Personen mit vergleichbaren Merkmalen zu identifizieren (bspw. weisen Beziehungsprobleme zwischen Kindern und Eltern eine große Bandbreite auf). Die Kontrolle der Umfeldbedingungen (bspw. familiäre Settings) und deren Veränderungen im Interventionsverlauf ist nicht oder nur sehr bedingt möglich. Zudem ist es aus ethischen Gesichtspunkten zumindest in einigen Handlungsfeldern nicht vertretbar, Kontrollgruppen zu bilden, die die benötigte Hilfe entweder nicht erhalten oder aber denen eine Maßnahme zugesprochen wird, von der davon ausgegangen werden kann, dass sie keine guten Wirkungen liefert. Ein Extrembeispiel für eine ethisch nicht vertretbare Untersuchung wäre eine randomisierte Studie im Bereich der Kindeswohlgefährdung, bei der in der Kontrollgruppe auf Interventionen gänzlich verzichtet würde (vgl. Macsenaere 2015, S. 5f.).

Auch unter Verzicht von Kontrollgruppen kann jedoch mit *Prä- und Post-Messungen* festgestellt werden, wie sich eine bestimmte Situation bzw. das Verhalten vor und nach einer Intervention darstellen. Damit sollen die Effekte, die durch die Maßnahme hervorgerufen wurden, aufgezeigt werden. Anhand derartiger Untersuchungen können Wirkfaktoren ermittelt werden, also besonders förderliche bzw. hemmende Faktoren. Bei einer einfachen Vorher-Nachher-Messung könnte bspw. die Einschätzung der Beziehungsqualität von Eltern und Kindern vor und nach einer Erziehungsberatung anhand einer Skala ermittelt werden. Sollten nach Ablauf der Erziehungsberatung wesentlich bessere Werte ermittelt werden, kann dies als Effekt der Beratungsleistung angesehen werden. Eine derartige Einschätzung ist jedoch unter der Prämisse zu sehen, dass keine einfachen Kausalitätsnachweise (Ursache-Wirkung-Zusammenhänge) erbracht werden können, sondern es vielmehr um empirische Hinweise zu *plausiblen* Zusammenhängen geht. Bei Veränderungen, die im Rahmen von Vorher-Nachher-Messungen auftreten, kann aufgrund einer gewissen sachlichen Plausibilität angenommen werden, dass diese in einem Zusammenhang mit den Interventionen stehen (Merchel 2015, S. 135). Eine eindeutige kausale Beziehung kann jedoch i. d. R. nicht nachgewiesen werden. Dies liegt zum einen an der großen Zahl von zusätzlichen Einflussfaktoren, die nicht kontrolliert werden können. Zum anderen kann nur in Ausnahmefällen genau bestimmt werden, welcher Teil bzw. Aspekt der Intervention gewirkt hat: War es die Methode, die besonders gute (oder schlechte) Beziehung zur Beratungsperson oder das Setting während der Intervention? Bei ausreichend großen Fallzahlen können zwar Korrelationen (statistische Zusammenhangsmaße) rechnerisch ermittelt werden, diese sind jedoch nicht mit Kausalitäten gleichzusetzen.

Eine Alternative zu Experimentalstudien sind sogenannte *Quasi-experimentelle Designs*. Es werden möglichst vergleichbare Bedingungen angestrebt, der Anspruch auf eine vollkommene Kontrolle wird allerdings nicht erhoben und auch nicht eingelöst. Ein derartiges Design könnte darin bestehen, ca. 300 Familien mit ähnlichen sozialen Belastungen in drei Gruppen aufzuteilen und im Beratungskontext der jeweiligen Gruppen jeweils unterschiedliche Konzepte anzuwenden, z. B. alltagsbezogene Unterstützung, systematische Familientherapie und ein verhaltenstherapeutisches Konzept. Während der Studienphase müssten die Fachkräfte dazu angehalten werden, das jeweilige Konzept möglichst ›lehrbuchmäßig‹ umzusetzen. Darüber hinaus müsste vor Durchführung der Feldphase eine Verständigung auf relevante Wirkdimensionen bzw. Messinstrumente erfolgen. Im Anschluss könnten die Effekte und deren Intensität in den einzelnen Gruppen vergleichend analysiert werden. Ggf. könnten so Unterschiede in der Wirksamkeit der Konzepte ermittelt werden. Quasi-experimentelle Studiendesigns bspw. können Auskunft darüber geben, was für welche Personen unter welchen Voraussetzungen warum welche Wirkungen erzielt (vgl. Albus/Micheel/Polutta 2015: 1849f.). Darüber hinaus sind auch Kohortenstudien ohne Experimentaldesign eine methodische Variante. Untersuchungsgegenstand sind dann Mitglieder einer bestimmten (Alters-)Gruppe. Diese sowie Einzelfallstudien sind hinsichtlich der Übertragbarkeit der Ergebnisse auf andere Kontexte begrenzt (Merchel 2015) und können v. a. der Hypothesengenerierung (d. h. der Aufstellung von Hypothesen, die anschließend im Rahmen von quantitativen Untersuchungen überprüft werden) dienen. Im Folgenden werden zunächst einige standardisierte Instrumente der Wirkungsmessung bzw. -darstellung vorgestellt. Anschließend werden Anwendungsbeispiele aus der Wirkungsforschung beschrieben.

4.2.1 Social Reporting Standard

Der Social Reporting Standard (SRS) ist ein wirkungsorientierter Berichtsstandard, der für Sozialunternehmen entwickelt wurde. Ein nach dem SRS erstellter Bericht enthält Angaben zu den oben dargestellten Elementen der Wirkungskette, nämlich zu den Ressourcen, die eine Organisation einbringt (Input), zu den Leistungsprozessen (Output) sowie zu den Wirkungen auf individueller sowie gesellschaftlicher Ebene (Outcome und Impact). Das Endergebnis stellt einen Bericht dar, in dem über die beschriebenen Inhalte hinaus auch die Finanz- und Organisationsstruktur dargestellt wird. Dieses Dokument dient der organisationsinternen Berichterstattung sowie der Darstellung der Wirkung nach außen.

Der SRS ist in drei Teile unterteilt. Teil A gibt einen Überblick über die Vision, Strategie und Angebote für die Zielgruppe. Teil B ist das Kernstück des Berichts, in dem das Leistungsspektrum detailliert dargestellt wird. Dieses umfasst bspw. abgrenzbare Projekte, Dienstleistungen oder Programme, welche von der Organisation durchgeführt bzw. erbracht wurden, um ein gesellschaftliches oder ökologisches Problem zu lösen. Die Leistungsbeschreibung umfasst die Darstellung des Zusammenhangs zwischen dem gesellschaftlichen Problem und dem Lösungsansatz des Angebots. Letzteres enthält die Darstellung der bei der Zielgruppe angestrebten qualitativen (was soll sich verändern) sowie quantitativen (in welchem Ausmaß soll sich etwas verändern) Wirkungen. Teil C besteht aus der Vorstellung der Organisation sowie ihrer organisatorischen und finanziellen Rahmenbedingungen. Die Wirkungsdokumentation enthält Aussagen bzgl. der eingesetzten Messinstrumente und Wirkungsindikatoren. Die Reichweite eines mit dem SRS erstellten Berichts reicht über die Darstellung einzelner Angebote bis hin zur umfassenden Darlegung des Leistungsspektrums eines Sozialunternehmens mit mehreren organisatorischen Einheiten/Einrichtungen. Der Nutzen eines nach SRS formulierten Berichts liegt in der Herstellung von Transparenz bzgl. der Leistungen eines Sozialunternehmens sowie der Ermöglichung von Vergleichen zwischen verschiedenen Berichtsjahren und zwischen verschiedenen Organisationen. Der Standard kann somit auch als Instrument zur Qualitätsentwicklung genutzt werden.

> Ein Anwendungsbeispiel für Werkstätten für Menschen mit Behinderung ist in Rinklage/Weber 2015 dokumentiert.

> **Tipp**
>
> Auf der Homepage der Social Reporting Initiative e. V. stehen neben dem Leitfaden zur Erstellung eines SRS zahlreiche Anwendungsbeispiele zum Download bereit (social-reporting-standard.de)

4.2.2 Social Return on Investment

Gängige Methoden der Betriebswirtschaft können ein Verhältnis von Kosten und Nutzen (Cost Benefit Analysis) oder das Verhältnis von Investitionen und Profit (Return on Investment) bestimmen. Mit dem Social Return on Investment (SROI) wurde in den 1990er Jahren ein Modell entwickelt, das speziell auf soziale Dienstleistungen abgestimmt ist. Es werden sowohl die Wirkungen auf das Individuum als auch auf die Gesellschaft bewertet. Das aus den USA stammende Konzept wurde in Deutschland von Klaus Schellberg und Bernd Halfar auf die deutsche Situation angepasst. Eingesetzt wurde das Modell in zahlreichen Untersuchungen, die u. a. von der xit GmbH im Auftrag von Kommunen und Wohlfahrtsverbänden durchgeführt wurden. Im Unterschied zu anderen Modellen wird versucht, möglichst viele Aspekte in monetären Kategorien abzubilden.

Um den Nutzen sozialer Dienstleistungen transparent zu machen, werden im SROI der xit GmbH sechs Perspektiven analysiert.

SROI 1: Transferanalyse – Institutionell

Darstellung der finanziellen Beträge, die zwischen öffentlichen Kostenträgern und Sozialunternehmen fließen: Hierzu zählen bspw. Zuschüsse und Entgelte, die der Kostenträger dem Sozialunternehmen zur Verfügung stellt, aber auch Steuern und Sozialversicherungsbeiträge, die das Sozialunternehmen zahlt.

SROI 2: Transferanalyse – Individuell

Darstellung der finanziellen Beiträge, die zwischen öffentlichem Kostenträger und Adressat_in fließen: Hierzu gehören bspw. Leistungen des Persönlichen Budgets oder andere Leistungen der Eingliederungshilfe, die der öffentliche Kostenträger übernimmt. Auf der anderen Seite zahlt auch der_die Adressat_in Steuern und ggf. Sozialversicherungsbeiträge.

SROI 3: Alternativbetrachtung/Opportunitätserträge

Darstellung der finanziellen Aufwendungen, die den Kostenträgern entstehen würden, wenn die Sozialunternehmen nicht tätig würden: Hier können sowohl (kostenintensivere) Maßnahmen berücksichtigt werden, die erforderlich werden, wenn präventive Angebote nicht rechtzeitig bewilligt werden (vgl. Beckmann 2015) als auch andere Folgen eines Nichteingreifens (Erhöhung von gesundheitsbezogenen Kosten bei Menschen mit Suchterkrankungen etc.).

SROI 4: Regionalökonomische Wirkung

Darstellung des wirtschaftlichen Nutzens des Sozialunternehmens für die Region, in der es sich befindet: Sowohl das Sozialunternehmen als auch dessen Beschäftigte sowie ggf. dessen Adressat_innen verausgaben einen Teil ihrer Gehälter bzw. Leistungen in der Region in Form von Konsumausgaben bzw. Inanspruchnahme von Dienstleistungen. Hiervon profitiert die regionale Wirtschaft, was wiederum Einnahmen für die öffentliche Hand generiert.

SROI 5: Wirkungen auf die Lebensqualität der Leistungsempfänger

Darstellung der Auswirkungen der von dem Sozialunternehmen erbrachten Dienstleistungen auf die Lebensqualität der Adressat_innen: Hier sind v. a. subjektive Veränderungen zu berücksichtigen wie eine verbesserte gesundheitliche Situation, die Reduktion/Beseitigung von familiären Konflikten, die Stabilisierung der Lebenszufriedenheit etc.

SROI 6: Wirkungen auf die gesellschaftliche Wohlfahrt/das Sozialklima

Darstellung der nicht-monetären Effekte, die von dem Sozialunternehmen auf die Gesellschaft ausgeübt werden: Dieser Bereich umfasst Wirkungen, die nicht im SROI 3 direkt erfasst und monetarisiert werden können, wie bspw. eine Verringerung von Konflikten innerhalb von sozialen Gruppen, die (Re-)Aktivierung von Nachbarschaften bzw. des ehrenamtlichen Engagements etc.

Bis auf SROI 5 und SROI 6 können alle Aspekte in Geldbeträgen ausgedrückt werden. Für die Darstellung der Auswirkungen auf die Lebensqualität der Individuen sowie auf das Sozialklima werden anhand von Selbst- und Fremdeinschätzung folgende Indikatoren ermittelt: soziale Beziehungen, emotionales Wohlbefinden, Selbstwirksamkeit, materielles Wohlbefinden, persönliche Entwicklung, physisches Wohlbefinden, Rechte und gesellschaftliche Teilhabe. Hierfür können standardisierte Befragungsinstrumente zur Lebensqualität genutzt werden. Das Ergebnis dieser nicht-monetären Wirkungen wird dann in Kennzahlen dargestellt und den eingesetzten finanziellen Mitteln gegenübergestellt. Die Konzeptentwickler sehen hier selbst noch Verbesserungsbedarf. Ziel ist es, auch diese Kategorien stärker zu standardisieren und so besser messbar zu machen (Schellberg 2015).

Zusammenfassend handelt es sich beim SROI um ein Konzept, mit dem Sozialunternehmen darstellen können, welche Wirkungen ihre Tätigkeit auf die Adressat_innen und die Gesellschaft haben. Von besonderer Bedeutung ist dabei, dass auch berücksichtigt wird, dass Sozialunternehmen wichtige Arbeitgeber_innen sind, deren Beschäftigte durch Zahlungen von Sozialversicherungen und Steuern zum Gemeinwohl beitragen. Damit wird die Sichtweise, dass soziale Dienstleistungen der Gesellschaft ausschließlich Kosten verursachen, wesentlich erweitert bzw. korrigiert, teilweise sogar revidiert.

Weiterführende Literatur: Anwendungsbeispiele

Then, Volker et al. (o. J.): Studie zu den Effekten betrieblicher Kinderbetreuung. Ein CSI Bericht unter Verwendung des Social Return on Investment, Heidelberg, [online] http://archiv.ub.uni-heidelberg.de/volltextserver/18702/ [10.01.2018].
Kukula, Nicole/Sell, Stefan/Tiedemann, Birte (2014) MehrWertSchöpfung. Die Freie Wohlfahrtspflege als Wirtschaftsfaktor in Rheinland-Pfalz, Remagen, [online] https://www.liga-rlp.de/fileadmin/LIGA/Internet/Downloads/Dokumente/Dokumente_2014/MehrWert Schoepfung_-_Broschuere_fuer_www.pdf [10.01.2018].
Schober, Christian/Then, Volker (Hrsg.) (2015): Praxishandbuch Social Return on Investment. Wirkung sozialer Investitionen messen, Stuttgart: Schäffer-Poeschel.
Weitere Anwendungsbeispiele finden sich auf der Homepage der xit GmbH:
xit GmbH (o. J.) [online] https://www.xit-online.de/xit/index.php [10.01.2018]

4.2.3 Balanced Scorecard (BSC)

Auch bei der Balanced Scorecard (BSC) handelt es sich ähnlich wie beim SRS um einen Berichtsstandard. Die BSC wird jedoch im Unterschied zum SRS schwerpunktmäßig dafür eingesetzt, organisationsinterne Ziele und deren Erreichung zu bestimmen. Sie kann daher auch als Managementinstrument eingesetzt werden. Auch dieses Instrument wurde in den 1990er Jahren in den USA von R. Kaplan und D. Norten im Kontext des For-Profit-Bereichs als Erweiterung des klassischen Controllings anhand wirtschaftlicher Kennzahlen entwickelt. Selbst in der gewerblichen Wirtschaft hatte man erkannt, dass Unternehmen so komplex sind, dass diese nicht nur durch finanzielle Ergebniskennzahlen gesteuert werden können. Von besonderer Bedeutung ist die Integration einer Zielperspektive; so werden die »Vision« als übergeordnete strategische Orientierung und die daraus abgeleiteten strategischen Ziele einer Organisation formuliert und mit Zielwerten versehen.

Die BSC berücksichtigt zur Bewertung des Erfolges vier Aspekte:

- die Finanzperspektive,
- die Kund_innenperspektive,
- die Perspektive der internen Geschäftsprozesse sowie
- die Lern- und Entwicklungsperspektive (vgl. Stoll 2013, S. 79)

In einigen Adaptionen für NPO wurde die *Finanzperspektive* zunächst ausgeblendet, da die Erwirtschaftung finanzieller Renditen hier nicht zu den primären Zielen gehörte, sondern Sachziele im Mittelpunkt standen. In neueren BSC-Modelllen für die Sozialwirtschaft wird die Finanzperspektive wieder stärker in den Mittelpunkt gerückt. Die Berücksichtigung der Finanzperspektive bzw. die Definition der zu erreichenden Finanzziele unterstützen Kosten- und Preiskalkulationen.

Der *Kund_innenperspektive* kommt eine erhebliche Bedeutung zu, da die Veränderung von Menschen und die Erbringung von Dienstleistungen an und für Dritte die Hauptziele einer Einrichtung sind. Die Berücksichtigung einer Kund_innenperspektive ist ethisch unvermeidlich und wird von Klient_innen oder Interessenvertretungen zunehmend eingefordert. Mit dieser Perspektive geht die Frage einher, welche Kund_innen bzw. Klient_innen durch die Organisation angesprochen und welche Ziele hinsichtlich der Kund_innen erreicht werden sollen. Kund_innen der Sozialen Arbeit sind sehr unterschiedlich, demnach müssen Strategieziele genau definiert werden und es muss ersichtlich sein, welche Kund_innen jeweils gemeint sind (vgl. Stoll 2013, S. 101; Bono 2006, S. 96).

Die *Perspektive der internen Prozesse* ist im Hinblick auf den Dienstleistungsprozess zu betrachten, um die Beziehungen zu den direkt Nutzenden der Leistungen zu optimieren. Es geht darum, interne Abläufe zu überprüfen, zu verbessern und eventuell neu zu strukturieren. Insbesondere sollen solche Prozesse angepasst werden, die einen großen Einfluss auf die Kund_innenzufriedenheit haben. Allerdings betont Bono die Schwierigkeit der vollständigen Standardisierung derartiger Prozesse. Daher sollte die Prozessoptimierung eine gewisse Flexibilität aufweisen. Positive Ergebnisse können insbesondere dann erzielt werden, wenn auf individuelle Bedürfnisse eingegangen wird. (vgl. Stoll 2013, S. 102; Bono 2006, S. 96).

Die *Lern- und Entwicklungsperspektive* ist für das Fortbestehen des Sozialunternehmens insofern von Bedeutung, als die Qualifizierung und Entwicklung ihrer Mitarbeiter_innen wesentliche Erfolgsfaktoren sind. Zudem sind die Motivation, das Empowerment und die Zielausrichtung der Mitarbeiter_innen von Relevanz (vgl. Stoll 2013; Bono 2006).

Zu jeder Perspektive werden im Rahmen des BSC Prozesses Ziele formuliert, Kennzahlen und Zielwerte entwickelt sowie konkrete Maßnahmen abgeleitet. Dies geschieht vor dem Hintergrund der Voraussetzung, dass sowohl finanzielle als auch nicht-finanzielle Erfolgspotenziale messbar sind und durch Kennzahlen erfasst werden können.

Die Kennzahlen dienen zur organisationsinternen Information der Mitarbeiter_innen, die aus der BSC Erfolgsfaktoren für den zukünftigen und gegenwärtigen Erfolg ableiten können. Von der detaillierten Beschreibung der gewünschten Ergebnisse verspricht man sich, alle Mitarbeiter_innen für die Erreichung langfristiger Ziele zu motivieren.

Die einzelnen Perspektiven stehen in einem engen Zusammenhang. So kann das Sozialunternehmen bspw. durch konstante Lern- und Entwicklungsprozesse eine positive Prozessqualität entwickeln, die für die Kund_innenzufriedenheit und -bindung erforderlich ist. Dies führt wiederum zu einem guten wirtschaftlichen Ergebnis für das Unternehmen. Durch den regelmäßigen Vergleich von Ist- und Ziel-Kennzahlen kann der Erfolg von Maßnahmen beurteilt werden.

📖 **Weiterführende Literatur**

Stoll, Bettina (2013): Balanced Scorecard für Soziale Organisationen. Qualität und Management durch strategische Steuerung. Arbeitshilfe mit Beispielen. 3. Aufl. Regensburg: Walhalla.

> **Reflektionsaufgabe**
>
> Überlegen Sie, welche Auswirkungen die Berücksichtigung der Kund_innenperspektive auf die anderen Aspekte ausübt!

4.2.4 Fazit

Der SRS bietet eine klar gegliederte Struktur und erleichtert die Erstellung von Berichten. Das Instrument kann intern zur Information aller Mitarbeitenden über das Leistungsspektrum der gesamten Organisation sowie zur wirkungsorientierten Weiterentwicklung des Angebots genutzt werden. Darüber hinaus können SRS-Berichte auch zur Information der Organisationsumwelt genutzt werden, um die konzeptionellen Grundlagen und Ergebnisse der Tätigkeit darzustellen. Das Instrument kann daher auch zur Akquirierung von Fördermitteln bzw. zum Fundraising verwendet werden (▶ Kap. 2). Die Orientierung an einem Standard ermöglicht auch Vergleiche zwischen verschiedenen Einrichtungen bzw. Organisationseinheiten. Für die Erstellung eines SRS ist die Entwicklung und Beschreibung der wirkungsorientierten Kennzahlen eine wichtige Voraussetzung. Ziel ist es, Aussagen bzgl. der gesamten Wirkungskette zu formulieren. Bislang konzentrieren sich SRS aufgrund methodischer Schwierigkeiten noch auf Aussagen zum Output und Outcome, während Angaben zum Impact eher qualitativ erfolgen. Zusammenfassend beantwortet der SRS »entlang der Wirkungslogik die entscheidenden Fragen: Was will die Organisation erreichen? Was bietet sie deshalb welchen Zielgruppen an? Warum bietet sie es an? Und was hat sie erreicht?« (Hoelscher/Hinze 2015, S. 14).

Das SROI-Konzept hat den Anspruch, alle Aspekte der Wirkungskette möglichst in quantitativen Kennzahlen bzw. monetären Größen auszudrücken. Dies gelingt für die Elemente Input, Output, Effect und (begrenzt) auch für das Outcome. Aussagen zum Impact sind bislang v. a. mangels ermittelbarer Kennzahlen qualitativ ausgerichtet. Das Konzept ist mit seiner primär finanzwirtschaftlichen Ausrichtung v. a. zur Legitimation der Ausgabe öffentlicher Mittel geeignet. Die SROI-Methode wird aufgrund ihrer Konzentration auf monetäre Werte teilweise sehr kritisch gesehen und als negative Auswirkung einer Ökonomisierung der Sozialen Arbeit betrachtet, »da die Methode vorgibt, dass alle Wirkungen gemessen und in monetären Einheiten dargestellt werden sollen« (Schober/Rauscher 2014, S. 271). Befürworter_innen des Konzepts SROI betonen die Vorteile, die für die Soziale Arbeit aus einem standardisierten und zuverlässigen Instrument zur Wirkungsmessung erwachsen, u. a. als Argumentationshilfe in Entgelt- bzw. Budgetverhandlungen.

Die BSC ist demgegenüber v. a. zur internen Strategieentwicklung gut einsetzbar bzw. in Bereichen, in denen eine Budgetierung erfolgt (Zuwendungsfinanzierung).

Ein weiteres standardisiertes Modell, das teilweise unter Nutzung von Elementen der vorgestellten Konzepte entwickelt wurde, ist das Social-Impact-Modell (vgl. die Beiträge in Uebelhart/Zängl 2013). Andere Konzepte wurden im Kontext von Beratungsunternehmen entwickelt. So gibt bspw. die Agentur »Phineo« regelmäßig Berichte heraus, in denen Projekte vorgestellt werden, die auf der Basis einer Phineo-Analyse als besonders wirkungsvoll identifiziert wurden (Phineo o. J.).

Phineo

Phineo ist laut eigener Angaben ein »gemeinnütziges Analyse- und Beratungshaus für wirkungsvolles gesellschaftliches Engagement.« Die gemeinnützige Aktiengesellschaft wurde 2010 gegründet, zu den Gesellschaftern zählen große Stiftungen wie bspw. die Bertelsmann Stiftung, die Stiftung Mercator und Stiftungsverbünde (Stifterverband) sowie große Wirtschaftsprüfungsgesellschaften (KPMG, PWC etc.). Die von den Mitarbeitenden der Phineo erstellten »Wirkberichte« stellen Träger bzw. Projekte vor, die als besonders wirkungsvoll bezeichnet werden. Den Sozialunternehmen entstehen für die Erstellung der Analysen keine Kosten – die erforderlichen Informationen müssen allerdings in der vorgeschriebenen Form bereitgestellt bzw. erhoben werden. Sofern das Sozialunternehmen bzw. ein einzelnes Projekt die Kriterien für die Verleihung des ›Wirkt‹-Siegels erfüllen, werden Einzelheiten zum Projekt veröffentlicht. Die Wirkstudien werden laut Angaben von Phineo »Unternehmen, Stiftungen, Hochvermögenden und politischen Entscheider_innen« zur Verfügung gestellt, um diese zu befähigen, wirkungsvolle Projekte zu identifizieren und ggf. zu unterstützen. Analysierte Sozialunternehmen, die nicht die Kriterien erfüllen, werden nicht aufgenommen, sie werden aber auch nicht durch eine Blacklist stigmatisiert.

Weitere standardisierte Instrumente

WIMES – Dokumentations- und Steuerungsstandard, der vom e/l/s-Institut entwickelt wurde. Informationen unter http://www.els-institut.de/startseite.html.

EVAS – Evaluation erzieherischer Hilfen, ein Dokumentationssystem für Struktur-, Prozess- und Ergebnisqualität im Bereich der Hilfen zur Erziehung des Instituts für Kinder- und Jugendhilfe (IKJ). Informationen unter: https://www.ikj-mainz.de/index.php/EVAS.html.

Darüber hinaus wurden in den letzten Jahren verstärkt (wissenschaftliche) Studien durchgeführt, die sich verschiedener Methoden der empirischen Sozialforschung bedienen, um Wirkungen abzubilden. Auf einige wird im Folgenden etwas detaillierter eingegangen.

4.3 Anwendungsbeispiele

Bislang gibt es nur relativ wenige empirische Studien, die die Wirkung Sozialer Arbeit nachvollziehbar darstellen. Dies liegt sicherlich zum Teil an den hierfür erforderlichen aufwändigen Verfahren, aber auch an grundsätzlichen Bedenken, die zumindest bei einem Teil der (Sozialarbeits-)Wissenschaft, insbesondere aber bei den Praktiker_innen, bestehen (▶ Kap. 3.4). Im Folgenden werden einige ausgewählte Studien zur Wirkungsmessung vorgestellt, die sich hinsichtlich der eingesetzten Methoden und Konzepte unterscheiden, jedoch die Gütekriterien empirischer (Sozial-)Forschung einhalten.

> **Gütekriterien empirischer (Sozial-)Forschung**
>
> - Objektivität (Unabhängigkeit der Ergebnisse vom Forschenden)
> - Reliabilität (Sorgfältigkeit und Exaktheit der Messung)
> - Validität (Gültigkeit: Wird mit den Messinstrumenten tatsächlich das ermittelt, was ermittelt werden soll?)

4.3.1 Studie »Jugendhilfe-Leistungen« (JULE)

Eine der ersten Längsschnittstudien – die sogenannte JULE-Studie (Bauer et al. 1998) – wurde von 1993 bis 1997 durchgeführt. Ziel war die Analyse der Effekte (teil-)stationärer Maßnahmen im Bereich der Hilfen zur Erziehung sowie die Identifizierung erfolgsfördernder Faktoren. Die retrospektive Studie verfolgte einen Mixed-Methods-Ansatz. Zum einen wurden im Rahmen einer Aktenanalyse insgesamt 284 Fälle aus sechs unterschiedlichen Jugendämtern untersucht, in denen (teil-)stationäre erzieherische Hilfen stattgefunden hatten. Darüber hinaus wurden 45 Kinder bzw. Jugendliche hinsichtlich ihrer Situation vier bis fünf Jahre nach Beendigung einer (teil-)stationären Maßnahme interviewt. Für die Bewertung des Verlaufs wurden Indikatoren wie die Schul- und Ausbildungssituation, das Legalverhalten, die Qualität sozialer Beziehungen, vorhandene Fähigkeiten der Alltagsbewältigung, die Persönlichkeitsentwicklung, der familiäre Hintergrund sowie weitere Problemkonstellationen genutzt.

Neben dem Einfluss einiger Indikatoren der sozioökonomischen Situation der Adressat_innen (niedriger sozioökonomischer Bildungsstatus wirkt sich negativ aus, geschlechtsspezifische Unterschiede – Jungen nehmen sehr viel häufiger und auch länger HzE in Anspruch) wurde festgestellt, »dass 57 % aller stationären und teilstationären Erziehungshilfen [...] in ihrer Bilanz für den jungen Menschen positiv verlaufen und in 16 % der Fälle eine in Ansätzen positive Bilanz erstellt werden kann. In 11 % der Hilfeverläufe konnte durch die erzieherischen Hilfen keine Veränderung der Situation bewirkt werden und in 15 % der Fälle ist es nicht gelungen, die schwierige Entwicklung eines jungen Menschen aufzuhalten« (Gabriel et al. 2007, S. 5f.). Anhand der Aktenanalysen konnte gezeigt werden, dass der Erfolg einer Maßnahme maßgeblich von der Einhaltung fachlicher Standards wie einer ausführlichen Hilfeplanung und der Beteiligung der Erziehungsberechtigten abhängig ist. Wenn diese fachlichen Standards beachtet werden, ist die Wahrscheinlichkeit, dass eine Hilfe effektiv im Sinne einer positiven Veränderung sechsmal höher (ebd.). Weitere Einflussfaktoren auf den Erfolg einer stationären Hilfe sind u. a. eine hohe Verweildauer an einem Ort sowie eine hochwertige heilpädagogisch-therapeutische Versorgung. Eine Beurteilung dessen, ob eine positive Bilanz für 73 % der Hilfeempfänger_innen als Erfolg zu bewerten sind, hängt von der Zieldimension ab. In der Regel werden ja hundert Prozent der Maßnahmen mit dem Ziel eingeleitet bzw. umgesetzt, eine entsprechende positive Wirkung zu entfalten. Für 27 % der Hilfeempfänger_innen konnte das Ziel also nicht erreicht werden. Eine Beurteilung des Erfolgs hängt also davon ab, ob man im Vorfeld von einer hundertprozentigen Erfolgsquote ausging oder aber aufgrund von Vergleichsangeboten eine niedrigere Quote als realistisch angesehen hat. Letztendlich kann die Bewertung also nur durch Vergleiche erfolgen: entweder durch Kontrollgruppen oder aber durch Wirksamkeitsquoten alternativer Maßnahmen mit ähnlichen Zielgruppen (siehe oben).

4.3.2 Jugendhilfe-Effekte-Studie (JES)

Die **Jugendhilfe-Effekte-Studie** (Schmidt et al. 2002) ist eine Längsschnittstudie (siehe nachfolgenden Kasten) welche vom Bundesministerium für Familie, Senioren, Frauen und Jugend (BMFSFJ) initiiert wurde. Hintergrund waren u. a. steigende Ausgaben für Hilfen zur Erziehung und eine damit zusammenhängende Diskussion um die Effektivität und Effizienz der eingesetzten Maßnahmen. Die zwei grundlegenden Hauptzielsetzungen der JES lagen zum einen in der Optimierung der Angebote der Jugendhilfe, also einem wirtschaftlicheren Einsatz der vorhandenen Ressourcen. Dieser sollte durch die Ermittlung förderlicher Indikatoren erzieherischer Hilfen und daraus resultierenden Hinweisen zur Verbesserung von Angebotsstrukturen erreicht werden. Zusätzlich sollten Faktoren identifiziert werden, die den Erfolg oder Misserfolg einer Maßnahme wesentlich beeinflussen.

> **Längsschnittdesign**
>
> »Ein häufiges Anliegen innerhalb der empirischen Sozialforschung ist die Erforschung von Veränderungen und des sozialen Wandels. In diesen Fällen ist eine Längsschnittuntersuchung notwendig, bei der mehrere, zeitlich gestaffelte Untersuchungen zu einem Themenkomplex erfolgen. Hierbei lassen sich verschiedene Möglichkeiten des Designs einer Längsschnittuntersuchung unterscheiden. Im Einzelnen handelt es sich dabei um Trend-, Kohorten- und Paneldesign« (Stein 2019, S. 132). Davon abzugrenzen ist ein Querschnittforschungsdesign.

> **Querschnittdesign**
>
> »Eine Querschnittuntersuchung [...] impliziert eine einmalige und gleichzeitige Messung aller für das Forschungsvorhaben relevanter Merkmale. Dies ist immer dann ausreichend, wenn lediglich eine aktuelle Bestandsaufnahme innerhalb einer Population vorgenommen werden soll. Aussagen über kausale Beziehungen zwischen den Merkmalen sind dabei nicht möglich. Das Querschnittdesign erfasst ein Phänomen lediglich zu einem Zeitpunkt und ermöglicht somit auch nur eine Momentaufnahme« (ebd.).

Von 1995 bis 2000 wurden in fünf Bundesländern die Auswirkungen verschiedener erzieherischer Hilfen gemäß §§ 28 bis 34 SGB VIII untersucht. Hierzu wurden 233 junge Menschen in die Studie einbezogen, davon befanden sich 49 in einer stationären Einrichtung. Im Rahmen der Untersuchung wurden anhand von Dokumentenanalysen, teilnehmender Beobachtung sowie (standardisierten) Interviews (Kinder/Jugendliche, deren Eltern und Fachkräfte) der Verlauf, die Resultate sowie die langfristigen Effekte von verschiedenen Angeboten der Jugendhilfe vergleichend untersucht. Insgesamt wurden fünf verschiedene Maßnahmen miteinander verglichen: die Erziehungsberatung, der Erziehungsbeistand, die Sozialpädagogische Familienhilfe, die Erziehung in einer Tagesgruppe sowie die Heimerziehung.

Zur Ermittlung der Veränderungen wurden standardisierte Messinstrumente eingesetzt. Für die Gesamtauffälligkeiten der Zielgruppe wurde auf die ICD-10 der WHO zurückgegriffen. Darüber hinaus wurden die Belastungsfaktoren im Umfeld sowie das Funktionsniveau vor und nach einer Intervention ermittelt. Die Kinder und Jugendlichen zeigten nach Durchführung einer der o. g. Maßnahmen eine um 37 % niedrigere Gesamtauffälligkeit als vor der Maßnahme. Dabei erzielte die SPFH mit 49 % den größten Effekt, gefolgt von der Heimerziehung (46 %), den Erziehungsberatungsstellen (37 %) und den Tagesstätten (37 %). Die Intervention in Form des Erziehungsbeistandes konnte hingegen nur eine Veränderungsrate von 15 % erreichen. Betrachtet man die Entwicklung der belastenden Umfeldbedingungen (familiäre Konflikte, Suchterkrankungen der Eltern etc.) zeigt sich ein anderes Bild: Hier scheint die Erziehungsberatung mit 49 % positiver Veränderung die besten, die Tagesstätten mit nur neun Prozent die schlechtesten Ergebnisse zu erreichen. Der dritte untersuchte Aspekt bezog sich auf die Veränderungen des psychosozialen Funktionsniveaus. Hier wurde untersucht, inwieweit von den Interventionen Kompetenzverbesserungen in Bezug auf die Bewältigung altersentsprechender Aufgaben (z. B. Freizeitgestaltung, Beziehungsfähigkeit, schulische Leistungen, Autonomie etc.) erreicht wurden. Über alle untersuchten Hilfearten hinweg verbesserte sich die Bewältigungsfähigkeit psychosozialer Anforderungen im Durchschnitt um ca. 30 %.

Zur Validierung der Ergebnisse wurden auch die Eltern nach den Effekten der Maßnahmen befragt. Diese bestätigen ebenso eine positive Veränderung, die Wirkung wird jedoch wesentlich weniger stark wahrgenommen. Von den Eltern werden insbesondere der Erziehungsberatung und den Tagesgruppen mit 14 %

die größten Effekte zugesprochen, es folgen stationäre Angebote (9 %). Dem Erziehungsbeistand (2 %) und der SPFH (1 %) werden seitens der Eltern hingegen kaum Effekte eingeräumt. Die Einschätzung der Fachkräfte weicht wiederum deutlich von den ermittelten Werten sowie den Einschätzungen der Eltern ab. Die Fachkräfte schätzen die Zielerreichung grundsätzlich besser ein, als aus den Messwerten deutlich wird. Vor allem bei den familien- und umfeldbezogenen Kategorien ergeben sich zwischen den Messwerten und den Einschätzungen der Fachkräfte größere Abweichungen. Dies spricht dafür, dass die Fachkräfte die Erreichung familienbezogener Ziele zu positiv, die kindbezogenen Veränderungen jedoch realistisch einschätzen (Schmidt et al. 2002, S. 519).

Eine erhebliche Zahl von HzE wird vorzeitig abgebrochen und verursacht – so die These – erhebliche Kosten, ohne Effekte zu zeigen. Darüber hinaus sind Abbrüche ggf. auch ein Beleg dafür, dass Hilfen nicht passgenau eingesetzt wurden. Im Rahmen der Studie wurde dem ungeplanten Abbruch von Maßnahmen (im Untersuchungszeitraum 25 % aller Maßnahmen) daher besondere Aufmerksamkeit gewidmet. Die Abbruchquote war mit 43 % beim Erziehungsbeistand am höchsten, mit ca. 29 % aber auch in stationären Einrichtungen sehr hoch. Auch bei den drei anderen Hilfearten wurden ca. 19 % der Maßnahmen abgebrochen. Die hohe Abbruchquote in der Heimerziehung wirkt sich negativ auf die Gesamt-Effektivität dieser Maßnahme aus. Werden in der Berechnung nur die beendeten Hilfen berücksichtigt, stellt sich heraus, dass die stationäre Unterbringung die leistungsstärkste HzE ist (vgl. Schmidt et al. 2002, S. 545).

Die Studie kommt unter der Prämisse, dass diesbezügliche Aussagen methodisch sehr schwierig sind, zu der Schlussfolgerung, dass vorzeitige Abbrüche auf die Kombination einer schlechten Prozessqualität mit ungünstiger Ausgangsproblematik und niedriger Strukturqualität der Einrichtung zurückzuführen sind – ein Ergebnis, das nicht wirklich überraschend ist.

Wie die vorgestellten Ergebnisse der JES aufgezeigt haben, ist keine der fünf untersuchten Hilfearten für alle drei Zielbereiche gleichermaßen geeignet. Bei umfeldbezogenen Problemen erzielte die Erziehungsberatung die besten Ergebnisse, allerdings wies die Zielgruppe auch nur relativ geringe psychosoziale Belastungen auf. Stationäre Interventionen wirkten am besten, wenn Veränderungen auf individueller Ebene angestrebt wurden. Gleichzeitig handelt es sich bei der Heimerziehung aber auch um die Maßnahme, die pro Kind die höchsten finanziellen Ressourcen bindet. Insofern stellt sich die Frage, ob die besseren Effekte die höheren Ausgaben legitimieren. Hierauf bietet die JES keine Antwort, da das Verhältnis zwischen eingesetzten finanziellen Mitteln und den realisierten Effekten (also die Effizienz) nicht systematisch untersucht wurde. Insofern konnte zwar die Effektivität der verschiedenen Maßnahmen nachgewiesen werden, die Bewertung, ob eine Verbesserung um knapp 40 % einen Erfolg darstellt oder eher als Misserfolg bezeichnet werden muss, bleibt jedoch offen.

4.3.3 Kind in Diagnostik (KID)

Anders als in den beiden Untersuchungen aus den 1990er Jahren wurde im Rahmen des Projekts ›Kind in Diagnostik‹ (KID) neben der Effektivität auch die Frage nach der Effizienz gestellt (Beckmann 2014). Im Gegensatz zu anderen Wirkungsstudien wird hier jedoch nicht untersucht, welche Effekte aus bestimmten Maßnahmen resultieren, sondern es wird dargestellt, welche (finanziellen) Folgen eine kostengünstigere, aber nicht bedarfsgerechte Intervention haben kann.

Im Rahmen einer Längsschnittanalyse wurde der Werdegang von insgesamt 346 Kindern und Jugendlichen mit Hilfebedarfen über einen Zeitraum von fast 20 Jahren analysiert. Neben einer Aktenanalyse basiert die Studie auf Werdegangsrecherchen zu zwei Zeitpunkten (2007 und 2013), anhand derer Effekte bis ins Erwachsenenalter verfolgt werden konnten. Grundlegende These der Untersuchung war, dass bedarfsgerechte, kostenintensive Maßnahmen langfristig Kosten einsparen können, mithin effektiv und effizient sind.

Für die Untersuchung wurde auf Daten der Düsseldorfer Einrichtung ›Kind in Diagnostik‹ (KID) zurückgegriffen. Hier werden vier- bis zwölfjährige Kinder in einer diagnostisch-therapeutischen Intensivgruppe betreut. Im Auftrag von Jugendämtern erarbeitet das KID in einem ausführlichen Diagnostikverfahren während einer sechs- bis achtmonatigen Phase für jedes Kind ein individuelles Hilfeangebot, das sich an den Bedarfen des Kindes und seiner Familie orientiert. Am Ende des Aufenthalts wird in einem letzten Hilfeplangespräch unter Beteiligung des Jugendamts als Kostenträger eine Empfehlung für erforderliche Hilfe- bzw. Unterstützungsangebote ausgesprochen. (vgl. Beckmann 2015, S. 147).

Im Rahmen der Längsschnittanalyse wurden die Fälle anhand einer Aktenanalyse hinsichtlich der Situation vor, während und nach dem diagnostischen Verfahren untersucht. Die Aktenanalysen ergaben, dass die ganz überwiegende Mehrheit der Kinder vor ihrem Aufenthalt bereits (zu einem erheblichen Teil mehrere) Hilfemaßnahmen, darunter auch Maßnahmen der Fremdunterbringung, in Anspruch genommen hatten. Lediglich für sieben Prozent der Kinder stellte KID die erste vom Jugendamt initiierte Maßnahme dar. Während des diagnostischen Verfahrens im KID wurde deutlich, dass bei vielen Kindern mehr als ein Störungsbild vorlag. Nach der durchgeführten Diagnostik wurde dann durch das KID eine Empfehlung für geeignete bzw. erforderliche Maßnahmen ausgesprochen. Dieser Empfehlung wurde in 29 % der Fälle nicht gefolgt. Den Kosten der aufwändigen Diagnostik in Höhe von ca. fünf Mio. Euro (53.500 Euro pro Fall, ausgehend von einem Tagessatz von 214 Euro multipliziert mit der durchschnittlichen Aufenthaltszeit von 250 Tagen bei 95 Kindern) stand also keine Wirkung im Sinne der Aufnahme einer bedarfsgerechten Maßnahme gegenüber. Derartige Abweichungen von der Empfehlung fanden v. a. dann statt, wenn kostenintensive Maßnahmen wie die Unterbringung in einer Intensivgruppe empfohlen wurden.

Ein zentrales Ergebnis ist darüber hinaus, dass eine zunächst kostengünstigere Maßnahme langfristig höhere Kosten verursachen und eine niedrigere Effektivität haben kann. Im Rahmen der Werdegangsrecherchen wurde deutlich, dass Fälle, bei denen das Jugendamt den Empfehlungen der KID gefolgt war, durchschnittlich 126.222 Euro für nachfolgende Maßnahmen an Kosten verursachten, bei nicht empfehlungsgemäßen jedoch 149.317 Euro. Somit resultieren langfristig aus vermeintlich günstigeren Maßnahmen ca. 20 % höhere Kosten. Hinzu kommt der Befund, dass empfehlungsgemäß untergebrachte Kinder eine sehr viel höhere Chance haben, einen Schulabschluss und damit einen Zugang zum Arbeitsmarkt zu erreichen. Die Studie zeigt also in beeindruckender Weise, dass eine fachlich fundiert begründete Maßnahme sowohl effektiver als auch – langfristig – effizienter sein kann. Hervorzuheben ist, dass diese Studie zu den wenigen Ausnahmen gehört, in denen eine Langzeitperspektive eingenommen wurde. Eine ausführliche Darstellung der Ergebnisse bietet Beckmann 2014.

4.3.4 Modellprojekt »Erziehungshilfe, Soziale Prävention und Quartiersentwicklung« (ESPQ)

Der enge Zusammenhang zwischen Evaluation und Wirkungsmessung zeigt sich anhand des Beispiels der wissenschaftlichen Begleitung des Modellprojektes ESPQ, das in Bremen zwischen 2011 und 2014 durchgeführt wurde. Auslöser für die Initiierung des Modellprojekts waren erhebliche Kostensteigerungen im Bereich der Hilfen zur Erziehung zwischen 2006 und 2011. Nicht zuletzt aufgrund des Falls eines Kindes, das trotz Betreuung durch das Jugendamt durch einen Familienangehörigen mit Todesfolge misshandelt wurde, waren die Mitarbeitenden des Jugendamts stark sensibilisiert und intensivierten die Beratungsarbeit, so dass es zu einer Verdopplung der Fallzahlen und einer entsprechenden Kostensteigerung kam. In Diskussionen zwischen den Mitarbeitenden des Jugendamts und der Verwaltung bzw. dem bremischen Senat bzgl. geeigneter Strategien zur Vermeidung von Kindeswohlgefährdungen wurde die These entwickelt, dass durch eine Intensivierung der Beratungsarbeit deren Wirksamkeit erhöht werden könne. Diese Qualitätsverbesserung bzw. die Effektivität könne – so die These – durch die Aufstockung des Personals im Allgemeinen Sozialen Dienst (ASD) sowie die Umstrukturierung der Beratungsarbeit in Richtung des Case Managements erreicht werden. Mit dieser auf die Einzelfallhilfe fokussierenden Strategie wurde ein zweiter Ansatz kombiniert: die Verstärkung der sozialräumlichen Sozialen Arbeit (vgl. hierzu die Beiträge in Fürst/Hinte 2017). Diese beiden auf den ersten Blick zunächst konträren und auch sehr kontrovers diskutierten Ansätze wurden zu einem Modellprojekt konzipiert und in einem sozialstrukturell benachteiligten Bremer Quartier zwischen 2011 und 2014 umgesetzt. Die wissenschaftliche Begleitung wurde damit beauftragt zu untersuchen, ob sich die Fallarbeit in Folge der quantitativen und qualitativen Veränderungen verbessert und inwiefern sich Veränderungen in den Fallzahlen und der Kostenstruktur ergeben.

Das Untersuchungsdesign der Interim-Evaluation (begleitenden Evaluation) und Ex-Post-Evaluation (nach Beendigung des Modellprojekts durchgeführt) verfolgte einen Mixed-Methods-Ansatz und beinhaltete qualitative und quantitative Methoden. Im Rahmen der quantitativen Untersuchung wurden die in der Verwaltung vorhandenen Controllingdaten (Fallzahlen, Kostenhöhe und -struktur) ausgewertet. Darüber hinaus wurden Interviews mit Berater_innen, Adressat_innen und Expert_innen durchgeführt, die mit qualitativen Methoden analysiert wurden. Hinsichtlich der Effektivität der im Modellprojekt umgesetzten Maßnahmen konnte ermittelt werden, dass die Intensivierung der Fallarbeit durch die Mitarbeitenden des ASD sowohl mess- als auch beobachtbar war. Aus den Controllingdaten ging hervor, dass die Zahl der Beratungsfälle zwar um 19 % stieg, gleichzeitig aber ein Rückgang von ambulanten Maßnahmen in Höhe von 40 % verzeichnet werden konnte. Auch die Auswertung der Interviews ergab, dass die Fallarbeit verbessert wurde sowie die sozialräumlichen Maßnahmen erweitert und verbessert wurden. Während der Projektlaufzeit gingen die Maßnahmenzahlen um 39 % zurück – während in der Gesamtstadt ein Anstieg um zwölf Prozent verzeichnet wurde. Mithin wurde ein Rückgang der Interventionsintensität festgestellt: Statt (kostenintensiver) ambulanter (- 40 %) und insbesondere stationärer Maßnahmen (- 30 %) gab es eine Zunahme an Beratungen durch den ASD sowie im Rahmen der sozialräumlichen Arbeit. Insgesamt konnte – unter Berücksichtigung der Projektkosten! – ein Rückgang der Kosten in Höhe von 28 % verzeichnet werden.

Auch wenn es sich bei dieser Evaluation nicht um eine Wirkungsmessung im engeren Sinne handelt, hat die wissenschaftliche Begleitforschung gezeigt, welche Wirkungen alternative Methoden bzw. Umsetzungsstrukturen nach sich ziehen können. Im vorliegenden Fall hat sich gezeigt, dass eine frühzeitige bzw. präventive intensive Einzelfallarbeit kombiniert mit sozialräumlichen Ansätzen insgesamt zu einer Kostenreduktion beitragen kann.

Eine weitere, groß angelegte Studie zur wirkungsorientierten Jugendhilfe haben Albus et al. 2010 vorlegt. Hier wurde das Bundesmodellprogramm »Qualifizierung der Hilfen zur Erziehung durch wirkungsorientierte Ausgestaltung der Leistungs-, Entgelt- und Qualitätsvereinbarungen nach §§ 78a ff SGB VIII« evaluiert.

Reflektionsaufgabe JugendJetzt

Überlegen Sie, welche Erkenntnisse der Kostenträger sowie der Anbieter JugendJetzt aus den verschiedenen Wirkungsstudien zu der Gestaltung des Dienstleistungsangebotes nutzen kann.

Überlegen Sie auch, welche (standardisierten) Instrumente der Wirkungsmessung für das Angebot der Beratungsstelle genutzt werden könnten.

Weitere Anwendungsbeispiele bzw. Überblicksdarstellungen nach Handlungsfeldern:

- Arbeitsmarktpolitische Maßnahmen im Regelkreis des SGB II: Regelmäßige Berichte des Instituts für Arbeitsmarkt-Berufsforschung der Bundesagentur für Arbeit (IAB)
- Beratungsleistungen im Bereich Bildung, Beruf und Beschäftigung: Beiträge in nfb/Schober/Langner 2017

- Eingliederungshilfe für Menschen mit Behinderung: Boecker 2015: 131–211
- Frühe Hilfen: Kindler 2015; Buschhorn 2019
- Hilfen zur Erziehung: Macsenaere 2019
- Jugendarbeit: Lindner 2015
- Kindertagesbetreuung: Kalicki 2015; Kluczniok/Roßbach 2019
- Klinische Soziale Arbeit: Gebrande et al. 2016
- Schulsozialarbeit: Baier 2015; Speck/Olk 2014; Speck 2019
- Straffälligenhilfe: Suhling 2018
- Suchtkrankenhilfe: Calzaferri/Haunberger (2015)
- Werkstätten für Menschen mit Behinderung: Rinklake/Weber 2015; Struck 2018
- Wohnungslosenhilfe: Ballweg et al. 2012; Füller 2016

4.4 Fazit

Die Diskussion um die Wirkungsmessung und -orientierung begleitet die Soziale Arbeit seit Jahrzehnten, sie hat jedoch mit der Einführung des neuen Steuerungsmodells in den 1990er Jahren und insbesondere angesichts steigender Ausgaben in vielen Handlungsfeldern bei anhaltend angespannten kommunalen Haushalten an Schärfe gewonnen. Im Zuge einer zunehmenden Ökonomisierung (▶ Kap. 5.1) wird von den öffentlichen Kostenträgern immer öfter gefordert, die Effektivität und Effizienz insbesondere von kostenintensiven Maßnahmen (bspw. der Intensivpädagogik, stationären Maßnahmen etc.) zu belegen.

Kritiker_innen der Wirkungsorientierung und -messung betonen zum einen die skizzierten methodischen Schwierigkeiten. Insbesondere die erforderliche Ko-Produktion der Klient_innen in die Bewertungsmodelle zu integrieren, kann als erhebliche methodische Schwierigkeit angeführt werden. Hinzu kommen ethische Bedenken und die starke Individualität der Fallkonstellationen, die eine Übertragung von Ergebnissen erschweren bzw. unmöglich machen.

Die Entwicklung von evidenzbasierten Standards oder Maßnahmen für bestimmte Adressat_innen-Gruppen wird auch mit dem Argument, dass eine solche Vorgehensweise die Fachlichkeit der Sozialen Arbeit untergraben würde (bspw. Kessl/Klein 2010; Seithe 2010) abgelehnt; angeführt wird, dass die Beziehungsarbeit mit den Klient_innen leiden würde. Darüber hinaus wird kritisiert, dass der im Kontext von Wirkungsstudien erforderliche Aufwand von Dokumentation und Datenerhebung zu Lasten der klientenorientierten Arbeit ginge.

Befürworter_innen sehen hingegen in der Darstellung der Effekte sozialer Dienstleistungen eine Möglichkeit, die Akzeptanz für (kosten-)aufwändige Maßnahmen zu erhöhen und zwar sowohl bei den Kostenträgern als auch der Gesellschaft insgesamt. Wirkungsstudien wie die oben detailliert dargestellten Untersuchungen KID und ESPQ können von Professionellen der Sozialen Arbeit dazu genutzt werden, Kostenträger auch für auf den ersten Blick teurere Maßnahmen zu gewinnen, wenn die mittel- bzw. langfristige Effizienz belegt werden kann. Darüber hinaus wird darauf verwiesen, dass die Soziale Arbeit gerade durch die Entwicklung von guten Konzepten und Messinstrumenten ihre Fachlichkeit unter Beweis stellen kann (Hüttemann 2011). Nicht zuletzt kann die Evidenzbasierung die Selbstbestimmung der Adressat_innen stärken, da diese dadurch in die Lage versetzt werden, an der Entscheidung für oder gegen eine Maßnahme bzw. an der Auswahl aus verschiedenen Interventionen aktiv teilzuhaben.

Gerade in der Wissenschaft ist die Debatte um die Wirkungsorientierung nur ein Aspekt einer grundlegenden Debatte um die angemessene Ausgestaltung wohlfahrtsstaatlicher Arrangements (Polutta 2014, S. 62; Heinze/Schneiders 2014). Gemäßigte Stimmen wie Otto, Polutta und Ziegler (2010) oder Schneider (2016) verweisen auf die methodischen Probleme, aber auch auf die Möglichkeiten, die die Wirkungsmessung bietet. Sie gehen davon aus, dass im Rahmen der Wirkungsorientierung entwickelte Steuerungsprogramme die Fachkräfte bei Entscheidungen unterstützen können und Ermessensspielräume besser handhabbar machen (vgl. Otto et al. 2010, S. 10).

Weiterführende Literatur

Begemann, Maik-Carsten/Bleck, Christian/Liebig, Reinhard (Hrsg.) (2019): Wirkungsforschung zur Kinder- und Jugendhilfe. Grundlegende Perspektiven und arbeitsfeldspezifische Entwicklungen, Weinheim, Basel: Beltz Juventa.
Boecker, Michael (2015): Erfolg in der Sozialen Arbeit. Im Spannungsfeld mikropolitischer Interessenkonflikte, Wiesbaden: Springer.
Burmester, Monika/Wohlfahrt, Norbert (2018): Wozu die Wirkung Sozialer Arbeit messen? Eine Spurensicherung von Monika Burmester und Norbert Wohlfahrt. Freiburg: Lambertus.
Kehl, Konstantin/Then, Volker (2017): Soziale Investition, Wirkungsorientierung und ›Social Return‹, in: Grunwald, Klaus/Langer, Andreas (Hrsg.): Sozialwirtschaft. Handbuch für Wissenschaft und Praxis, Baden-Baden: Nomos, S. 858–871.
Kränzl-Nagl, Renate/Lehner, Markus/Prinz, Thomas (2019): Sozialökonomische Wirkungsevaluation in der Sozialwirtschaft. Grundlagen und Praxisbeispiele, Regensburg: Walhalla.
Otto, Hans-Uwe/Polutta, Andreas/Ziegler, Holger (Hrsg.) (2010): What Works – Welches Wissen braucht die Soziale Arbeit? Zum Konzept evidenzbasierter Praxis, Opladen, Farmington Hills: Budrich.
Polutta, Andreas (2014): Wirkungsorientierte Transformation der Jugendhilfe. Ein neuer Modus der Professionalisierung Sozialer Arbeit? Wiesbaden: Springer.
Schober, Christian/Rauscher, Olivia (2014): Alle Macht der Wirkungsmessung? In: Zimmer, Anette E./Simsa, Ruth (Hrsg.): Forschung zu Zivilgesellschaft, NPOs und Engagement. Quo vadis? Wiesbaden: Springer.

Hinweis

Einen umfassenden Überblick über verschiedene Methoden der empirischen Sozialforschung, die auch in der Wirkungsforschung angewendet werden können, bietet der folgende Sammelband:

Baur, Nina/Blasius, Jörg (Hrsg.) (2019): Handbuch Methoden Empirischer Sozialforschung. 2., überarb. u. erw. Aufl., Wiesbaden: Springer.

5 Aktuelle Debatten und Entwicklungstrends

5.1 Ökonomisierung

An verschiedenen Stellen wurde bereits darauf hingewiesen, dass sich die Rahmenbedingungen der Erstellung von sozialen Dienstleistungen seit den 1990er Jahren verändert haben. Sowohl neue Entgeltsysteme als auch die zunehmende Bedeutung der Effizienz im Kontext der Wirkungsmessung sind Teil des Phänomens der »Ökonomisierung« des sozialen Dienstleistungssektors bzw. der Sozialen Arbeit (vgl. hierzu ausführlich Grohs et al. 2014 sowie den Aufsatz von Heinze/Schneiders 2014, auf denen dieses Unterkapitel beruht).

Die Ökonomisierung gehört seit den 1990er Jahren zu den in der Sozialen Arbeit am intensivsten diskutierten Begriffen bzw. Phänomenen. Meist wird der Begriff im Zusammenhang mit Veränderungen der Finanzierungsmodi von sozialen Dienstleistungen, aber auch generell des Verhältnisses von Kostenträgern, Dienstleistungserbringern und Adressat_innen Sozialer Arbeit genutzt. Der Prozess der Ökonomisierung ist aber auch in anderen gesellschaftlichen bzw. politischen Bereichen erkennbar (vgl. hierzu die Beiträge in Schaal et al. 2014).

Im Zuge der Einführung neuer Steuerungsprinzipien in der kommunalen Verwaltung ist das die deutsche Sozialpolitik jahrzehntelang prägende Ordnungsmodell des Wohlfahrtskorporatismus von zunehmenden Entgrenzungs- und Erosionserscheinungen geprägt. Hierbei stand v. a. die als defizitär wahrgenommene Steuerungsfähigkeit des Staats im Mittelpunkt, der mit der Einführung marktlicher Instrumente und Verfahrensweisen zu begegnen versucht wurde. Ökonomisierungstendenzen im Sinne des Einzugs ökonomischer Handlungsrationalitäten und Bewertungsmodi in vormals wirtschaftsferne Sektoren sind in der Sozialpolitik in doppelter Form erkennbar und umfassen die Veränderung von Steuerungsmechanismen und Handlungsstrategien auf der einen und die Wahrnehmung der »Sozialwirtschaft« als beschäftigungspolitisch zunehmend relevanter Bereich auf der anderen Seite.

Was Sie in diesem Kapitel lernen können

Im Folgenden soll zunächst der Begriff der Ökonomisierung analytisch erfasst werden (▶ Kap. 5.1.1), um anschließend aufzuzeigen, welche Auswirkungen von Ökonomisierungsprozessen in einzelnen Handlungsfeldern erkennbar sind (▶ Kap. 5.1.2). Auf die Folgen der Ökonomisierung für die Profession der Sozialen Arbeit – sowohl in der Selbst- als auch in der Fremdwahrnehmung – wird in Kapitel 5.1.3 eingegangen (▶ Kap. 5.1.3). Ein Überblick über die durchaus unterschiedlichen Bewertungen dieses Prozesses (▶ Kap. 5.1.4) bietet abschließend Kapitel 5.1.4.

5.1.1 Analytische Annäherung an einen schillernden Begriff

Die Auseinandersetzung um das Verhältnis von Wirtschaft und Gesellschaft ist ein zentraler Aspekt im sozialpolitischen Diskurs. Die normativ stark aufgeladene Debatte wurde von Vertreter_innen mit engem Bezug zur Sozialen Arbeit mit Fokus auf die Folgen für die im sozialen Dienstleistungssektor Beschäftigten (Wolf 2011) bzw. deren Zielgruppen (Seithe 2010; Buestrich et al. 2010) geführt. Hier – wie auch in Teilen der politischen Debatte (Schneider 2014) – wurde der Begriff der Ökonomisierung genutzt, um aufzuzeigen, wie aus neuen Steuerungsmodellen und (vermeintlichen) Kosteneinsparungen schlechtere Bedingungen für die Adressat_innen sowie eine De-Professionalisierung Sozialer Arbeit resultiert. Eine an (betriebs-)wirtschaftlichen Kriterien messbare Sozialpolitik wurde abgelehnt.

Abstrahiert man von der normativen Deutung und nutzt man den Begriff, um darzustellen, wie Handlungsstile des »Wirtschaftssystems« in andere Teilsysteme einziehen, kann die Ökonomisierung als Prozess verstanden werden, der verschiedene Stufen umfasst. Schimank/Volkmann (2008) versuchen das Phänomen der Ökonomisierung anhand der dem kapitalistischen Wirtschaftssystem innewohnenden handlungsleitenden Maxime der Gewinnerzielung zu operationalisieren. Sie unterscheiden dabei zwischen fünf verschiedenen Stufen. Am ersten Pol besteht in Organisationen »kein Kostenbewusstsein«, am anderen Ende des Spektrums ist die »Gewinnerzielung als oberstes Prinzip« verankert. Um die Ökonomisierung in verschiedenen Bereichen noch besser analytisch erfassen zu können, kann man dieses Analyseraster auf weitere zentrale marktwirtschaftliche Kategorien übertragen und zwar auf den Wettbewerb, die Preisbildung und die Kundensouveränität.

Will man das Phänomen der Ökonomisierung der Sozialen Arbeit also analytisch (und nicht normativ!) fassen, so hilft es, darüber hinaus zwischen den verschiedenen Ebenen der Sozialpolitik zu unterscheiden. Aus politikwissenschaftlicher Perspektive kann »dabei zwischen der *Makro-Ebene* der sozialrechtlichen Rahmensetzung bzw. des sozialpolitischen Regimes, der Umsetzung auf der *Meso-Ebene* durch Organisationen des sozialen Dienstleistungssektors (öffentliche, frei-gemeinnützige und privat-gewerbliche Anbieter) sowie der *Mikroebene* (Zielgruppen bzw. Kunden sozialer Dienstleistungsproduktion)« (Heinze/Schneiders 2014: 47)unterschieden werden. Ökonomisierungstendenzen zeigen sich nicht auf all diesen Ebenen gleichermaßen, und auch zwischen den sozialpolitischen Handlungsfeldern sind erhebliche Unterschiede hinsichtlich der qualitativen und quantitativen Ausprägung von Ökonomisierungstendenzen zu unterscheiden, auf die im Folgenden eingegangen wird.

Konkurrenz/Wettbewerb

Analog zu dem von Schimank und Volkmann (2008) skizzierten Prozessmodell können zwischen den Polen »kein Wettbewerb« und »freier Wettbewerb« folgende Abstufungen unterschieden werden (▶ Abb. 6).

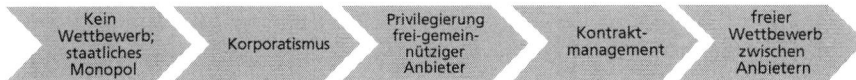

Abb. 6: Prozessmodell zur Konkurrenz und Wettbewerb (eigene Darstellung)

Am ersten Pol werden sozialpolitische Leistungen ausschließlich durch staatliche Organisationen erbracht – am zweiten Pol herrscht freier Wettbewerb zwischen verschiedenen Anbietern. Historisch betrachtet wurden soziale Dienstleistungen wie die Armenfürsorge zunächst auf kommunaler und damit staatlicher Ebene v. a. aus gesundheits- bzw. ordnungspolitischen Motivationen durch die öffentliche Hand erbracht. Bereits Ende des 19. Jahrhunderts gründeten sich jedoch die Vorläufer der heutigen Wohlfahrtsverbände (vgl. Heinze/Olk 1981). Getragen von den Kirchen, der Arbeiterbewegung oder anderen sozialreformerischen Kräften ergänzten sie das nur rudimentäre staatliche Hilfsangebot. Zu einer strukturierten Zusammenarbeit zwischen Verbänden und Staat kam es erst nach dem Ersten Weltkrieg. Diese Zusammenarbeit nennt man auch Korporatismus. Im Rahmen korporatistischer Arrangements übernehmen (Wohlfahrts-)Verbände einen erheblichen Teil der Umsetzung der sozialstaatlichen Programme inkl. der Definition von Bedarfen und Zielgruppen. Dieses korporatistische System der Leistungserstellung verändert sich in den verschiedenen Handlungsfeldern des sozialen Dienstleistungssektors jedoch zunehmend in Richtung eines Wettbewerbs zwischen verschiedenen Anbietertypen. In einigen Feldern besteht zwar noch eine sozialrechtlich fixierte Privilegierung der Freien Träger (Kinder- und Jugendhilfe); in anderen (Altenpflege) ist diese jedoch von einem Wettbewerb zwischen verschiedenen Anbietertypen sozialrechtlich vollständig aufgehoben (SGB XI). Dass jedoch weiterhin nicht von einem Wettbewerb zwischen Anbietern verschiedenen Typs (frei-gemeinnützig und privat-gewerblich) gesprochen werden kann, zeigen die tatsächlichen Trägerstrukturen bzw. Marktanteile (▶ Kap. 1.3).

Preisbildung

Die Preisbildung erfolgt auf vollständigen Märkten durch das Wechselspiel zwischen Angebot und Nachfrage. Im sozialen Dienstleistungssektor ist die Preisbildung insofern komplexer, als die Nachfrageseite meist durch zwei Akteurgruppen repräsentiert wird. Für den Großteil der staatlich finanzierten sozialen Dienstleistungen (Jugendhilfe, Altenhilfe, Suchthilfe, Behindertenhilfe) gilt das sozialrechtliche bzw. -wirtschaftliche Dreiecksverhältnis (▶ Kap. 2). In diesem Dreiecksverhältnis übernimmt der Kostenträger die Preisverhandlungen, während der eigentliche Kunde die Dienstleistung zwar in Anspruch nimmt, aber an den Preisverhandlungen nicht beteiligt ist – und insofern auch keine Sensibilität für die Preise aufweist: Er kennt die Preise für die Dienstleistung i.d.R. nicht und dementsprechend sind sie für ihn auch nicht von Interesse. Dieses sozialwirtschaftliche Dreiecksverhältnis ist im Rahmen von Reformen des SGB in den letzten Jahren in einigen Handlungsfeldern aufgebrochen worden. Mittels Persönlicher Budgets (bspw. in der Behindertenhilfe, der Altenpflege bzw. der Berufsförderung) werden die Zielgruppen teilweise an Preisverhandlungen beteiligt bzw. erhalten Informationen über die Preise und können (begrenzt) über die Verwendung der Mittel entscheiden. Gleichwohl erfolgt ein Großteil der Preisgestaltung unter Mitwirkung oder zumindest unter Aufsicht des Staats. Zwischen den Polen »staatliche Preisfestsetzung« und »freie Preisbildung auf Märkten« sind folgende Abstufungen bzw. Mischformen erkennbar, auf die im Kapitel 2 bereits eingegangen wurde (▶ Abb. 7; ▶ Kap. 2).

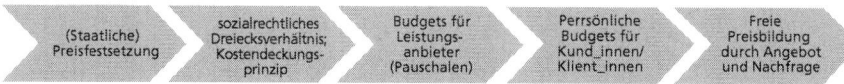

Abb. 7: Prozessmodell zur Preisbildung (eigene Darstellung)

Autonomie der Kund_innen/Klient_innen

In engem Zusammenhang mit dem Verhandlungsmandat über die Preise für soziale Dienstleistungen steht die Autonomie der Zielgruppen sozialer Dienstleistungen. In einem paternalistischen Wohlfahrtsmodell übernimmt der Staat die Definition von Bedarfen und erforderlichen Leistungen (Pol 1). Dem Individuum wird dabei keinerlei Mitsprache bei der Bestimmung und Auswahl des Dienstleistungsangebots zugebilligt. Im traditionell korporatistisch organisierten deutschen Wohlfahrtsstaat wurde ein erheblicher Teil der Leistungserstellung und teilweise auch die Konkretisierung von Bedarfen gemäß des Subsidiaritätsprinzips auf die Freie Wohlfahrtspflege übertragen. Aufgrund ihrer Multifunktionalität (Sozialanwaltschaft und Dienstleistungsanbieter) und ihrer nicht erwerbswirtschaftlichen Orientierung galten die Wohlfahrtsverbände lange Zeit als optimale Organisationen für die Erbringung sozialer Dienstleistungen (vgl. Heinze/Schneiders 2013). Während also im mittleren Bereich des Spektrums zwischen Staat und Markt zumindest ein Teil der Bedarfe und Leistungen durch den Dienstleistungserbringer definiert wird, erfolgt bei einer zunehmenden Orientierung am Bild des_der autonomen, marktfähigen Kund_in zunächst die Auswahl des Dienstleistungsanbieters, später auch der Dienstleistung selbst durch den_die Klient_in selbst und nicht mehr durch den Staat oder andere Dritte (▶ Abb. 8)

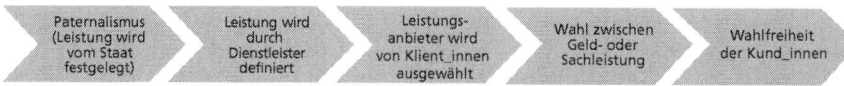

Abb. 8: Prozessmodell zur Autonomie Kund_innen/Klient_innen (eigene Darstellung)

Im Folgenden wird für drei sozialpolitische Handlungsfelder der jeweilige »Stand der Ökonomisierung« skizziert. Die ausgewählten Felder repräsentieren eine gewisse Vielfalt der Zielgruppen und Finanzierungsmodi bzw. -quellen (Sozialversicherung, Steuermittel). Die Analyse umfasst sowohl die auf der Makroebene vorgenommenen Steuerungsinstrumente, die sich in den sozialrechtlichen Rahmenbedingungen des SGB wiederspiegeln, als auch die Umsetzung auf der Meso- bzw. Mikroebene. Dabei kann hier kein systematischer und umfassender Vergleich bzw. eine Gesamtschau aller Arbeitsfelder der Sozialen Arbeit erfolgen. Vielmehr soll die Vielfalt der Ökonomisierungsphänomene differenziert nach Handlungsfeldern aufgezeigt und veranschaulicht werden, inwiefern sich Steuerungsintentionen auf der Umsetzungsebene wiederfinden. Auf dieser Grundlage werden anschließend Aussagen zu Entwicklungstendenzen abgeleitet bzw. Thesen zu Ursachen der unterschiedlichen Ausprägung der Ökonomisierung entwickelt.

5.1.2 Ökonomisierung in verschiedenen Handlungsfeldern

Die Altenpflege ist der Teilbereich des sozialen Dienstleistungssektors, in dem zuerst relevante Ökonomisierungselemente erkennbar waren. Mehr als hundert Jahre nach der Bismarck'schen Sozialgesetzgebung, die als Geburtsstunde des deutschen Sozialversicherungssystems gilt, wurde 1995 die Pflegeversicherung als fünfte Säule des Sozialversicherungssystems eingeführt. In einem sozialpolitischen Umfeld, das durch De-Regulierungstendenzen geprägt war, war dies eine auf den ersten Blick fast anachronistisch anmutende Organisationsform. Wahrscheinlich war die Verankerung als Sozialversicherung u. a. auf die erhebliche Vorlaufzeit bis zur Umsetzung zurückzuführen. Im Vergleich zu anderen Sozialversicherungen zeigen sich Unterschiede in Richtung der Ökonomisierung. Hierzu gehören v. a. die Aufhebung der Privilegierung der frei-gemeinnützigen Anbieter, die Abkehr vom Kostenerstattungsprinzip hin zu Versorgungsverträgen, die dem Grundsatz der Wirtschaftlichkeit entsprechen müssen, sowie in der Einführung von Budgets. Die Aufhebung der Privilegierung der frei-gemeinnützigen Anbieter, gepaart mit der Einführung der Pflegeversicherung als zusätzlichem Kostenträger, und der bereits 1995 absehbar ansteigenden Zahl der Älteren hat dazu geführt, dass die Zahl der privat-gewerblichen Investoren und Anbieter im Sektor in den 1990er Jahren stark gestiegen ist – wenngleich in einigen Regionen eine Reihe von erwerbswirtschaftlichen Anbietern bereits auf eine lange Tradition zurückblicken konnten (vgl. Schneiders 2010, S. 97, ▶ Kap. 1.3).

Die Behindertenhilfe als klassisches Feld der Sozialpolitik hingegen ist weiterhin von den Wohlfahrtsverbänden und hier insbesondere den kirchlich gebundenen Verbänden, die im Caritasverband sowie Diakonischen Werk organisiert sind, dominiert. Hier ist in den letzten Jahren ein paralleler Verlauf von fachlichem Diskurs und Ökonomisierungstendenzen erkennbar: Ein verändertes Leitbild, das die Selbstbestimmung der Zielgruppen, die De-Hospitalisierung und die Dezentralisierung großer Einrichtungen der Behindertenhilfe in den Mittelpunkt stellt, geht mit einer Veränderung des Finanzierungssystems (Einführung Persönlicher Budgets) einher.

Die Kinder-(Tages-)Betreuung steht ganz aktuell nicht nur im Fokus der Sozial- bzw. Familienpolitik, sondern ist ein sehr gutes Beispiel für die ökonomische Neudeutung der Sozialpolitik. Der derzeit von allen politischen Lagern geforderte Ausbau der Kinderbetreuungsinfrastruktur wird in zweierlei Hinsicht ökonomisch begründet: Forschungsergebnisse zeigen, dass Kinder aus Familien mit niedrigen Bildungsressourcen stark von einer früh einsetzenden Kinderbetreuung insofern profitieren, als mit der sozialen Herkunft verbundene Nachteile kompensiert werden können. Hinzu kommt, dass davon ausgegangen wird, dass eine gut ausgebaute außerhäusliche Kinderbetreuungs-Infrastruktur dazu beiträgt, den Wiedereinstieg von Müttern in den Arbeitsmarkt zu ermöglichen bzw. zu beschleunigen (Spieß 2012).

In allen Feldern leitet der Bundesgesetzgeber auf der Makroebene durch neue Gesetze bzw. Veränderungen im SGB einen *Paradigmenwechsel* ein; in der Altenpflege war dies die Einführung der Pflegeversicherung im Jahr 1994 (SGB XI), in der Behindertenhilfe die veränderte Sichtweise auf den Hilfebedürftigen im seinerzeit neuen SGB IX (das jüngst verabschiedete BTHT ist eine Weiterentwicklung in diese Richtung) und schließlich in der Kinder- und Jugendhilfe die Neuausrichtung der der Frühkindlichen Bildung und Erziehung (SGB VIII) bzw. die Verabschiedung des KiFöG mit den entsprechenden Landesgesetzgebungen. Sämtliche Reformprozesse zielen auf eine größere Selbstbestimmung der Zielgruppen, beinhalten eine Abkehr vom Kostendeckungsprinzip sowie die zumindest teilweise Aufhebung wettbewerblicher Beschränkungen. Auf die Einzelheiten der sozialrechtlichen Rahmenbedingungen sowie insbesondere die Umsetzung auf der Mesoebene wird im Folgenden eingegangen. So viel vorweg: Es wird sich zeigen, dass im Implementationsprozess (als Teil des Policy Cycle, ▶ Kap. 1.2) eine Reihe von Steuerungsintentionen der Makroebene wenn auch nicht umgekehrt, so doch zumindest kreativ umgedeutet wurden.

Altenpflege

Die bereits angesprochene Aufhebung der Privilegierung der frei-gemeinnützigen Anbieter im stationären Bereich führte erst durch Reformen der von den Ländern verantworteten Investitionskostenförderung sowie veränderte Bedingungen auf den Finanzmärkten tatsächlich zu einer Öffnung des Markts. Während die Kosten für die stationäre Pflege bis 1995 von den Pflegebedürftigen selbst bzw. in der Mehrheit der Fälle durch (ergänzende) Sozialhilfe getragen wurden, wird jetzt unterschieden zwischen den Pflegekosten im engeren Sinne (Kostenträger sind bis zu den gesetzlich festgelegten Höchstbeträgen die Pflegekassen), den Hotel- bzw. Unterkunftskosten (von Pflegebedürftigen bzw. dem Träger der Sozialhilfe zu finanzieren) sowie den Investitionskosten (die eigentlich durch die Länder finanziert werden müssten). In Bezug auf die Infrastruktur ist zu berücksichtigen, dass den Ländern die »Vorhaltung einer leistungsfähigen, zahlenmäßig ausreichenden und wirtschaftlichen pflegerischen Versorgungsstruktur« (§ 9 SGB XI) obliegt. Diesem Auftrag waren die Länder bereits vor der Einführung der Pflegeversicherung v. a. im Rahmen der Objektförderung nachgekommen. Die Mehrheit der Bundesländer kommt dem Auftrag nach § 9 SGB mittlerweile in Form der Subjektförderung nach, d. h. nicht die Erstellung der Immobilie wird subventioniert, sondern den Pflegebedürftigen wird (bei Einhaltung definierter Einkommensgrenzen) Pflegewohngeld gewährt. Damit wurde den Kommunen auch das Instrument einer Regulierung der (Pflege-)Märkte entzogen. Als Konsequenz hat sich in der stationären und v. a. in der ambulanten Pflege die Trägerstruktur in Richtung einer stärkeren Bedeutung privat-gewerblicher Anbieter verändert (▶ Kap. 1.3).

Es bleibt festzuhalten, dass im Bereich der Pflege mittlerweile von einem *Wettbewerb* zwischen Anbietern verschiedener Provenienz gesprochen werden kann – wenngleich in einigen Regionen zurzeit die Nachfrage sowohl nach stationärer als auch ambulanter Pflege das vorhandene Angebot übersteigt und die Pflegebedürftigen nur wenig Wahlmöglichkeiten haben. Der Sektor ist weiterhin stark reguliert (in Bezug auf Personalausstattung, bauliche Standards, Qualitätsüberprüfungen etc.) und alle Anbieter unterliegen sozialrechtlich denselben Anforderungen. Angesichts der Tatsache, dass aufgrund der demographischen Entwicklung die Auslastungsquoten wieder gestiegen sind und in einigen Regionen die Nachfrage das Angebot übersteigt, ist die Intensität des Wettbewerbs zwischen den Anbietern wieder gesunken. Eine wettbewerbliche Situation zeigt sich derzeit allerdings bei der Gewinnung von Fachkräften.

Die *Preisbildung* hingegen erfolgt weiterhin nicht nach marktlichen Prinzipien. An den Pflegesatzverhandlungen nehmen die Pflegekassen, die Anbieter bzw. deren Vertreter sowie die Träger der Sozialhilfe teil. Eine Beteiligung der Pflegebedürftigen (d. h. der eigentlichen Nachfrage) ist hingegen nicht vorgesehen. Hinzu kommt, dass die Preise nicht auf der Basis von Angebot und Nachfrage gebildet werden, sondern dem Prinzip der ›Wirtschaftlichkeit‹ entsprechen müssen. Hierfür legen die Anbieter den Kostenträgern eine Übersicht über Kosten und Leistungen vor. Von den stationären Pflegeheimen dürfen also im Prinzip nur kostendeckende Preise erhoben werden. In den letzten Jahren hat sich allerdings das Vergleichsverfahren stärker durchgesetzt, das besagt, dass Pflegeheime veranschlagte Preise auch durch Vorlage von Preisen vergleichbarer Einrichtungen begründen können.

Die *Autonomie des_der Kund_in* als drittes Merkmal einer möglichen Ökonomisierung ist u. a. aufgrund der skizzierten Preisfindungsprozesse weiterhin als begrenzt zu bezeichnen. Pflegebedürftige haben zwar eine Wahlfreiheit zwischen verschiedenen Anbietern (wenn das lokale bzw. regionale Angebot dies zulässt), die Entscheidung für die stationäre Pflege ist jedoch an die Bestätigung des Medizinischen Dienstes der Pflegekassen gebunden. Im Bereich der ambulanten Pflege hingegen ist die Autonomie der Pflegebedürftigen durch das Pflegeneuausrichtungsgesetz (PNG) weiter gestärkt worden: Nun können die Pflegebedürftigen nicht nur zwischen Geld-, Sach- und Kombinationsleistungen wählen. Die Leistungsanbieter wurden darüber hinaus dazu verpflichtet, nicht nur Leistungskomplexe zu vereinbarten Preisen, sondern auch eine Abrechnung nach Stunden anzubieten (vgl. für eine ausführliche Darstellung der Ökonomisierung im Pflegesektor Schneiders 2014 und 2015).

Behindertenhilfe

Die Behindertenhilfe verfügt über eine lange Tradition in Deutschland. Nach dem Ende des Nationalsozialismus, während dessen viele Menschen mit Behinderungen ermordet wurden, knüpften die religiösen Organisationen an die Traditionen des 19. Jahrhunderts wieder an. Bis in die 1970er Jahre erfolgte in Anknüpfung an die Vorkriegszeit eine Expansion v. a. stationärer Einrichtungen durch die großen konfessionell gebundenen Träger im Diakonischen Werk und Deutschen Caritasverband. Seit den 1970er Jahren wird die Forderung nach Ambulantisierung und höherer Selbstbestimmung durch Selbsthilfegruppen bzw. Elterninitiativen deutlich artikuliert – unterstützt durch den wissenschaftlichen Diskurs in Sozialpädagogik und Psychologie. Mit dem Inkrafttreten des SGB IX 2001 wurde dieser Paradigmenwechsel auch sozialrechtlich (nach-)vollzogen. Das neue Leitbild der Behindertenhilfe ist nicht mehr defizitorientiert und deklariert die Zielgruppen als »Objekt der Fürsorge« (Seifert 2012, S. 207), sondern fordert die selbstbestimmte Lebensführung mit Assistenz, im Rahmen derer die Betroffenen Arbeitgeberfunktionen ausüben. Dieser Paradigmenwechsel trägt insofern Züge einer Ökonomisierung, als Steuerungsaufgaben auf die Individuen übertragen wurden, die dann stärker als zuvor ihre Rolle als Nachfragende in einem marktlichen Austauschprozess übernehmen können.

Prägnantes Beispiel dieses Paradigmenwechsels ist die Einführung des sogenannten »Persönlichen Budgets« (▶ Kap. 2.2.3). Evaluationen zu Persönlichen Budgets zeigen jedoch, dass etablierte Strukturen und Routinen (vorhandene frei-gemeinnützige Infrastruktur) und Verhandlungsarrangements bzw. Netzwerke mit kommunalen Kostenträgern die Umsetzung personenorientierter Konzepte wie bspw. des Persönlichen Budgets beeinträchtigen (Barth 2011). Von daher überrascht es nicht, dass sich bislang nur eine Minderheit der potenziellen Inanspruchnehmer_innen für das Persönliche Budget entschieden hat. Die Diskussion um Persönliche Budgets beschränkt sich nicht nur auf Deutschland (vgl. Baumgartner 2009), allerdings ist die Inanspruchnahme uneinheitlich: in Staaten, in denen Persönliche Budgets bereits in den 1990er Jahren eingefügt waren (Großbritannien und Niederlande) ist von maximal zehn Prozent der potenziellen Inanspruchnehmer_innen auszugehen. In Schweden hingegen hat die Einführung zu einer stärkeren Verringerung stationärer Wohnformen beigetragen (da das Persönliche Budget nur ambulant in Anspruch genommen werden kann). Geschaffene Spielräume werden von den Nutzer_innen nur partiell genutzt. Hierfür sind die Höhe der genehmigten Budgets, aber auch die vorhandenen Infrastrukturen und die Kompetenzen der Zielgruppen verantwortlich. Zumindest ein Teil der noch zögerlichen Inanspruchnahme dürfte auch auf korporatistische Strukturen zurückzuführen sein. Die *Preisbildung* im Sektor findet jenseits der Persönlichen Budgets weiterhin in Verhandlungen zwischen Kostenträgern (Reha-Träger, Träger der überörtlichen Sozialhilfe etc.) und den Leistungserbringern statt und auch ein *Wettbewerb* zwischen verschiedenen Anbietertypen ist im weiterhin insbesondere von den kirchlichen Wohlfahrtsverbänden dominierten Sektor nicht erkennbar. Welche Auswirkungen das BTHG und die hier neu strukturierte unabhängige Teilhabeplanung sowie die trägerübergreifenden Budgets auf die Autonomie der Adressat_innen haben werden, bleibt abzuwarten.

Frühkindliche Bildung und Erziehung

Als besonders prägnantes Beispiel einer sozialinvestiven Sozialpolitik kann der Ausbau der Kindertagesbetreuung angeführt werden. Auch in der Kinderbetreuung lösten die Novellierung der sozialrechtlichen Grundlage des KJHG (SGB VIII), insbesondere aber die länderspezifischen Gesetze zur Kinderbetreuung, eine erhebliche Bewegung aus (vgl. für einen Überblick die Fallstudie Kindertagesbetreuung in Hielscher et al. 2013).

Im Prinzip knüpft die derzeitige doppelte Funktion der Kinderbetreuung als (familienergänzende Erziehungs- bzw. Sozialisationsinstitution) wieder an die Anfänge der Kinderbetreuung ab Mitte des 19. Jahrhunderts an. Die damaligen Angebote wurden v. a. von den Kirchen sowie dem Fröbelverband angeboten. Eine Expansion des Betreuungsangebots sowie eine stärkere pädagogische Ausrichtung erfolgten seit Anfang des 20. Jahrhunderts. Die Vorhaltung der Kinderbetreuungsinfrastruktur obliegt den Kommunen, die diese Aufgabe jedoch auch auf Freie Träger übertragen können. Als Träger sind im Sektor sowohl die Kommunen selbst als auch Kirchen, Freie Träger und eine kleine, aber steigende Zahl privat-gewerblicher Anbieter aktiv.

Angesichts der Trägerstruktur und Entwicklungstendenzen kann also von einer *wettbewerblichen* Situation gesprochen werden. Allerdings ist in den allermeisten Städten und Gemeinden keine marktliche Struktur erkennbar, da trotz erheblicher Anstrengungen in den letzten Jahren (u. a. durch Förderung des Bundes) ein erheblicher Nachfrageüberhang, insbesondere in der Betreuung der unter Dreijährigen besteht. Während deutschlandweit die Betreuungsquote der über Dreijährigen bei 93,4 % lag, werden nur 33,1 % der unter Dreijährigen außerhäuslich betreut. Darüber hinaus bestehen erhebliche regionale Unterschiede (Destatis/WZB 2016).

Die Finanzierung der Angebote der Freien Träger erfolgt durch die Länder bzw. Kommunen sowie Elternbeiträge. In den Bundesländern werden dabei sehr unterschiedliche Förderphilosophien verfolgt: Während in Rheinland-Pfalz das Land einen Großteil der auf kommunaler Ebene entstehenden Kosten übernimmt und die Eltern grundsätzlich beitragsfrei gestellt sind, gewähren andere Länder den Kommunen kindbezogene Pauschalbeiträge, die ggf. durch Elternbeiträge und/oder Trägerbeteiligungen ergänzt werden müssen. Den Kommunen ihrerseits obliegt die Festsetzung von Elternbeiträgen durch Satzung. Dies führt zu erheblichen Unterschieden auch innerhalb von Bundeländern zwischen ›reichen‹ Kommunen, die auf die Erhebung von Elternbeiträgen verzichten (bspw. Düsseldorf), andere Kommunen aber Beiträge über 500 Euro (Gelsenkirchen) erheben. Die Preisbildung erfolgt insofern nicht in Verhandlungen zwischen Dienstleistungserbringer und Inanspruchnehmer_in, sondern wird politisch (und in Abhängigkeit von der kommunalen Haushaltslage) festgelegt. Hinzu kommt, dass die Elternbeiträge keine einheitliche Höhe aufweisen, sondern in den meisten Städten und Gemeinden in Abhängigkeit vom Einkommen der Eltern, der Zahl der Kinder in der Familie etc. gestaffelt wird. Die Preisbildung ist insofern staatlich gesteuert und ohne Verhandlungsspielräume für die Inanspruchnehmer_in – sieht man von der kleinen Zahl privater Kitas ab, die – sofern sie ohne öffentliche Zuschüsse arbeiten – Elternbeiträge bis zu 1.500 Euro pro Monat erheben. Solange die Nachfrage das Angebot in der dargestellten Weise übersteigt, ist auch die Kundensouveränität stark eingeschränkt. Die Elternmitwirkung ist zwar in allen Kita-Gesetzen geregelt, reicht jedoch über Informationsrechte meist nicht hinaus. Lediglich Hamburg hat mit der Einführung eines Gutscheinsystems versucht, den Eltern eine größere Autonomie bei der Wahl der Einrichtung zu übertragen – auch hier stößt das Instrument angesichts fehlender Plätze jedoch an seine Steuerungsgrenzen (zur Umsetzung des Gutscheinsystems vgl. die Beiträge in Betz et al. 2010).

> **Reflektionsaufgabe JugendJetzt**
>
> Überlegen Sie, inwiefern im Bereich der Hilfen zur Erziehung Ökonomisierungsaspekte erkennbar sind: Haben die Adressat_innen Wahlfreiheit bzgl. des Trägers bzw. der Form der Hilfe (Autonomie)? Sind die Adressat_innen an der Preisbildung beteiligt und verläuft diese nach marktwirtschaftlichen Prinzipien? Und: Ist die Trägerlandschaft quantitativ und qualitativ so ausgebaut, dass von einer wettbewerblichen Situation gesprochen werden kann?

5.1.3 Bewertung

Die Integration betriebswirtschaftlicher Steuerungsinstrumente in die Kommunalverwaltung sowie der Neuzuschnitt von Fachressorts auf kommunaler Ebene haben dazu geführt, dass die den sozialen Dienstleistungssektor bis in die 1990er Jahre weitgehend konkurrenzlos dominierenden Wohlfahrtsverbände unter Druck geraten sind, ihrerseits stärker ökonomisch zu handeln Eingebettet ist sowohl die kommunale Verwaltungsreform als auch die Modernisierung sozialer Dienste in den gesamtgesellschaftlichen Trend der Ökonomisierung, der sich auch auf anderen Ebenen des sozialpolitischen Agenda-Settings wiederfindet (vgl. auch Labitzke 2011 und Lessenich 2012).

»Kritiker der Integration marktlicher Steuerungsmechanismen problematisieren die Folgen der Ökonomisierung und Privatisierung als Entprofessionalisierung der Sozialen Arbeit. Einer solch strikten Ablehnung stärkerer marktorientierter Steuerungselemente kann entgegengehalten werden, dass sich Vermarktlichungstendenzen nicht nur in Form einer stärkeren Effizienzorientierung und der Einführung betriebswirtschaftlicher Instrumente, sondern sich auch in einer veränderten Wahrnehmung der Zielgruppen sozialer Dienste zeigen. Zumindest in Teilbereichen ist es durch die Umsteuerung der Sozialpolitik (bspw. durch Persönliche Budgets in der Behindertenhilfe) ansatzweise gelungen, die Zielgruppen in ihrer Handlungsautonomie und Selbstbestimmung zu stärken und somit zumindest partiell in die Rolle von »Marktteilnehmern« zu versetzen« (Heinze/ Schneiders 2014: 48). Hinzu kommt, dass »durch die Stärkung der Steuerungs- und Kontrollfunktionen der Leistungsträger [...] die freie Wohlfahrtspflege somit immer mehr auf ihre Rolle als Dienstleistungserbringer verwiesen [wird], mit der Auflage, die Wirksamkeit ihrer Angebote nach außen zu legitimieren. Dies impliziert aber auch neue Chancen der Professionalisierung« (Boecker 2016, S. 12).

Wenn auch Ökonomisierungsstrategien weiterhin kritisch wahrgenommen werden, sind sie mittlerweile in die Strukturen der jeweiligen Organisationen integriert.

> »Als externer Schock ruft Ökonomisierungsdruck bei den meisten Organisationsmitgliedern – von der Arbeitsebene bis hin zu den Entscheidungsträgern – typischerweise zunächst einmal ein ungläubiges Den-Kopf-in-den-Sand-Stecken hervor: Das kann doch nicht wahr sein! Aus dieser kognitiven Verweigerung wird schnell eine normative: Das darf doch nicht wahr sein! Man hat sich nichts vorzuwerfen. Man hat – in der Selbstwahrnehmung – nicht verschwenderisch agiert, sondern alles Getane hatte und hat seine sachliche Berechtigung. Im Gegenteil: Mehr tun zu können, wäre höchst wünschenswert oder gar geboten gewesen – umso fataler jetzt die Mittelkürzungen! Der Staat entzieht sich seiner Verantwortung. Das darf man nicht mitmachen! Aber außer anfänglicher Verweigerung, die schließlich in eine resignierte Exekution des Unabwendbaren im Sinne einer meist nicht sehr findigen Verwaltung des Mangels übergeht, fällt einem nichts ein« (Schimank 2008, S. 226; vgl. auch die weiteren Beiträge in Maurer/Schimank 2008).

Die Debatte um einen Wandel der Steuerungsprinzipien in der Sozialpolitik wird auch dadurch befördert, dass neue Anbieter sozialer Dienste in die Arena eintreten, die sich nach außen öffentlichkeitswirksam als Social Entrepreneurs definieren (▶ Kap. 5.3). In diesem Zusammenhang ist auch die Zunahme ökonomischer Begründungen für sozialpolitische Maßnahmen (Wirkungsmessung und -forschung, ▶ Kap. 4) zu sehen. Der investive Charakter der Interventionen (Sozialinvestitionen) wird stärker betont. Seit der Finanzmarktkrise ist andererseits eine Renaissance traditioneller solidarökonomischer Ansätze (bspw. Genossenschaften) erkennbar; aber auch die Forderung nach einer höheren Effizienz der Sozialpolitik bleibt auf der Agenda.

Festzuhalten bleibt, dass die beschriebenen Ökonomisierungs- und Privatisierungstendenzen nicht zu gravierenden Veränderungen im Bezug auf die Leistungserbringer geführt haben. So verfügen die großen deutschen Wohlfahrtsverbände in fast allen Bereichen des sozialen Dienstleistungssektors weiterhin über eine zentrale Bedeutung (▶ Kap. 1.3). Lediglich im Bereich der Altenpflege haben privat-gewerbliche Anbieter wesentliche Marktanteile hinzugewinnen können. Die Behindertenhilfe hingegen bleibt wohlfahrtsverbandlich dominiert. Gleichwohl haben die Wohlfahrtsverbände als zentrale Träger auf die Veränderungen des sozialpolitischen Regimes reagiert. Die Auswirkungen zeigen sich u. a. in der Struktur der Beschäftigten (▶ Kap. 1.3). Die Einführung betriebswirtschaftlicher Instrumente der Unternehmensführung und -steuerung stand dabei zunächst im Mittelpunkt (vgl. u. a. Merchel 2011; Boeßenecker 2012). In den letzten Jahren hat darüber hinaus die Wirkungsmessung an Bedeutung gewonnen (vgl. die Beiträge in Eppler et al. 2011). Dieser Prozess wurde von einem Teil der Akteure der Sozialen Arbeit als »Ökonomisierung« bzw. »Verbetriebswirtschaftlichung« diskreditiert (vgl. für eine differenzierte Auseinandersetzung

Möhring-Hesse 2008). Der rasante Anstieg der Zahl der Studiengänge des Sozialmanagements und der Sozialwirtschaft zeigt jedoch, dass die Notwendigkeit einer stärkeren Berücksichtigung betriebswirtschaftlicher Kompetenzen von einem erheblichen Teil der etablierten Akteure erkannt worden ist.

Zudem haben sich die Sozialen Dienste in Deutschland zunehmend auch im Blick der politischen Akteure als ein wichtiges Beschäftigungsfeld bestätigt und gelten als »Fundament sozialstaatlicher Wirksamkeit« (Schroeder 2012). Mehr als zwölf Prozent der Beschäftigten arbeiten inzwischen im Gesundheits- und Sozialwesen, mit steigender Tendenz. Alle vorliegenden Prognosen zur weiteren Entwicklung gehen von einem wachsenden Anteil des sozialen Dienstleistungssektors an der Gesamtbeschäftigung aus, allerdings ist hier auch eine *Polarisierung* der Beschäftigungschancen zu beobachten (▶ Kap. 3.1). Befristete Beschäftigungsverhältnisse sind in den letzten Jahren ausgeweitet worden; rund zwei Drittel der Neueinstellungen im Bereich sozialer Dienste sind in Deutschland inzwischen befristet (vgl. Dathe et al. 2012). In den kommenden Jahren wird sich die Situation aufgrund sich bereits heute abzeichnender demographischer und sozialstruktureller Entwicklungstrends eher noch verschärfen. Auch wenn sich die Prognosen hinsichtlich der zu erwartenden Größenordnungen zum Teil erheblich unterscheiden, herrscht weitgehend Einigkeit darüber, dass in Zukunft von steigenden Bedarfen im Bereich sozialer Dienstleistungen auszugehen ist.

Zu berücksichtigen sind jedoch auch die Auswirkungen der Ökonomisierung auf das Image der Wohlfahrtspflege. In der Zeitschrift »Wohlfahrt Intern« werden regelmäßig Berichte zu Insolvenzen von Sozialunternehmen, Betrugsfällen sowie Entlassungen von Führungskräften thematisiert.

5.1.4 Fazit

Aufgrund der Besonderheiten der sozialen Dienstleistungen, insbesondere der vorhandenen Informationsasymmetrie über die Notwendigkeit und Qualität von Leistungen sowie der für einen Erfolg erforderlichen Ko-Produktion durch den_die Kund_in bzw. Klient_in entzieht sich der Sektor zumindest partiell marktlichen Steuerungsmechanismen. Es handelt sich daher allenfalls um ›Quasi-Märkte‹, d. h. um ein politisch komplexes Dreiecksverhältnis zwischen öffentlichen Gewährleistungs- und Kostenträgern, Klient_innen und frei-gemeinnützigen Leistungsträgern und eben nicht um Marktbeziehungen zwischen zwei Akteuren. Dies gilt v. a. für Beratungs- bzw. Unterstützungsleistungen, denen neben der Beseitigung bzw. Reduzierung individueller Problemlagen auch eine gesamtgesellschaftliche Integrationsfunktion innewohnt (bspw. in der Suchthilfe sowie der Straffälligenhilfe). Aus der Ökonomisierung können auch Effizienz- und Effektivitätsverluste resultieren, bspw. durch erhöhte Dokumentationspflichten (vgl. Schimank 2018, S. 11).

»Jenseits einer unreflektierten Ökonomisierung erwachsen aus einer stärker ökonomischen Betrachtung der sozialen Dienste aber auch Chancen. Die Bezeichnung der von der Sozialen Arbeit erbrachten Leistungen als (Wirtschafts-) Sektor in Abgrenzung zu anderen industriellen bzw. primären Sektoren ermöglicht die Besonderheiten des Sektors in Bezug auf Produktionsformen etc.« (Heinze/Schneiders 2014: 63) herauszustellen, gleichzeitig aber auch die volkswirtschaftliche Bedeutung zu unterstreichen. Während die ›Übergriffe‹ des Ökonomischen in das Soziale in Form der Übernahme (betriebs-)wirtschaftlicher Instrumente unter dem Stichwort der Ökonomisierung durch die Soziale Arbeit v. a. kritisch, teilweise auch strikt ablehnend bewertet wurden, hat das Aufgreifen ›sozialer‹ im Sinne von ›gesellschaftszuträglicher‹ bzw. ›gemeinwohlorientierter‹ Handlungsmuster in erwerbswirtschaftlichen Unternehmen, die unter dem Begriff der Corporate Social Responsibility (CSR) diskutiert und umgesetzt werden, bislang nur marginal die Aufmerksamkeit der Sozialarbeitswissenschaft auf sich gezogen. Ähnliches gilt für neue bzw. wiederbelebte Modelle gemeinwirtschaftlichen bzw. gemeinwohlorientierten Wirtschaftens, wie sie bspw. in Sozialgenossenschaften umgesetzt werden (vgl. Elsen 2012).

Erforderliche Innovationen sind im sozialen Dienstleistungssektor nur über eine stärkere Verknüpfung von fachlichem Diskurs und betriebswirtschaftlichen Erwägungen erreichbar. Nach einer Phase der kategorischen Ablehnung durch einen Teil von Wissenschaft und Fachkräften auf der einen und der unreflektierten Übernahme betriebswirtschaftlicher Organisationsmodelle auf der anderen Seite, scheint sich in den letzten Jahren die Position durchzusetzen, dass ökonomische Erkenntnisse und betriebswirtschaftliche Instrumente die fachliche Arbeit ggf. auch unterstützen können. Die für eine ökonomische Betrachtung von Sozialer Arbeit erforderlichen Kennziffern für eine Wirkungsmessung (▶ Kap. 4) können nur unter Berücksichtigung der fachlichen Expertise der Fachkräfte entwickelt und erhoben werden.

Eine umfassende Ökonomisierungsstrategie ist allerdings begrenzt, weil zentrale marktwirtschaftliche Prinzipien wie die Skalierung (Wachstum) zumindest in Teilbereichen nicht anwendbar sind. Dies betrifft zum einen soziale Dienstleistungen, die primär gesellschaftlich induziert sind (Straffälligenhilfe). Hier ist das langfristige Ziel ja, dass die Adressat_innen ohne weitere Unterstützung in der Gesellschaft leben können. Wachstum würde hier bedeuten, dass eine zunehmende gesellschaftliche Desintegration wünschenswert ist. Hinzu kommt, dass Ökonomisierungstrends auch in einigen sozialpolitischen Feldern wie bspw. dem Kinderschutz erkennbar sind, die sich einfacher Berechnungen entziehen (vgl. Bode 2012).

Eine Perspektive zur Lösung des Kostenproblems im sozialen Dienstleistungssektor könnte in der Digitalisierung bzw. dem verstärkten Einsatz von assistiven Technologien liegen, auf die im Folgenden eingegangen wird.

5.2 Digitalisierung und Technisierung

Die globale Verbreitung des Internets sowie die Integration von digitaler Technik in immer mehr Prozesse und Geräte sind für alle Wirtschaftsbranchen von hoher Relevanz. Der Fachverband Informationstechnologie in Sozialwirtschaft und Sozialverwaltung e. V. (FINSOZ) definiert das Phänomen der Digitalisierung folgendermaßen:

Digitalisierung
»Digitalisierung bezeichnet einen durch technische Innovationen und Technik-Durchdringung getriebenen Wandel aller gesellschaftlichen Bereiche von der Arbeitswelt über die Freizeit bis hin zu sozialen Beziehungen. Sie ist Antwort und Treiber zugleich für verschiedene Prozesse der Individualisierung. Zunehmend prägende Merkmale sind die Verbindung von Gegenständen aller Art mit dem Internet (Internet of Things) sowie der Ersatz oder die Ergänzung menschlicher Denk- und Kommunikationsleistungen und komplexer Handlungen durch Computer und Roboter« (FINSOZ 2017, S. 2).

Für die Sozialwirtschaft ist die Digitalisierung in mehrfacher Hinsicht bedeutsam: als Anlass Sozialer Arbeit (bspw. im Kontext von Cybermobbing oder Suchterkrankungen, die durch exzessive Internetnutzung ausgelöst werden können), aber auch in Bezug auf die Veränderung von (Arbeits-)Prozessen. Dies betrifft sowohl Verfahren innerhalb sozialwirtschaftlicher Organisationen als auch außerhalb im Kontakt mit den Adressat_innen (Social Media zur Zielgruppenansprache, Online-Beratungstools etc.). Einen systematischen Überblick bietet die folgende Graphik (▶ Abb. 9).

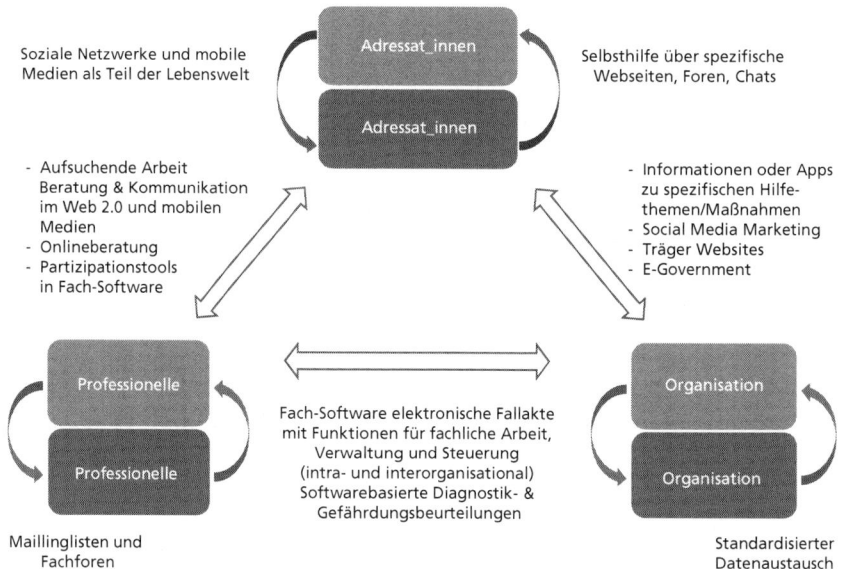

Abb. 9: Mediatisierungsdimensionen Sozialer Arbeit (Quelle: Kutscher, Nadia/Ley, Thomas/Seelmeyer, Udo (2014): Mediatisierte Lebens- und Arbeitswelten. Herausforderungen der Sozialen Arbeit durch die Digitalisierung, in: Blätter der Wohlfahrtspflege, 161 (3), 87–90)

5.2.1 Relevanz für die Soziale Arbeit bzw. Sozialwirtschaft

In der Sozialen Arbeit gehört die Nutzung von digitalen Medien längst zum Alltag: So werden Dokumentationen mittels PC und oder Tablet/Notebook digital geführt oder zumindest gespeichert; Kostenkalkulationen, wie sie in Kapitel 2 vorgestellt wurden, sind nur unter Nutzung von digitalen Kalkulationsprogrammen wie bspw. MS Excel erstellbar. Während automatisierte Diagnose- und Therapieverfahren (noch) die absolute Ausnahme darstellen, ist die Nutzung von onlinebasierten Medien zur Zielgruppenansprache (Social Media), zur (Online-)Beratung sowie zur Dokumentation und Planung (Klient_innenakten, Dienstplanung, Leistungsabrechnung) wenn auch nicht die Regel, so doch weit verbreitet. Im Vergleich zu anderen Branchen ist die Durchdringung mit digitaler Technik allerdings noch unterdurchschnittlich und konzentriert sich auf Managementfunktionen sowie relativ einfache technische Hilfsmittel wie den ›Hausnotruf‹ (Hilbert et al. 2018, S. 214).

Zu den ›Nebenwirkungen‹ der Digitalisierung gehört, dass durch die neuen Möglichkeiten der Datennutzung und -verbreitung neue Zielgruppen der Sozialen Arbeit entstehen (bspw. Menschen mit Suchterkrankungen, Täter_innen bzw. Opfer von Cybermobbing) bzw. vulnerable Gruppen insbesondere von den Risiken der Digitalisierung betroffen sind. Hierzu gehören Menschen, die durch Online-Shops und entsprechende Werbung dazu verleitet werden, Produkte und Dienstleistungen zu bestellen, die sie nicht bezahlen können. Auf diese neuen Bedarfe soll im Folgenden nicht weiter eingegangen werden. Vielmehr sollen die Aspekte von Digitalisierung bzw. Technisierung erörtert werden, die Einfluss auf ökonomische Prozesse innerhalb und zwischen (sozialwirtschaftlichen) Organisationen ausüben (vgl. für einen Überblick Becka et al. 2017). Hierzu gehören insbesondere Veränderungen in Arbeitsprozessen. Die Digitalisierung – so die These – ermöglicht eine partielle Aufhebung bzw. Aufweichung des Uno-actu-Prinzips. Dieses Prinzip der Gleichzeitigkeit von Dienstleistungserstellung und -inanspruchnahme gehört insofern zu den ›Kostentreibern‹ sozialer Dienstleistungen, als daraus ein hoher Personalaufwand resultiert. Im Bereich der Face-to-Face-Beratung müssen Infrastrukturen finanziert werden, auch wenn gerade kein_e Klient_in beraten wird, bei kurzfristigen Terminausfällen wird Personal vorgehalten, obwohl keine Beratungsstunden abgerechnet werden können. Durch die Digitalisierung ist es möglich, Beratungsprozesse auch zeitversetzt und somit ggf. effizienter zu erbringen. Darüber hinaus können durch Soziale Medien neue Zielgruppen und Märkte erschlossen werden, letzteres insbesondere in Kooperation mit Anbietern bzw. Herstellern von Hard- und Software, wie technischen Assistenzsystemen.

5.2.2 Praxisbeispiele

Einen guten Überblick über »Bisheriges Wissen über Entwicklungsstand, Nutzung und Wirkungen der Digitalisierung in der Sozialwirtschaft« bietet die gleichnamige Tabelle in Hilbert et al. (2018, S. 212f.) sowie die Beiträge in Hagemann 2017 und Kreidenweis 2018a. Grundsätzlich lässt sich festhalten, dass die einzelnen Handlungsfelder der Sozialen Arbeit in unterschiedlicher Form von Digitalisierung- und Technisierungsprozessen betroffen sind. Während die Jugendarbeit schon traditionell ein Bereich medienpädagogischer Arbeit ist (Kutscher/Seelmeyer 2017), der öffentlich finanziert ist, hat sich das Feld der Altenhilfe mittlerweile für einige (auch gewerbliche) Anbieter technischer Assistenzsysteme zu einem echten Wachstumsmarkt entwickelt (vgl. Heinze/Schneiders 2018).

Im Folgenden sollen zwei Praxisbeispiele der Integration von digitalen Medien und Technologien in die Sozialwirtschaft etwas näher vorgestellt werden. Es wurden Beispiele ausgewählt, die bereits über einen relativ hohen Reife- bzw. Verbreitungsgrad verfügen.

Online-Beratung

Beratung ist traditionell ein Face-to-Face-Prozess. Aber bereits die Telefonberatung hat dieses Prinzip aufgehoben. Seit den 1990er Jahren haben die kirchlichen Beratungsstellen diese Telefonberatung um internetgestützte Angebote erweitert (vgl. für einen historischen Rückblick Eichenberg/Kühne 2014). Die These, »dass Beratung in sozialberuflichen und psychosozialen Handlungsfeldern heutzutage nur noch mit Bezug zu ihren Onlinevarianten denkbar ist« (Engel et al. 2018) ist vielleicht etwas pointiert, es zeigt sich jedoch, dass eine Vielzahl der psychosozialen Beratungsstellen (ca. 80 %) tatsächlich auf Facebook aktiv ist und ca. 20 % dieser Beratungsstellen neben anderen Kontaktmöglichkeiten auch die direkte Online-Beratung anbieten (Eichenberg et al. 2016, S. 38). Während die Effektivität psychosozialer Online-Beratung in vielen – auch internationalen – Studien belegt wurde (ebd., S. 35), steht der Nachweis der Effizienz durch den Einsatz von Informationstechnologie noch aus (Merchel/Tenhaken 2015, S. 182). Im Zusammenhang mit der Nutzung interaktiver Tools, wie bspw. der Familienaufstellung am Bildschirm oder Programme zur Angstbewältigung (Lang 2015, S. 97), sind Kostenvorteile (aufgrund fehlender Reise-/Fahrkosten, Wegfall von Raumkosten etc.) erwartbar. Auch der Einsatz von Software, mittels derer eine automatische Auswertung von Texten, die in Online-Beratungskontexten seitens der Adressat_innen verfasst werden, möglich ist, würde zu Einsparungen führen. Inwiefern diese automatischen Auswertungen dann verlässliche Diagnosen erlauben, ist allerdings (noch) umstritten (Lang 2015, S. 96). Systematische Studien über Veränderungen in der Kostenstruktur durch den Einsatz dieser neuen Methoden liegen noch nicht vor.

Neben der psychosozialen Beratung gehört die Erziehungsberatung zu den Feldern mit einem hohen Online-Verbreitungsgrad. Im Gegensatz zur psychosozialen Beratung hat sich hier ein öffentlich finanziertes bundesweites Beratungsangebot etabliert: die Erziehungsberatung der bke (Bundeskonferenz Erziehungsberatung). Dieses sich sowohl an Eltern als auch an Jugendliche (zwischen 14 und 21 Jahren) richtende Angebot wurde bereits 2003 zunächst als vom Bundesfamilienministerium gefördertes Modellprojekt eingeführt. Mittlerweile wird das Angebot von allen 16 zuständigen Landesministerien sowie den Kommunalverbänden gemeinsam finanziert. Auf zwei Homepages (www.bke-jugendberatung.de und www.bke-elternberatung.de) stehen verschiedene Tools der Online-Beratung zur Verfügung (webbasierte Mailberatung, Gruppen- und Themenchats, Diskussionsforen). Durch offene Sprechstunden ist eine synchrone Beratung in Krisensituationen möglich. Über eine Schnittstelle zwischen den beiden Angeboten können Gespräche auch zwischen den beiden Zielgruppen (Eltern und Jugendliche) geführt werden. Ein Großteil des Angebots ist nur nach Registrierung zugänglich. Auch im Forum können nur registrierte Nutzer_innen eigene Beiträge posten, das Lesen ist auch ohne vorherige Registrierung möglich. Aktuell sind über 83.000 Nutzer_innen registriert (Stand August 2018). Auch in Bezug auf die bke Erziehungsberatung ist eine Einschätzung der Effekte schwierig: Da die bke aus Datenschutzgründen keine personenbezogenen Verlaufsdaten speichert und auch eine Verbindung der Daten mit Fallakten auf kommunaler Ebene nicht erfolgt, sind Aussagen über die Bedeutung der Online-Beratung als Ersatz oder Komplementär von vorhandenen Beratungssettings nicht möglich. Es ist also möglich, dass durch die Online-Beratung stationäre Beratungsstellen entlastet werden (und somit weniger Kosten für die öffentliche Hand entstehen). Ggf. werden aber durch die Online-Beratung Zielgruppen erreicht, die ansonsten keinerlei Beratungsangebote in Anspruch nehmen würde. Letzteres wäre aus fachlicher Sicht zu begrüßen, aus rein ökonomischer Perspektive der verantwortlichen Kommunen wäre die Online-Beratung dann aber ein zusätzlicher Kostenfaktor.

Technische Assistenzsysteme für ältere und Menschen mit Behinderung

Technische Hilfen können maßgeblich dazu beitragen, Menschen in besonderen Lebenslagen bzw. -situationen wie hilfe- bzw. pflegebedürftige ältere Menschen, Menschen mit Behinderung, chronisch Kranke etc. zu ermöglichen, in der eigenen Wohnung zu leben. So können bspw. digital gesteuerte Tablettendosen die oft problematische Medikamenteneinnahme steuern und Sensormatten oder Ortungs- und Schutzsysteme auf Notfälle hinweisen. Die Marktpotenziale im Bereich der technischen bzw. digitalen Assistenzsysteme für ältere Menschen ist längst auch von der gewerblichen Wirtschaft erkannt worden. Die Digitalisierung hat auch dazu beigetragen, dass technische Regelsysteme bspw. durch Touchscreens und/oder Spracherkennung einfacher bzw. intuitiver zu bedienen sind und damit für Menschen mit und ohne Behinderung gleichermaßen geeignet sind (Kreidenweis 2017, S. 164). Besondere Apps wie »wheelmap« erlauben es Rollstuhlfahrern, öffentliche Ort auf Online-Karten hinsichtlich ihrer Barrieren(-Freiheit) zu überprüfen (Koval 2017, S. 54).

Viele Maßnahmen im Bereich der assistiven Technologien haben sich jedoch (bislang) nicht durchgesetzt. Dies ist zum einen auf strukturelle Ursachen zurückzuführen, wie bspw. die fehlende Re-Finanzierung durch Kostenträger sowie der Widerstand eines Teils der Ärzte bspw. gegen telemedizinische Maßnahmen. Darüber hinaus zeigen jedoch alle Studien und Projekte, dass Akzeptanz und Einsatz technischer Assistenzsysteme bei besonders vulnerablen Gruppen (wie

Hochaltrigen) nur dann gelingen kann, wenn die Technik durch persönliche Beratungsangebote flankiert wird (Schneiders et al. 2011; Schneiders/Lindert 2015). Hinzu kommt die fehlende Vertrautheit der heute Hochaltrigen mit Smartphones und Computern. Nach der Generali-Altersstudie (Generali Zukunftsfonds/Institut für Demoskopie Allensbach 2013) sind die unter 60-Jährigen in Deutschland fast vollständig mit Handys versorgt, während es bei den 80- bis 85-Jährigen nur noch gut ein Drittel ist. Empirische Untersuchungen aus dem Feld der Smart-Home-Technologien bestätigen zwar, dass Bedenken bzgl. der Privatheit eine Barriere der Techniknutzung darstellen, andererseits zeigte sich, »[...] dass Ältere bereit waren, einen Teil ihrer Privatsphäre aufzugeben, wenn durch den Einsatz von Technik die Unabhängigkeit in den eigenen vier Wänden erhalten werden konnte« (Oswald/Wahl 2016, S. 123). Generell ist demnach die Akzeptanz technologischer Innovationen altersabhängig und stark vom konkreten Nutzen determiniert.

Technische Assistenzsysteme wie bspw. Elektro-Rollstühle, Sprachcomputer, Cochlea Implantate etc. tragen bereits seit Jahrzehnten zu einer verbesserten Teilhabe von Menschen mit Behinderung bei. Durch die Integration von digitaler Technik konnten vorhandene Geräte verbessert werden (wie Spracherkennungssoftware).

Risiken und Chancen

Die Bewertung der Auswirkungen der Digitalisierung auf die Sozialwirtschaft ist ambivalent. Kritik wird bspw. an der fehlenden Qualitätssicherung von Online-Beratungsleistungen geübt. So wird auf den Homepages der Anbieter nicht immer angegeben, wer die Online-Beratung durchführt und ob es sich um spezifisch qualifiziertes Personal handelt. Die Qualitätskontrolle wird hierdurch zumindest erschwert (Eichenberg/Aden 2015). Bei den Angeboten der bke sind jedoch alle Beratungspersonen mit Kurznamen und Qualifikationsprofil (Ausbildung und berufliche Tätigkeit) sowie teilweise auch persönlichen Merkmalen (Familiensituation) angegeben. In eine ähnliche Richtung weist die Kritik, dass »Dokumentationsprogramme etwa in der Beratung [...] nicht selten eine terminologische Engführung komplexer Problem- oder Lebenswelten« (Engel et al. 2018, S. 110) erfordern.

Online-Beratung ist mittlerweile mehr als nur ein niedrigschwelliger Einstieg in die Präsenzberatung. Das besondere Setting ermöglicht vielmehr auch das Erreichen von Zielgruppen, die ein herkömmliches Face-to-Face-Beratungsangebot nicht in Anspruch nehmen würden (Wandhoff 2016). Digitale Angebote ermöglichen also den Zugang auch zu Personengruppen, die mit traditionellen Settings nicht erreicht werden können. Die Barrieren können dabei sowohl mentaler als auch ganz trivial faktischer Art sein. So ist das Aufsuchen der Beratungsstelle eines kirchlichen Wohlfahrtsverbands für Jugendliche muslimischen Glaubens nicht unbedingt naheliegend. Und für einen Menschen mit Mobilitätseinschränkungen ist eine Pflegeberatungsstelle, die nur vereinzelte Sprechstunden in einem Büro im Landkreisamt anbietet, nur schwer erreichbar.

Dem kann entgegengehalten werden, dass sich die Niedrigschwelligkeit beim Zugang zu Online-Angeboten für diejenigen, die nicht über eine gewisse »Literacy im Umgang mit Online-Beratung verfügen und ihre Probleme und Fragestellungen mediumsadäquat präsentieren können« (Engel/Nestmann/Sickendiek 2018, S. 109), in eine Barriere verwandeln kann. In eine ähnliche Richtung weist die Kritik, dass die Nutzung digitaler Technik ja nur mit den entsprechenden Geräten möglich ist, über die ein Teil der potenziellen Zielgruppen aufgrund fehlender ökonomischer Ressourcen nicht verfügt. Hier wird die Verschärfung sozialer Ungleichheit durch Digitalisierung befürchtet.

Ein weiterer wesentlicher Kritikpunkt fokussiert den Datenschutz. So birgt ein Teil der technischen Assistenzsysteme die Gefahr einer Überwachung, die nicht nur den Anforderungen an den Datenschutz widerspricht, sondern auch die Würde des Menschen bzw. dessen Recht auf Selbstbestimmung untergräbt (Selke 2016, S. 328). Social-Media-Plattformen wie Facebook sind aufgrund der Datenspeicherung und ggf. -weitergabe an Dritte kein geeignetes Medium für Online-Beratung, sie sind ausschließlich für die Zielgruppenansprache und Weitergabe allgemeiner Informationen geeignet. Online-Beratungsangebote wie bspw. die bke-Beratung arbeiten mit hohen Verschlüsselungsstandards und transparenten und weitreichenden Regeln zum Datenschutz. Durch die Digitalisierung entstehen neue Bedarfe in der Durchsetzung des Rechts auf informationelle Selbstbestimmung insbesondere für vulnerable Gruppen wie Kinder und Jugendliche, Ältere und alle, die über keine ausreichenden Kenntnisse über die Möglichkeiten der Auswertung von Big Data verfügen.

Auf der anderen Seite vereinfachen und beschleunigen digitale Medien die Kommunikation zwischen Menschen, die sich (bislang) nicht kennen, aber über die gleichen Interessen verfügen bzw. ähnliche Ziele erfolgen. Viele spontane Hilfsaktionen im Zuge des Zuzugs von Flüchtlingen in den Jahren 2015 und 2016 wären ohne Social-Media-Plattformen nicht möglich gewesen. Ähnliches gilt für Selbsthilfegruppen. Digitale Medien können zur Gemeinschaftsbildung beitragen, wie Angebote wie nebenan.de oder nextdoor.de zeigen. Diese Netzwerke etablieren sich oftmals ohne Beteiligung der Sozialen Arbeit bzw. der etablierten wohlfahrtsverbandlichen Akteure, hierfür ist sicherlich auch eine weithin vorhandene Skepsis der Professionellen verantwortlich.

Darüber hinaus ist darauf hinzuweisen, dass digitale Medien auch zu Teilhabe und Mitbestimmungsgewinnen vulnerabler Gruppen beitragen können. Diese Gewinne entstehen, wenn sich Individuen selbst informieren können und so nicht mehr ausschließlich auf (vermeintliche) Experten angewiesen sind. Diese Form des Empowerments verändert ggf. auch das Verhältnis zwischen dem_der Sozialarbeiter_in und dem_der Adressat_in, insbesondere im Bereich der Eingliederungshilfe für Menschen mit Behinderung. Das im Rahmen des BTHG noch stärker verankerte Wunsch- und Wahlrecht und der damit verbundener Koordinationsaufwand zwischen verschiedenen Dienstleistungsanbietern wird ohne digitale Medien kaum realisierbar sein.

5.2.3 Fazit

Durch die Informations- und Kommunikationstechniken hat für einen Teil der personenbezogenen Dienstleistungen das Uno-actu-Prinzip an Bedeutung verloren. Immer mehr Dienstleistungen können auch von zu Hause aus ohne den direkten Kontakt zum Dienstleister in Anspruch genommen werden. Insofern kann der Einsatz digitaler Medien zu einer Steigerung der Effizienz Sozialer Arbeit beitragen, ein empirisch fundierter Beleg für diese These steht hingegen noch aus. Das Argument der Kosteneffizienz verliert insofern an Schlagkraft, wenn man berücksichtigt, dass für eine kompetente Online-Beratung auch (neben der Beratungsqualifikation) besondere Fähigkeiten und Kompetenzen wie Reaktionsgeschwindigkeit und hohe schriftsprachliche Kompetenz (Engel et al. 2018, S. 109) erforderlich sind.

Bislang ist die Haltung der Fachkräfte in Bezug auf die mit der Technisierung und Digitalisierung einhergehende Standardisierung als ambivalent zu bezeichnen: Während der Einsatz von Verwaltungs- bzw. Abrechnungssoftware seitens der Fachkräfte als gewinnbringend für sich und die Organisationen akzeptiert wird (Merchel/Tenhaken 2015, S. 181), wird der Einsatz IT gestützter Verfahren und die damit einhergehende Standardisierung in anderen Bereichen als Aushöhlung sozialpädagogischer Arbeit wahrgenommen, die zwangsläufig zu Qualitätsverlusten führe (Burkova 2014). Zur weiteren Professionalisierung der Sozialen Arbeit gehört auch eine Beherrschung der Neuen Medien (Helbig 2017) bzw. die Kenntnis entsprechender technischer Assistenzsysteme. Insbesondere jüngere Professionelle und Studierende stehen den digitalen Medien offen gegenüber (Hoose et al. i. V.). Verschiedene Studien zeigen, dass in der Sozialwirtschaft nur ein geringes Substitutionspotential durch die Digitalisierung vorhanden ist, d. h. dass (bislang) im Vergleich zu anderen Branchen nur wenige Tätigkeiten durch digitale Technik ersetzt werden können. Doch die Anzahl der durch digitale Technik ersetzbaren Tätigkeiten steigt auch im sozialen Dienstleistungssektor (Dengler/Matthes 2018 sowie Arnold et al. 2015). Tendenziell steigen durch die Digitalisierung die Arbeitsmenge und auch die Arbeitsbelastung. Auf der anderen Seite wird die Vereinbarkeit von Familie und Beruf besser (Holler 2017).

Auch wenn sich viele der digitalen bzw. technischen Systeme noch in der Erprobungsphase befinden, die Akzeptanz noch begrenzt und die Kostenübernahme vielfach noch ungeklärt ist, drängt sich die Frage auf, ob und inwieweit die Digitalisierung (bzw. die sie nutzenden Wirtschaftsbranchen) die weitere Entwicklung bestimmen und welche Gestaltungschancen und -aufgaben die Soziale Arbeit übernehmen kann bzw. sollte. Folgt man dem lebensweltlichen Ansatz von Thiersch, werden Sozialarbeiter_innen trotz aller Kritik nicht daran vorbeikommen, sich nicht nur mit den digitalen Techniken zu beschäftigen, sondern sie auch aktiv einzusetzen. Jüngere Zielgruppen, aber auch Ältere und Jüngere mit Mobilitätseinschränkungen können so nicht nur kostengünstiger, sondern auch besser und damit effizienter erreicht werden. Dabei sind »pädagogische Chancen« und »neue Verantwortungsdimensionen« abzuwägen (Stix 2018, S. 15 mit Blick auf die Offene Kinder- und Jugendarbeit).

Bislang dominiert in der Sozialwirtschaft die Optimierung bestehender Prozesse die Entwicklung. Wirklich gravierende Veränderungen in der Dienstleistungserstellung wie bspw. eine automatisierte Diagnostik durch die Nutzung von Big Data werden bislang v. a. im gewerblichen Bereich bspw. im Rahmen von Marktforschungsprozessen umgesetzt. Umstritten ist, inwieweit im Rahmen von Web 4.0 zukünftig Beratungsaufgaben auf der Basis von Algorithmen durch autonome Beratungsprogramme übernommen werden können. Bislang ist dies allenfalls bei sehr einfachen/standardisierbaren Beratungsverläufen, die auch tatsächlich in Algorithmen überführbar sind, denkbar (Engel et al. 2018, S. 110). Relevanter sind Formen des plattformbasierten Zugangs zu Adressat_innen, die sich noch im Anfangsstadium befinden (Kreidenweis 2018b, S. 17). Reformen des SGB verstärken den Handlungsdruck: »BTHG und PSG II [...] sind im Grunde Beschleuniger für die Digitalisierung der Sozialwirtschaft« (Wolff 2018, S. 54).

Durch die Digitalisierung ergeben sich neue und anspruchsvolle Arbeitsfelder für Sozialarbeiter_innen und Sozialpädagog_innen, die sie professionell und unter Nutzung Neuer Medien bedienen sollten. Ansonsten steht zu befürchten, dass »das Smartphone einer Adressatin oder eines Adressaten mehr über die Person weiß [...] als die Fachkraft, welche sich mit der Person und ihrer Lebensrealität auseinandersetzt« (Roeske 2018, S. 18). Bislang weniger im Fokus stehen die Auswirkungen der Digitalisierung auf die advokatorische Funktion der Sozialen Arbeit (Ley/Seelmeyer 2018).

Die Neuen bzw. Sozialen Medien werden von den sogenannten Social Entrepreneurs bereits seit Jahren im Rahmen des Marketings in beispielhafter Weise genutzt. Insofern nehmen sie in der Sozialwirtschaft eine Vorreiterrolle ein. Auf diese und andere Aspekte des Phänomens »Social Entrepreneurship« wird im folgenden Kapitel eingegangen, das die Ergebnisse einer Studie zusammenfasst, die von Grohs/Schneiders/Heinze 2014 veröffentlicht wurde.

Weiterführende Literatur

Kreidenweis, Helmut (Hrsg.) (2018a): Digitaler Wandel in der Sozialwirtschaft. Grundlagen – Strategien – Praxis, Baden-Baden: Nomos.
Reindl, Richard (2018): Zum Stand der Onlineberatung in Zeiten der Digitalisierung, in: e-beratungsjournal.net, 14 (1), S. 16–26.
Stadler, Wolfgang (Hrsg.) (2018): Mehr als Algorithmen. Digitalisierung in Gesellschaft und Sozialer Arbeit. Sonderband der Zeitschrift Theorie und Praxis der Sozialen Arbeit, Weinheim: Beltz Juventa.
Archiv für Wissenschaft und Praxis Sozialer Arbeit, 2 (2015): Mediatisierung der Kinder- und Jugendhilfe. Darin verschiedene Beiträge.
Aufsätze im e-beratungsjournal.

5.3 Social Entrepreneurship

In den letzten Jahren wird von Politik und Teilen der Sozial- und Wirtschaftswissenschaft das sogenannte »Social Entrepreneurship« als neue sozialpolitische Organisationsform propagiert. So spricht das Bundesfamilienministerium den neuen »Sozialunternehmern« eine besondere Bedeutung zu, »weil sie aus einem gesellschaftlichen Antrieb heraus mit unternehmerischen Mitteln dazu beitragen, dass für unser Gemeinwesen relevante Herausforderungen wirksam bearbeitet und einer Lösung zugeführt werden« (BMFSFJ/Deutscher Bundestag 2012, S. 7).

Gemäß dem Leitbild »Everyone can change the world« (Bornstein 2007) werden in Deutschland unter dem Begriff des Social Entrepreneurship v. a. solche Unternehmen(sgründungen) verstanden, die für sich in Anspruch nehmen, ökologische und soziale Probleme unter Einbezug betriebswirtschaftlicher Instrumente zu lösen. Zu den Handlungsfeldern gehören Klimaprojekte, Angebote für Kinder aus bildungsfernen Familien, niedrigschwellige Betreuungs- und Beratungsangebote für Familien, die Integration benachteiligter Bevölkerungsgruppen in den Arbeitsmarkt etc. Das Labeling »Social Entrepreneurship« geht u. a. auf zwei stiftungsfinanzierte Agenturen zurück, die derartige Projekte unterstützen. Diese Unterstützungsagenturen – Ashoka und Schwab Foundation – agierten zunächst v. a. im angelsächsischen Raum, in den letzten Jahren werden jedoch auch zunehmend Projekte in Deutschland gefördert. Die Förderung besteht dabei v. a. aus einer hochprofessionellen Öffentlichkeitsarbeit sowie Fort- bzw. Weiterbildungsangeboten für (angehende) Gründer_innen in den genannten Bereichen.

Im Kontext einer zunehmenden Ökonomisierung des sozialen Dienstleistungssektors (Heinze/Schneiders 2013) ist die Zielsetzung der Social Entrepreneurs, durch eine »Verbindung von gesellschaftlicher Zielsetzung und unternehmerischer Funktionsweise sowohl für die Herausforderung der Finanzierung, als auch für die Herausforderung der Maximierung gesellschaftlichen Mehrwerts zukunftsweisende Impulse« (Oldenburg 2011, S. 156), zu entwickeln, zu einer verheißungsvollen Vision. Dies umso mehr, als die Wohlfahrtsverbände als etablierte Akteure zunehmend mit Legitimationsproblemen zu kämpfen haben. Während für die Social Entrepreneure die Integration marktwirtschaftlicher Instrumente das Mittel der Wahl ist, haben sich die Wohlfahrtsverbände in den letzten 20 Jahren zunächst nur sehr widerwillig dem Ökonomisierungsmainstream gebeugt und neue Finanzierungsmodelle und Anforderungen an Wirkungsnachweise akzeptiert (Heinze/Schneiders 2013). Vielen Einrichtungen und Angeboten wird vorgeworfen, den durch die öffentlichen Kostenträger aufgebauten Druck ungebremst an die Mitarbeitenden weiterzugeben (Evans et al. 2012).

Social Entrepreneure greifen mit der Betonung der Bedeutung des zivilgesellschaftlichen Engagements auf Leitbilder zurück, die auch die Sozialen Bewegungen der 1970er und 1980er in Deutschland verfolgten. In den 1990er Jahren wurde ein Großteil dieser Initiativen in den damaligen DPWV (heute Paritätischer Wohlfahrtsverband) integriert und ist heute Teil des korporatistischen Wohlfahrtsstaats. Die neuen Akteure sind insofern attraktiv, als sie die Reaktivierung des Sozialen und eine Versöhnung von Unternehmertum und Gemeinwohl versprechen. Die »Mission Wohlfahrtsmarkt« (vgl. den gleichnamigen Titel von Grohs et al. 2014, auf dem dieses Kapitel basiert) jenseits etablierter Strukturen wird von ihnen verfolgt. Im Folgenden werden nach einer Vorstellung der begrifflichen Vielfalt (▶ Kap. 5.3.1) vier Social Entrepreneure beispielhaft vorgestellt. Die Darstellung hat dabei eher den Charakter von »empirischen Anekdoten« als systematischen Fallstudien. Auf dieser Basis wird abgeleitet, welche Herausforderungen, aber auch Chancen sich für etablierte Akteure ergeben (▶ Kap. 5.3.2). Der Beitrag schließt mit einem Fazit, in dem die Bedeutung der Social Entrepreneure für den deutschen Wohlfahrtsstaat eingeschätzt wird.

5.3.1 Begriffliche Annäherung

Wodurch unterscheiden sich Social Entrepreneure von anderen Organisationen, die soziale Dienstleistungen in Deutschland anbieten? Ausgehend von der Nähe zu marktwirtschaftlichen Instrumenten/Modellen liegt eine Abgrenzung zu den Wohlfahrtsverbänden, die auch unter der Bezeichnung »frei-gemeinnützige Anbieter« geführt werden, auf der Basis der *Rechtsform* nahe. Bei genauerem Hinsehen ist jedoch feststellbar, dass in einigen dem frei-gemeinnützigen Sektor zugeordneten Einrichtungen bzw. ambulanten Angeboten durchaus auch unternehmerische bzw. marktliche Elemente erkennbar sind. So bezeichnet sich bspw. die CBT Köln als sozialwirtschaftliches Unternehmen, das eine Vielzahl von unternehmerischen Elementen integriert hat, ähnlich wie die Stiftung Liebenau in Baden-Württemberg. Hinzu kommen immer mehr frei-gemeinnützige Anbieter, die (privat-gewerbliche) Tochtergesellschaften ausgründen.

»Social Entrepreneurs als hybride Organisationsformen, die verschiedene Rechtsformen vom gemeinnützigen e. V. bis hin zur (erwerbswirtschaftlichen) GmbH oder GbR aufweisen können, sind mit den vorhandenen Statistiken, die i. d. R. die Daten auf der Basis von Rechtsformen differenzieren, nur unzureichend erfassbar« (Grohs et al. 2014: 78«).

Bei den Social Entrepreneurs handelt es sich v. a. (aber nicht nur) um junge Menschen, die sich eines von ihnen wahrgenommenen gesellschaftlichen Problems annehmen und versuchen, es zu lösen – jenseits etablierter Strukturen und mit dem Ziel des wirtschaftlichen Erfolgs. Hier ist die *Vision* erkennbar, gesellschaftliche Lösungen zu entwickeln, die den Gegensatz zwischen marktwirtschaftlicher Rationalität und solidarischem Handeln überwinden. Eine wichtige Annahme der Social Entrepreneure ist dabei, dass ökonomische Handlungsstile hinsichtlich der Effektivität und Effizienz anderen, v. a. bürokratischen, überlegen sind. Dabei verfolgen die Akteure das Ziel, *soziale Probleme wirtschaftlich tragfähig zu lösen* – oft unter Einbeziehung neuer Formen ehrenamtlichen bzw. zivilgesellschaftlichen Engagements. Gemeinsam ist vielen von den Unterstützungsorganisationen Ashoka bzw. Schwab Foundation geförderten Projekten bzw. Organisationen u. a. eine charismatische Gründerpersönlichkeit, die Integration prominenter Unterstützer_innen v. a. zur Erreichung medialer Ressourcen, ein aktives Fundraising jenseits öffentlicher Finanzierungsmittel sowie das Aufgreifen von Feldern des sozialen Dienstleistungssektors, die sich besonders gut vermarkten lassen.

Bislang hat sich in Deutschland *keine einheitliche Definition* des aus dem angelsächsischen Bereich stammenden Begriffs des »Social Entrepreneurship« durchsetzen können. Eine Übersetzung aus dem Englischen (»Sozialunternehmertum«) ist angesichts der Besetzung dieses Begriffs auch durch etablierte Akteure bspw. Wohlfahrtsverbände wenig eindeutig (vgl. die Beiträge in Brinkmann 2014).

Social Entrepreneurship weist eine hohe Heterogenität auf und zeichnet sich durch Innovativität, Hybridität und kreative Lösungsansätze aus. Dabei nutzen sie unternehmerische Mittel und können, müssen aber nicht renditeorientiert sein. Innerhalb des Social-Entrepreneurship-Sektors können sehr unterschiedliche *Organisationsformen* verortet werden. Das Spektrum reicht dabei von der unternehmensnahen Stiftung mit einem Budget von mehreren Millionen Euro und dem Mitarbeiter_innenstab eines Konzerns über die Initiative eines Einzelnen, der sich eines von ihm als drängend empfundenen sozialen Problems annimmt und dies zunächst als Einzelunternehmer ohne weitere Mitarbeiter_innen bearbeitet. Quantitative Daten zur Zahl der Organisationen und ihrer Beschäftigten sowie den von ihnen bearbeiteten Tätigkeitsfeldern sind bislang nur in unsystematischer Form vorhanden. Dies ist v. a. auf die Hybridität der Organisationen zurückzuführen, die eine klare Zuordnung erschwert. Erste empirische Studien (vgl. die Beiträge in Jansen/ et al. 2013) zur Bedeutung und Reichweite von Social Entrepreneurship zeigen, dass die neuen Akteure allenfalls Nischen der Sozial- bzw. Arbeitsmarktpolitik bedienen.

Anders als liberale bzw. defizitäre Wohlfahrtsstaaten, in denen die Idee des Social Entrepreneurships entwickelt wurde, verfügt Deutschland über eine sehr lange Tradition von Dritte-Sektor-Organisationen. Sie stellen eine besondere Kombination der Handlungsorientierungen der drei Steuerungsinstitutionen Markt, Staat und Gemeinschaft dar und werden meist mit dem Non-Profit-Sektor gleichgesetzt. Diese frei-gemeinnützigen bzw. wohlfahrtsverbandlichen Organisationen (▶ Kap. 1.3) bieten Potenziale zur Kompensation der Besonderheiten sozialer Dienstleistungen. So kann bspw. die ›Kostenkrankheit‹ (fehlende Rationalisierbarkeit sozialer Dienstleistungen) durch die Einbindung ehrenamtlichen bzw. freiwilligen Engagements sowie eine fehlende Renditeorientierung geheilt werden, und der fehlenden Konsumentensouveränität kann mittels der sozialanwaltschaftlichen Funktion sowie durch die professionelle Dienstleistungserstellung begegnet werden. Vor diesem Hintergrund können gerade die deutschen Wohlfahrtsverbände als Idealtypen von Organisationen des Dritten Sektors bezeichnet werden. Verschiedene Entwicklungen der letzten Jahrzehnte haben jedoch dazu geführt, dass diese Multifunktionalität mittlerweile zur Blockade gerät. Einer Phase der Expansion und Verberuflichung und Professionalisierung sowie einer engen Verflechtung mit staatlichen Institutionen (Korporatismus) in den 1970er und 1980er Jahren folgt seit Mitte der 1990er Jahre im Zuge der Einführung des Neuen Steuerungsmodells bzw. der Modernisierung öffentlicher Verwaltung eine Verschiebung in Richtung der Steuerungsinstitution ›Markt‹ – der Prozess der Ökonomisierung (▶ Kap. 5.1).

Sowohl Professionalisierung als auch Ökonomisierung sind jeweils zweischneidige Schwerter: Die Balance zwischen gemeinschaftlichen, bürokratischen und marktlichen Handlungsroutinen gerät zunehmend aus dem Gleichgewicht. Die Verantwortung dafür trägt zum einen die staatliche Sozialpolitik durch Förderbedingungen und rechtliche Rahmenbedingungen, zum anderen aber auch ein Teil der Organisationen, die entweder auf die Fortsetzung korporatistischer Strukturen vertraut haben oder aber die Ökonomisierung blindlings vorangetrieben haben, ohne zu beachten, dass für ein Funktionieren im Dritten Sektor alle drei Handlungsrationalitäten integriert werden müssen. Die Professionalisierung der Wohlfahrtsverbände ist insofern ambivalent, als die Dienstleistungsqualität i. d. R. zwar verbessert wird, die Einbindung zivilgesellschaftlichen Engagements aber ggf. leidet. Aus sozialwissenschaftlicher Perspektive handelt es sich auch bei Social Entrepreneurships um eine Form von hybriden Organisationen. Sie weisen somit viele Eigenschaften von den Dritte-Sektor-Organisationen auf, unterscheiden sich aber von den Wohlfahrtsverbänden darin, dass sie sich (zumindest dem Anspruch nach) stärker (markt-)wirtschaftlicher Steuerungsinstrumente bedienen.

Angesichts der Trägerkapazität von bundesweit rund zwei Dritteln der sozialen Einrichtungen sind die Wohlfahrtsverbände nicht nur in sozialpolitischer Hinsicht mächtige Akteure, ohne deren Kooperation und Ressourceneinsatz viele soziale Dienstleistungen nicht angeboten werden könnten (▶ Kap. 1.3). Sie sind auch in beschäftigungspolitischer Sicht eine tragende Säule des Arbeitsmarkts, die in den letzten Jahren noch an Bedeutung gewonnen hat. Demgegenüber liegen bislang (noch) keine Erkenntnisse über die Nachhaltigkeit der Social Entrepreneurships vor.

Das Phänomen einfach zu ignorieren würde jedoch *Potenziale* vergeuden, die die neuen Organisationen durchaus aufweisen. Insbesondere in Sachen kreativer Öffentlichkeitsarbeit, der Akquirierung alternativer Finanzierungsquellen insbesondere durch Stiftungen, aber auch in Bezug auf die Aktivierung freiwilligen Engagements jüngerer Altersgruppen können Social Entrepreneurships durchaus als Beispiele dienen. Das Engagementpotenzial der sogenannten Generation Y, die wieder stärker die Sinnfrage stellt, wird von den etablierten Akteuren zu wenig genutzt. Social Entrepreneurships sind auch deshalb öffentlich so erfolgreich, weil sie aktuelle soziale Wandlungstendenzen wie die Säkularisierung und den Wertewandel und die daraus entstehenden Sinn-Lücken zu füllen vermögen. Sie sind auch aufgrund ihrer geringen Größe und der nicht vorhandenen bzw. flachen Hierarchien insbesondere für jüngere Menschen attraktiv. Demgegenüber wirken wohlfahrtsverbandliche Strukturen, die teilweise auch die Zugehörigkeit zu den Kirchen bzw. einen entsprechenden Lebenswandel fordern, nicht immer zeitgemäß.

Die wohlfahrtsverbandlichen Akteure des sozialen Dienstleistungssektors stehen vor der Herausforderung, die durch die Professionalisierung und Ökonomisierung aus dem Gleichgewicht geratene Balance zwischen den verschiedenen Handlungsstilen wiederherzustellen. Bei arbeitsmarktpolitischen Projekten und Initiativen ist eine zusätzliche Schwierigkeit zu bewältigen: Auf der einen Seite ist unternehmerisches Handeln im Sinne der Einwerbung zusätzlicher privater

Mittel, der Entwicklung innovativer Produkte etc. gefordert, auf der anderen Seite werden Integrationsbetriebe von Wirtschaft und Handwerk oftmals kritisch beobachtet, da der unternehmerische Erfolg sich zu einer Konkurrenz entwickeln kann. In Politik und Öffentlichkeit wird dann argumentiert, dass öffentlich subventionierte Arbeitsplätze solche auf dem Ersten Arbeitsmarkt vernichten. Vor diesem Hintergrund sind insbesondere die Träger arbeitsmarktpolitischer Projekte dazu gezwungen, kontinuierlich über Ziele und Inhalte ihrer Aktivitäten zu informieren. Auch die Vermarktung der eigenen Leistungen (durch Benchmarking und/oder Evaluationen) sowie die Schaffung von Identifikationsmöglichkeiten für neue Bevölkerungs- bzw. Altersgruppen zur Aktivierung zivilgesellschaftlichen Engagements sind zukunftsfähige Strategien. Insbesondere in den großen Organisationen sollten darüber hinaus hierarchische Führungsmodelle überdacht werden, um die Mitarbeiter_innen wieder stärker in die Organisationsentwicklung einzubinden und deren Innovationskraft in den Organisationen zu aktivieren.

Das zurzeit von der Europäischen Kommission propagierte Soziale Unternehmertum ist für die deutsche Situation insofern problematisch, als in anderen europäischen Staaten gänzlich andere Strukturen der Wohlfahrtsproduktion existieren. Forderungen, Interventionen unternehmensnaher zu gestalten, gehen an der deutschen Wirklichkeit und ihrer bereits sehr unternehmerischen bzw. hybriden Implementationsstruktur vorbei. Eine Unterscheidung zwischen alten und neuen Akteuren (die als Social Entrepreneurs bezeichnet werden), macht angesichts der Tatsache, dass sowohl von den etablierten, als auch von neuen Akteuren Innovationen ausgehen, zunehmend weniger Sinn (siehe hierzu auch Ruck 2014).

5.3.2 Fallbeispiele

Vor diesem Hintergrund soll im Folgenden anhand von einigen Fallbeispielen aufgezeigt werden, in welchen Feldern sich neue Akteure im sozialen Dienstleistungssektor engagieren und inwiefern sie sich von den traditionellen Anbietern unterscheiden. Vorgestellt werden Projekte bzw. Organisationen, die mit einem der zahlreichen Awards der Social-Entrepreneurship-Szene ausgezeichnet wurden und/oder zu den Ashoka-Fellows gehören (vgl. für weitere Beispiele Rummel 2011).

Spread the Word

Im Jahr 2009 gewannen drei Studierende der privaten Zeppelin Universität den bundesweiten Studenten-Wettbewerb »impACT[3]« mit ihrem Projekt »Spread the Word«. Gemäß dem Motto »Marktschreier für gute Ideen« wollten die Studierenden das Marketing für Produkte, die in Justizvollzugsanstalten hergestellt werden, professionalisieren. Und zwar mit zwei Zielsetzungen: zum einen die ökonomischen Renditen zu erhöhen, um somit den Insassen höhere Löhne zahlen zu können und zum anderen »durch begleitende kommunikative Maßnahmen, auf die gesellschaftlichen Hintergründe von Kriminalität aufmerksam zu machen« (Selbstdarstellung). Mit den Mitteln aus dem Award wurde ein Marketingkonzept für Taschen aus LKW-Planen, die in der Justizvollzugsanstalt Heilbronn gefertigt wurden, erstellt. Darüber hinaus investierten die Gründer_innen ihre eigene Arbeitszeit. Das Businesskonzept sah weiterhin vor, dass das zu gründende Unternehmen an den Vermarktungserlösen aus der Produktion der JVA beteiligt werden sollte, darüber hinaus war geplant, dass fünf Prozent der Gewinne an Resozialisierungsprojekte gespendet werden sollten. Die Mittel aus dem Award konnten zwar ein erstes Projekt tragen, mittlerweile ist das »Spread the Word« eingestellt worden. Die drei Studierenden haben nach Abschluss des Studiums die Idee nicht weiterverfolgt, sondern sich für Masterstudiengänge bzw. andere berufliche Perspektiven entschieden.

wellcome gGmbH

Als Konsequenz auf Meldungen über Vernachlässigungen, Misshandlungen und Missbrauch von sehr kleinen Kindern ist die Unterstützung und Beratung von jungen Eltern in den letzten Jahren verstärkt in den Fokus der Sozialpolitik geraten. Öffentliche Unterstützungsangebote gemäß §§ 27ff. SGB VIII konzentrieren sich oftmals auf sozial benachteiligte Familien. Das von Rose Volz-Schmidt 2002 initiierte Projekt »wellcome – Praktische Hilfe nach der Geburt« setzt zwar auch an der Unterstützung junger Familien an, fokussiert aber weniger die Defizite der Eltern. Vielmehr versteht sich »wellcome« als niedrigschwelliges Angebot für alle jungen Familien. Primäre Motivation war die eigene Betroffenheit der Gründerin, die als junge Mutter in einem neuen Wohnumfeld über keinerlei nachbarschaftliche, familiäre oder freundschaftliche Kontakte verfügte. Ziel von »wellcome« ist die Unterstützung von jungen Familien im ersten Jahr nach der Geburt eines Kindes. Hierfür vermittelt »wellcome« Ehrenamtliche, die die Familien in einem zeitlich festgelegten Rahmen (i. d. R. zweimal pro Woche für einige Stunden) bei Alltagstätigkeiten unterstützen. Hierzu gehören Tätigkeiten wie die Betreuung des Säuglings oder der älteren Geschwisterkinder, die Begleitung bei Arztbesuchen oder die Übernahme von kleineren Besorgungen, also Tätigkeiten, die auch Freunde oder Familienangehörige übernehmen könnten und für die keine fachliche Qualifikation erforderlich ist. Die Leistungen werden ohne Vergütung erbracht: Für die Eltern sind die Unterstützungsleistungen kostenlos und auch die Ehrenamtlichen erhalten für ihre Tätigkeit keine finanzielle Gegenleistung. Zur Finanzierung der Organisation der Unterstützungsangebote, der Schulung der Ehrenamtlichen sowie der fachlichen Begleitung nutzte »wellcome« in der Gründungsphase hauptsächlich Spendengelder und eine Anschubfinanzierung als Ashoka-Fellow. Mittlerweile handelt es sich um ein bundesweites Angebot, das in ca. 240 Städten mit über 4.500 ehrenamtlichen Mitarbeiter_innen umgesetzt wird. Das Angebot ist als Franchise-Konzept organisiert. Der Zentrale in Hamburg obliegt die Koordination der bundesweiten Öffentlichkeitsarbeit sowie das Betreiben einer Hotline, während die Vermittlungsleistungen von »wellcome«-Teams vor Ort erbracht werden, die i. d. R. an Kommunalverwaltungen oder Freie Träger angegliedert sind. Hauptfinanzierungsquelle der Zentrale sind weiterhin Spendengelder, in zunehmendem Maße jedoch auch Franchisegebühren von zurzeit ca. 500 Euro jährlich, die die einzelnen »wellcome«-Teams an die Zentrale entrichten.

Die erhebliche Expansion des Projekts ist auch auf die Auflage der Bundesinitiative »Frühe Hilfen« zurückzuführen. Seit 2012 stellt der Bund im Rahmen dieser Initiative den Ländern und Kommunen 177 Mio. Euro zur Verfügung. Damit sollen niedrigschwellige Angebote finanziert werden, die die Hilfen zur Erziehung gemäß § 31 SGB VIII und §§ 27ff. SGB VIII ergänzen. Förderfähig sind laut Verwaltungsvereinbarung u. a. »Ehrenamtsstrukturen und in diese Strukturen eingebundene Ehrenamtliche im Kontext Früher Hilfen, die in ein für Frühe Hilfen zuständiges Netzwerk eingebunden sind, hauptamtliche Fachbegleitung erhalten, Familien alltagspraktisch begleiten und entlasten und zur Erweiterung sozialer familiärer Netzwerke beitragen« (Verwaltungsvereinbarung zur Bundesinitiative Netzwerke Frühe Hilfen und Familienhebammen 2012–2015 gemäß § 3 Abs. 4 des Gesetzes zur Kooperation und Information im Kinderschutz).

Das Projekt »wellcome« erfüllt die Anforderungen an Personal und Organisationsstrukturen dieser Verwaltungsvereinbarung in geradezu beispielhafter Weise. Folgerichtig werden die Mittel aus der Bundesinitiative in vielen Kommunen u. a. für die Finanzierung der hauptamtlichen Mitarbeiter_innen der »wellcome«-Teams vor Ort sowie für die Franchisegebühren verwandt.

Chancenwerk e. V.

Ein zentrales Ergebnis der empirischen Bildungsforschung ist, dass Kinder mit Migrationshintergrund in Deutschland vergleichsweise niedrigere Bildungsabschlüsse bzw. keinen Schulabschluss erreichen als Schüler_innen ohne Migrationshintergrund (Klieme et al. 2010; Bos et al. 2012; OECD 2014; Tietze et al. 2012). Da ein erheblicher Teil der Kinder mit Migrationshintergrund in Familien mit geringem ökonomischem Potenzial aufwächst (Destatis/WZB 2016, S. 235), sind Geldmittel für gewerblichen Nachhilfeunterricht meist nicht vorhanden. Hiervon ausgehend wurde 2004 von einer Gruppe Studierender der »Interkulturelle Bildungs- und Förderverein für Schüler und Studenten e. V.« gegründet. Ziel war die Unterstützung von Kindern mit Migrationshintergrund bei schulischen Problemen. Der Verein firmiert seit 2010 unter dem Namen »Chancenwerk« und wird von einem der Gründer, Murat Vural, als Geschäftsführer geleitet. 2006 wurde der Verein bzw. Murat Vural als Ashoka-Fellow aufgenommen. Die Initiative zur Gründung basiert u. a. auf biographischen Wurzeln: Murat Vural, im Ruhrgebiet als Sohn türkischer Eltern geboren, hat zunächst die Hauptschule, später das Gymnasium besucht. Anschließend absolvierte er ein Studium der Elektrotechnik an der Ruhr-Universität Bochum. Das Konzept von »Chancenwerk« ist als Kaskadenmodell organisiert: Studierende (v. a. der Universitäten des Ruhrgebiets) erteilen Kleingruppen von Schüler_innen von Abschlussjahrgängen intensiven, fachspezifischen Förderunterricht. Hierfür erhalten die Studierenden eine Aufwandsentschädigung und/oder können sich die Aktivitäten als Credit

Points in ihren Studiengängen anrechnen lassen. Die Aufwandsentschädigung wird durch den Verein bezahlt. Für die Schüler_innen ist die Teilnahme kostenlos, sie verpflichten sich jedoch, zweimal pro Woche Kinder der unteren Jahrgänge bei den Hausaufgaben zu betreuen. Das Angebot richtet sich an alle Schüler_innen, die Mitglied im Verein sind und einen monatlichen Mitgliedsbeitrag in Höhe von zehn Euro entrichten. Koordiniert werden diese niedrigschwelligen Unterstützungsangebote durch »Schulkoordinatoren«, bei denen es sich i. d. R. um Studierende handelt. Zu Beginn des Projektes konzentrierte es sich auf Kinder mit Migrationshintergrund, mittlerweile steht es allen Schüler_innen mit entsprechenden Bedarfen offen.

Ausgehend von der Zentrale im nordrhein-westfälischen Castrop-Rauxel wird das Konzept von »Chancenwerk« mittlerweile an 33 Schulen in 17 Städten v. a. im Ruhrgebiet, aber auch in Hamburg, Hessen und Bayern umgesetzt. Neben ca. 220 studentischen Mitarbeiter_innen beschäftigt der Verein ca. 30 Mitarbeiter_innen, die konzeptionelle und koordinierende Tätigkeiten übernehmen. Die Finanzierung erfolgt zu einem geringeren Teil aus Mitgliedsbeiträgen, zum größeren Teil aus Spenden von Stiftungen und Unternehmen.

IQ Consult

Bei dem vierten Beispiel handelt es sich um einen der ersten Ashoka-Fellows: Norbert Kunz wurde bereits 2007 als Fellow in das Netzwerk aufgenommen. In den folgenden Jahren wurde er mehrfach mit weiteren Preisen ausgezeichnet: 2010 mit dem Social Entrepreneur of the Year und 2013 mit dem Sustainable Entrepreneurship Award. Die Projekte und Initiativen sind im Bereich der Arbeitsmarkt- und Beschäftigungspolitik zu verorten. Zu den Zielgruppen gehören sowohl Empfänger_innen von Arbeitslosengeld II, benachteiligte Jugendliche als auch Menschen mit Behinderung, mithin Gruppen mit Schwierigkeiten beim Zugang zum ersten Arbeitsmarkt. IQ Consult und seine mittlerweile zahlreichen Tochterunternehmen bzw. Ausgründungen fungieren dabei als Bildungsträger und Beratungsunternehmen. Darüber hinaus wird Gründungsberatung für »neue Sozialunternehmen« im sogenannten Social Impact Lab angeboten. Letzteres wird mit Unterstützung von zahlreichen Stiftungen sowie in Partnerschaft u. a. mit dem Paritätischen Wohlfahrtsverband angeboten. Das 1994 gegründete Unternehmen mit einer Zentrale in Berlin hat sich in den letzten Jahren stark professionalisiert und beschäftigt mittlerweile ca. 35 festangestellte Mitarbeiter_innen. Für die Finanzierung wird auf verschiedene private und öffentliche Quellen zurückgegriffen. So wird das Social Impact Lab von einer Reihe namhafter deutscher Stiftungen unterstützt, für Projekte im Bereich der Berufsbildung bzw. Arbeitsmarktpolitik wird auch auf öffentliche Mittel wie Europäische Förderprogramme (EQUAL), aber auch auf Landes- sowie Bundesmittel (bspw. des Bundesministeriums für Familie, Senioren, Frauen und Jugend) zurückgegriffen. Auf ehrenamtliches Engagement wird u. a. im Rahmen der Gründungsberatung zurückgegriffen (Business Angels für Gründer_innen). Seit Mitte 2013 firmiert die gemeinnützige IQ Consult GmbH mit Sitz in Potsdam unter dem Namen *Social*

Impact und ist Mitglied im Paritätischen Wohlfahrtsverband. Ein Teil des ursprünglichen Social Entrepreneurs hat damit die Schwelle vom Social Entrepreneur zum etablierten Träger überschritten. Ein anderer Teil bietet unter dem Namen IQ Consult Dienstleistungen für Sozialunternehmen bzw. Social Entrepreneurs in den Bereichen Projektentwicklung, Qualifizierung, Mitarbeiter-Trainings etc. an.

5.3.3 Fazit

Bei drei der vier Fallbeispiele handelt es sich um »Projekte, die bei ihrer Initiierung alle Indikatoren eines Social Entrepreneurships im engeren Sinne erfüllten (keine öffentliche Finanzierung, Nutzung zivilgesellschaftlichen Engagements, charismatische Persönlichkeit), die sich jedoch innerhalb kurzer Zeit in etablierte Strukturen des Wohlfahrtsmarkts integrierten bzw. sich diese zunutze gemacht haben. Die erheblichen Skalierungseffekte sind u. a. auf die Promotion durch Prominente zurückzuführen« (Grohs et al. 2014: 82f). Am Beispiel des Projekts »Spread the Word« zeigt sich jedoch auch die Fragilität derartiger Initiativen. Inwiefern unterscheiden sich die mittlerweile etablierten Projekte von Angeboten der öffentlichen bzw. frei-gemeinnützigen Kinder- und Jugendhilfe (wellcome gGmbH), der Arbeits- bzw. Berufsförderung (IQ Consult) sowie der gewerblichen Nachhilfe (Chancenwerk e. V.)?

Die von den Kommunen bzw. von Freien Trägern der Kinder- und Jugendhilfe angebotenen Leistungen im Rahmen des SGB VIII umfassen die Unterstützung bei »Erziehungsaufgaben, bei der Bewältigung von Alltagsproblemen, der Lösung von Konflikten und Krisen sowie bei Kontakten mit Ämtern und Institutionen« (§ 31 SGB VIII). Auf diese kostenfreien Leistungen haben alle berechtigten Personen Anspruch. In den Leistungs-, Entgelt- und Qualitätsvereinbarungen werden jedoch oftmals v. a. Familien/bzw. Lebensgemeinschaften angesprochen, die besonderen sozialen und/oder ökonomischen Belastungen ausgesetzt sind. Oftmals werden die Unterstützungsleistungen auch nicht von den Familien selbst beantragt, sondern von den örtlichen Jugendämtern veranlasst. Die Leistungen werden dann durch die Kommunen selbst oder durch Freie Träger erbracht. In den jeweiligen Vereinbarungen zwischen Kostenträgern und Leistungserbringern wird u. a. festgelegt, welche Qualifikationen die Fachkräfte (i. d. R. Sozialpädagogen_innen bzw. Sozialarbeiter_innen) aufweisen müssen, die die Dienstleistungen erbringen (▶ Kap. 2.1). Bei *wellcome* hingegen werden die Dienstleistungen nicht durch Fachpersonal, sondern durch Ehrenamtliche erbracht, die lediglich Fortbildungsangebote wahrnehmen, die wiederum von fachlich Qualifizierten angeboten werden. *Chancenwerk* unterscheidet sich von gewerblichen Unternehmen wie bspw. der in den letzten Jahren stark expandierten ZGS Bildungs-GmbH (»Schülerhilfe«) durch das Organisationsmodell sowie die Höhe der zu entrichtenden Kostenbeiträge. Das eingesetzte Personal weist zumindest auf der Ebene des Fachunterrichts in der Oberstufe ein ähnliches Niveau auf: Auch ein Großteil der Nachhilfeinstitute arbeitet mit studentischen Honorarkräften. Der innovative Charakter der Projekte von *IQ Consult* bzw. *Social Im-*

pact liegt insbesondere in der Verbindung von Arbeitsmarktpolitik und Gründungsberatung.

Alle skizzierten Akteure zeichnen sich durch eine professionelle und innovative Öffentlichkeitsarbeit, den Einsatz ehrenamtlicher Kräfte und die Einbindung verschiedener Finanzierungsquellen durch ein umfassendes und professionelles Fundraising aus. Die Angebote konzentrieren sich v. a. auf niedrigschwellige Beratungs- und Betreuungsangebote. Hinzu kommt bei vielen Akteuren eine hohe Transparenz bzgl. der eingenommenen Mittel und der Ausgaben, deren Umfang und Verwendung in Tätigkeitsberichten etc. auf den jeweiligen Homepages veröffentlicht werden.

»Privatwirtschaftliche Akteure und insbesondere Social Entrepreneurs als Nischenunternehmer spielen in Deutschland weiterhin nur eine marginale Rolle« (Grohs et al. 2014: 85). Die jahrzehntelangen Kooperationsstrukturen zwischen öffentlichen Kostenträgern und Freien Träger weisen zum einen eine enorme Beharrungskraft auf. Teilweise sind aber auch Tendenzen zur Übernahme der Organisationen aus dem Umfeld des Social Entrepreneurship erkennbar. Dies geschieht z. B. durch die Integration in verbandliche Strukturen (IQ Consult) – der Paritätische Wohlfahrtsverband übernimmt hier die Rolle, die er auch schon in den 1970er und 80er Jahren zu Zeiten der Selbsthilfebewegung übernommen hat – oder aber der Aufnahme bzw. Integration neuer Konzepte in Form von Franchising (wellcome). In vielen sozialpolitischen Handlungsfeldern sind darüber hinaus Social Entrepreneurs nicht zu finden, wie bspw. in der Suchthilfe, Obdachlosenbetreuung oder der Beratung und Betreuung psychisch erkrankter Erwachsener. Diese Bereiche erfordern zum einen professionelles, gut qualifiziertes Personal und sind im Sinne eines Fundraisings jenseits öffentlicher Kassen nicht so gut vermarktbar wie andere vulnerable Zielgruppen.

Dennoch: Den Social Entrepreneurs gelingt es, v. a. durch die Nutzung der Sozialen Medien, öffentliche Aufmerksamkeit auf sich zu ziehen. Diese kann dann für die Akquirierung von Fördermitteln und zivilgesellschaftlichem Engagement eingesetzt werden. Es ist mittlerweile unstrittig, dass Projekte wie Chancenwerk (oder auch »Teach First«) sowohl für die Schulen hilfreich sind als auch Selbst- und Sozialkompetenzen der Schüler_innen gestärkt haben. Die Frage, die sich anschließt, ist die nach den strukturellen Folgen: Kann durch solche Social Entrepreneurship-Aktivitäten das Problem der Chancenungleichheit gelöst werden? Bieten die Social Entrepreneure ggf. der öffentlichen Hand die Gelegenheit, sich aus sozialpolitischen Feldern zurückzuziehen? Führen die Aktivitäten zu einer De-Professionalisierung, indem suggeriert wird, dass durch ein professionelles Marketing und den Einsatz von Ehrenamtlichen die (Finanzierungs-)Probleme des Sozialstaates gelöst werden können? Dies sind Fragen, für deren Beantwortung die empirische Basis bislang fehlt. Dieses Forschungsdefizit ist auch auf die Hybridität und Dynamik in der Entwicklung der betreffenden Organisationen zurückzuführen.

Eine andere Ausprägung der Hybridisierung von Sozialpolitik und Sozialwirtschaft stellt die Betriebliche Sozialpolitik bzw. Soziale Arbeit dar, auf die im Folgenden eingegangen wird.

5.4 Betriebliche Sozialpolitik[1]

Weithin unbeachtet findet Soziale Arbeit auch innerhalb von Wirtschaftsunternehmen statt. Insbesondere große Unternehmen spielen in sozialpolitischen Settings eine zentrale Rolle. Sie fungieren als Tarifpartner und sind wesentlicher Akteur bei der Umsetzung regulativer und distributiver Sozialpolitik wie bspw. im Rahmen des Arbeitsschutzes bzw. der Sozialversicherungen. Viele Unternehmen engagieren sich über diese sozialrechtlich fixierten Maßnahmen hinaus im Rahmen freiwilliger betrieblicher sozialer Maßnahmen, die u. a. von Sozialarbeiter_innen bzw. Sozialpädagog_innen umgesetzt werden. Die Betriebliche Soziale Arbeit ist insofern eine besondere Form der Sozialen Arbeit, als sie nicht in der Sozialwirtschaft verortet ist, sondern in der gewerblichen Wirtschaft. In Anlehnung an das von Schneider (2010) entwickelte Begriffspaar »soziales Managen« im Sinne eines Führungsstils, der auch in gewerblichen Unternehmen eingesetzt wird und »Soziales managen« im Sinne eines Managements, das den Besonderheiten der Sozialwirtschaft gerecht wird, trägt betriebliche Sozialpolitik dazu bei, dass soziale Prozesse in gewerblichen Unternehmen sozial verträglich organisiert werden. Einen wichtigen Meilenstein für die Betriebliche Soziale Arbeit stellte die Verankerung des Betrieblichen Eingliederungsmanagements (BEM) im Jahr 2004 dar (§ 167 SGB IX). Dieses Gesetz verpflichtet alle Arbeitgeber, ein strukturiertes BEM in den Betrieben durchzuführen. In größeren Unternehmen wird das BEM u. a. von Sozialarbeiter_innen/Sozialpädagog_innen durchgeführt. Das Leistungsspektrum betrieblicher Sozialer Arbeit ist jedoch wesentlich umfangreicher und umfasst sowohl Angebote, die sich an die Beschäftigten des jeweiligen Unternehmens richten, als auch auf die Gesellschaft gerichtete Aktivitäten.

5.4.1 Unternehmen als sozialpolitische Akteure

Aus funktionalistischer Perspektive hat Sozialpolitik im deutschen Wohlfahrtsstaat die Aufgabe, zur Verwirklichung der im Grundgesetz geforderten Achtung der Menschenwürde, der Gleichberechtigung sowie weiterer zentraler Normen der deutschen Gesellschaft beizutragen. Dazu gehören auch der Ausgleich bzw. die Reduzierung des Machtungleichgewichts zwischen Kapital und Arbeit. Von wesentlicher Bedeutung für die Erreichung dieser Ziele ist der Arbeitsmarkt. Durch die Erwerbstätigkeit werden die Grundlagen für das ökonomische Auskommen der Bürger_innen geschaffen. Der Zugang zum Arbeitsmarkt sowie die Arbeitsbedingungen wirken sich daher signifikant auf die Lebenszufriedenheit und Teilhabechancen der Beschäftigten aus. Deshalb sind Wirtschaftsunternehmen in ihrer Funktion als Arbeitgeber ein zentraler Akteur in sozialpolitischen

---

1 Die Inhalte von Kapitel 5.4 wurden bereits teilweise veröffentlicht. Die (wesentlich umfangreichere) Studie wurde von der Friedrich-Ebert-Stiftung gefördert und hier publiziert: Schneiders, Katrin/Arendt, Ines (2018): Betriebliche Sozialpolitik. Eine Bestandsaufnahme, in: WISO-Diskurs, Berlin: Friedrich-Ebert-Stiftung, [online] https://library.fes.de/pdf-files/wiso/13982.pdf.

Settings. Durch sie wird bspw. die Umsetzung sozialpolitischer Maßnahmen zum Arbeitsschutz gewährleistet (Einhaltung von Arbeitsschutzregeln, Bereitstellung von Schutzkleidung oder entsprechender Vorrichtungen an Maschinen etc.). Wirtschaftsunternehmen beteiligen sich darüber hinaus sowohl finanziell als auch infrastrukturell an sozialpolitischen Interventionen. Ein Großteil dieser sozialpolitischen Aktivitäten ist gesetzlich reguliert, z. B. die Beteiligung der Arbeitgeber_innen an den Sozialversicherungen. Hinzu kommen Leistungen, die tarifvertraglich festgelegt sind oder durch Vereinbarungen auf betrieblicher Ebene. Im Verhältnis der (sozial-)staatlichen, tariflichen und betrieblichen Sozialpolitik ist in den letzen Jahren ein Veränderungsprozess erkennbar. Eine zunehmende Zahl von Unternehmen unterbreitet den Beschäftigten neben Lohn- und Gehaltszahlungen zusätzliche monetäre und/oder infrastrukturelle Angebote, die als sozial- bzw. familienpolitische Maßnahmen bezeichnet werden können. Hierzu zählen bspw. subventionierte Kantinen, betriebliche Angebote zur zusätzlichen Altersversorgung bzw. der Gesundheitsförderung oder finanzielle Zuschüsse zu Kinderbetreuungskosten.

Zusätzlich zu diesen im Folgenden als *interne Sozialpolitik* bezeichneten Maßnahmen engagieren sich viele Unternehmen auch außerhalb ihrer engeren Organisationen im Rahmen von Projekten bzw. Strategien, die der sogenannten Corporate Social Responsibility (CSR) bzw. Corporate Citizenship (CC) gelten (siehe unten) Sie sollen hier als *externe Sozialpolitik* bezeichnet werden. Hierbei handelt es sich sowohl um Einzelaktionen, die Unternehmensmitarbeiter_innen im lokalen Umfeld durchführen wie bspw. die Renovierung von Jugendzentren oder Spielplätzen, als auch unternehmensinterne Projekte wie bspw. die arbeitsmarktliche Integration von Flüchtlingen. Unternehmen übernehmen insofern auch wohlfahrtsstaatliche Leistungen, und dies in zunehmendem Maße, was auch als Phänomen der Ökonomisierung bezeichnet werden kann.

Grundsätzlich ist darauf hinzuweisen, dass sich Unternehmen als gesellschaftliche Akteure in einem »Spannungsfeld zwischen Gewinn und Gemeinwohl« (Hiß/Nagel 2017, S. 339) bewegen. Die Auffassung, dass das Gemeinwohl durch den Staat zu gewährleisten sei, und nicht von der Willkür bzw. den Präferenzen der Unternehmen abhängig sein sollte (Friedman 1970), steht der These bzw. bundesdeutschen Realität gegenüber, dass Unternehmen zur Gemeinwohlproduktion beitragen. Das Verhältnis zwischen Unternehmen und Gesellschaft bzw. deren Trennlinie ist geprägt durch Aushandlungsprozesse. Unternehmen profitieren von gesellschaftlichen Ressourcen wie bspw. der Bereitstellung des Bildungssystems und der Infrastruktur sowie gesetzlichen Rahmenbedingungen, die die Sicherheit in Marktprozessen erhöhen, tragen ihrerseits aber auch zur Gemeinwohlsteigerung bei (Hiß/Nagel 2017, S. 332).

Der Beitrag zur Gemeinwohlsteigerung wird im Rahmen der internen (also auf die eigenen Beschäftigten ausgerichteten) betrieblichen Sozialpolitik u. a. in Form von Sozialversicherungsbeiträgen, tariflichen Leistungen sowie weder gesetzlich noch tariflich festgelegten Leistungen erbracht. Diese sozialpolitischen Maßnahmen sind zum Teil in Betriebsvereinbarungen nach § 77 bzw. § 88 des Betriebsverfassungsgesetzes (BetrVG) geregelt, zum Teil werden sie aber auch jenseits von derartigen Regelungen angeboten. Dies gilt insbesondere für Sachverhalte, die nicht mitbestimmungspflichtig sind bzw. die in Betrieben ohne Betriebsrat umgesetzt werden. Hierzu gehörten traditionell zusätzliche Maßnahmen zur Altersvorsorge, Angebote der Gesundheitsförderung, Arbeitszeitflexibilisierungen sowie betriebliche Gratifikationen (siehe für einen Überblick Ullenboom 2010). Derartige Maßnahmen wurden lange als »freiwillige betriebliche Sozialleistungen« bezeichnet, wobei unklar bleibt, ob mit der Verankerung einer Leistung in Tarifvertragsrecht und/oder einer Betriebsvereinbarung weiterhin von einer ›freiwilligen‹ Leistung gesprochen werden kann.

Aktivitäten der externen betrieblichen Sozialpolitik zielen auf die das Unternehmen umgebende Umwelt. Beispiele hierfür sind Aktionen, in deren Rahmen ehrenamtliches Engagement von Mitarbeiter_innen initiiert und unterstützt wird. Aber auch die finanzielle Unterstützung von sozialen Projekten in Form von Spenden zählen dazu. Als Bezeichnung für derartige Maßnahmen haben sich die Begriffe »Corporate Social Responsibility« (CSR) bzw. »Corporate Citizenship« (CC) etabliert.

> **Corporate Social Responsibility« bzw. »Corporate Citizenship«**
>
> Unter dem Begriff CSR wird gesellschaftliches Engagement verstanden, das »im wirtschaftlichen Kerngeschäft von Unternehmen implementiert wird« (bspw. in Form der Nutzung nachhaltiger Rohstoffe und/oder Energien), unter dem Begriff des Corporate Citizenship ein »darüber hinausgehendes gesellschaftliches Engagement«, das »die Vorstellungen von Unternehmen über eine ›gute Gesellschaft‹ in vielfältigen Formen von Sach-, Geld- und Dienstleistungen« (Backhaus-Maul/Kunze 2015, S. 103) umfasst. Die Trennschärfe zwischen beiden Begriffen ist jedoch umstritten. Im hier interessierenden Kontext soll daher der Begriff der CSR in einer weiten Definition für unternehmerische Aktivitäten genutzt werden, die sich nicht auf die eigenen Beschäftigten richten, sondern auf die Gesellschaft bzw. Umwelt.

Im folgenden werden nach einem kurzen historischen Rückblick (▶ Kap. 5.4.2) zentrale Felder betrieblicher Sozialpolitik bzw. Sozialer Arbeit vorgestellt (▶ Kap. 5.4.3) und die Überführung von Sozialpolitik in Unternehmen der gewerblichen Wirtschaft aus sozialpolitischer sowie professionspolitischer Perspektive problematisiert (▶ Kap. 5.4.4).

Ausmaß und Umfang der betrieblichen Sozialpolitik stehen in engem Zusammenhang mit gesamtgesellschaftlichen bzw. wirtschaftlichen und politischen Entwicklungen. Das zeigen der folgende historische Rückblick sowie die aktuellen Entwicklungen.

5.4.2 Historischer Rückblick

Die betriebliche Sozialpolitik verfügt in Deutschland über eine lange Tradition. Zu den Sozialreformern, die als eine wichtige »Triebkraft« (Althammer/Lampert

2014, S. 44) der sozialpolitischen Entwicklung des ausgehenden 19. Jahrhunderts gelten, gehörte auch eine Reihe von Unternehmern, die sozialpolitische Maßnahmen in ihren Betrieben umsetzten. Dabei bewegten sich die sozialpolitischen Konzeptionen dieser Akteure zwischen einem »patriarchalischen, antidemokratisch-autoritären, sozial-feudalistischen« und einem »demokratischen, gemeinschaftsbezogenen, an der Idee des sozialen Rechtsstaates« orientierten Verständnis (ebd., S. 46).

Die »unternehmerische Sozialpolitik« mit ihren Anfängen im ausgehenden 19. Jahrhundert wurde auch als Vorläuferin der staatlichen Sozialpolitik bezeichnet (Gerlach 2012, S. 12). Durch den Ausbau des Sozial- bzw. Wohlfahrtsstaats hat sie zwischenzeitlich an Bedeutung verloren, wurde doch eine Vielzahl betrieblicher Maßnahmen (»Kranken-, Unterstützungs- und Pensionskassen, Kuren oder Kurbeihilfen für Werksangehörige oder deren Kinder, Maßnahmen zum vergünstigten Warenbezug und Werkswohnungsbau, Unterstützung beim Eigenheimbau und bei der sonstigen Vermögensbildung [...] sowie Jubiläumsangebote und Freizeitvereine sowie Bildungs- und Unterhaltungsangebote«, ebd., S. 14) durch Sozialversicherungen bzw. durch steuerfinanzierte Maßnahmen und Interventionen (Wohnungspolitik, Sozialhilfe etc.) ersetzt oder ergänzt.

Nach einer Phase, in der sich die Unternehmen aufgrund des Ausbaus der staatlichen Sozialpolitik aus vielen Bereichen zurückzogen, sind in den letzten Jahren wieder verstärkt Ansätze betrieblicher Sozialpolitik erkennbar. Dabei changieren die Motivationen der Unternehmen ähnlich wie bereits am Anfang des 20. Jahrhunderts zwischen sozialpolitischer Verantwortung und einem aktiven, durch wirtschaftliche Eigeninteressen bestimmten Personalmanagement. So wurden auf betrieblicher Ebene bzw. tarifvertraglich vereinbarte Leistungen wie die Freistellung für Pflegezeiten bzw. Kinderbetreuung, betriebliche Angebote zur Altersvorsorge bzw. Gesundheitsförderung eingeführt, die teilweise auch (sozial-)gesetzlich verankert sind. Insofern fungierten Unternehmen – oftmals auf Druck der Gewerkschaften bzw. Betriebsräte – weiterhin als sozialpolitische Pioniere.

Zusätzliche sozial- bzw. familienpolitische Leistungen werden zunehmend auch aus Marketinggründen und im Rahmen einer aktiven Öffentlichkeitsarbeit angeboten: In diesem Zusammenhang ist auf unternehmerische CSR- und CC-Strategien hinzuweisen, mit denen Unternehmen versuchen, ihre Legitimation, d. h. das Ansehen und die Akzeptanz in der Gesellschaft, zu erhöhen.

Zwischen gesetzlicher, tariflicher und betrieblicher Sozialpolitik ist mittlerweile nicht mehr trennscharf zu unterscheiden. Ein Teil der zunächst als »freiwillige Maßnahmen« gewährten Leistungen wurde im Rahmen von Reformen der Sozialgesetzgebung verrechtlicht (bspw. die Freistellung pflegender Angehöriger). Im Rahmen der Rentenreform wurde die Ausgestaltung betrieblicher Altersvorsorge auf die Betriebe übertragen – vormals zusätzliche Leistungen (ggf. in Betriebsvereinbarungen als freiwillig deklariert) wurden nun tarifvertraglich bzw. in Form von Betriebsvereinbarungen verbindlich definiert. Dieser Prozess wurde auch als »Vertariflichung« (Fehmel 2013, S. 1) bezeichnet. Darüber hinaus sind jedoch Tendenzen einer »Verbetrieblichung« (Schneiders 2017), d. h. einer Verlagerung von staatlichen Leistungen auf die Betriebe (bspw. in Form von betrieblichen Kindertagesstätten), erkennbar. Bezüglich Umfang und Struktur der betrieblichen Sozialpolitik liegen keine systematischen Daten vor, da es sich zum Großteil um Maßnahmen handelt, die auf betrieblicher Ebene vereinbart werden – oftmals auch jenseits von Tarifverträgen. Eine von der Friedrich-Ebert-Stiftung geförderte Untersuchung der DAX-30-Unternehmen, d. h. von 30 deutschen Unternehmen unterschiedlicher Branchen mit insgesamt ca. vier Mio. Mitarbeitenden weltweit, davon ca. 40 % in Deutschland, gibt einen Überblick über das Spektrum betrieblicher Sozialarbeit (Schneiders/Arendt 2018). Die Ergebnisse werden im Folgenden zusammenfassend dargestellt.

5.4.3 Formen betrieblicher Sozialpolitik

Die von den Unternehmen umgesetzten Maßnahmen bzw. Angebote kann man in monetäre und infrastrukturelle Angebote sowie Anreize zu verschiedenen Bereichen der Familien-, Gesundheits- und/oder Sozialpolitik unterscheiden. Bei den Maßnahmen handelt es sich bspw. um Sportangebote und Angebote der Gesundheitsförderung, der Altersvorsorge und Vermögensbildung, verschiedene sonstige Unterstützungen und Vergünstigungen, Maßnahmen der Gleichstellung, Diversity und Inklusion.

Sportangebote und Gesundheitsförderung werden von fast allen großen Unternehmen angeboten. Es handelt sich dabei sowohl um konzerneigene Programme aus dem Betrieblichen Gesundheitsmanagement (BGM), als auch um die Vermittlung von Mitgliedschaften in externen Fitnessstudios. Viele Unternehmen verfügen über ganze Health-Management-Abteilungen oder Work-Life-Integration-Abteilungen. Die Angebote und Programme dienen nicht nur der unmittelbaren Gesundheitsförderung durch Sportkurse, Trainings und Check-Ups, sondern auch der Gesundheitsaufklärung und Prävention. Dem Bereich der Gesundheitsfür- und -vorsorge sind zudem eigene Betriebskrankenkassen, Zusatzversicherungen und Wiedereingliederungsangebote nach längeren Erkrankungen zuzuordnen.

Einen ähnlich hohen Stellenwert nehmen Angebote zur Vereinbarkeit von Familie und Beruf ein. Viele dieser Maßnahmen beziehen sich auf die Kinderbetreuung oder die Entlastung bei der Pflege Angehöriger.

Während von 1970 bis in die 2000er Jahre Betriebskitas noch die Ausnahme darstellten, bilden betriebliche bzw. betriebsnahe Kindertagesstätten bzw. -krippen in den letzten Jahren ein stark expandierendes Feld. Die Grenzen zwischen staatlicher und betrieblicher Sozialpolitik sind dabei fließend: Oftmals werden öffentlich geförderte vorhandene Einrichtungen durch betriebliche Zuschüsse ergänzend finanziert. Im Gegenzug erhalten die Betriebe für ihre Mitarbeiter_innen Belegungsrechte.

Im Bereich der außerhäuslichen Betreuung von Kleinkindern können Unternehmer_innen als Pioniere bezeichnet werden (vgl. Schneiders 2017), mit der Etablierung öffentlich finanzierter Kindertagesbetreuung ließ das unternehmerische Engagement jedoch nach. Die Forderung nach einer besseren Vereinbarkeit von Familie und Beruf, eine steigende Zahl von erwerbstätigen Frauen,

Gleichstellungsaspekte, niedrige Geburtenraten sowie Erkenntnisse zu frühen Bildungsprozessen waren Auslöser für die Einführung des Rechtsanspruchs auf Kindertagesbetreuung ab dem vollendeten ersten Lebensjahr. Als Folge wurde die Kindertagesbetreuung in den letzten Jahren erheblich ausgebaut. Das quantitative Wachstum ist v. a. auf Zuwächse von kommunalen und Freien Trägern betriebene Einrichtungen zurückzuführen (Grohs et al. 2014, S. 70). Aber auch betriebliche bzw. betriebsnahe Angebote haben an Bedeutung gewonnen. Diese stehen im Kontext mit den oben genannten Entwicklungen. Auch die Bundesregierung forciert den Ausbau betrieblicher Kindertageseinrichtungen. Im Zusammenhang mit der Verabschiedung des Kinderförderungsgesetzes (KiFöG) wurde 2013 ein Förderprogramm »Betriebliche Kinderbetreuung« initiiert, das sich an Arbeitgeber_innen mit Sitz in Deutschland richtete. Das Programm sollte 2015 auslaufen, wurde aber bis Mitte 2017 verlängert (Lauber et al. 2015).

Unternehmen in Deutschland engagieren sich in unterschiedlicher Weise im Bereich der Kinderbetreuung. Während einige Unternehmen ihren Mitarbeitenden familienbezogene Leistungen in Form von steuerfreien Zuschüssen zu Kinderbetreuungskosten gemäß § 3 Nr. 33 des Einkommensteuergesetzes (EstG) gewähren und damit mittelbar agieren, engagieren sich andere auch direkt in Form von eigenen Betriebskitas, die zum Teil in Kooperation mit privat-gewerblichen oder frei-gemeinnützigen Trägern betrieben werden. Zur quantitativen Bedeutung liegen einige Untersuchungen vor, die hinsichtlich der Einschätzung der Größenordnungen deutlich divergieren. Die Spannweite des in verschiedenen Studien ermittelten Umfangs betrieblicher bzw. betriebsnaher Kinderbetreuung reicht dabei von ca. 3,4 % bis hin zu 16 % aller Plätze bzw. Einrichtungen. Eine aktuelle Studie des WSI (Seils/Kaschowitz 2015) kommt auf der Basis von Plausibilitätsüberprüfungen dieser vorliegenden Berechnungen zu dem Schluss, dass die vom Statistischen Bundesamt für 2014 genannten 668 Betriebskitas mit ca. 29.500 Plätzen die Realität gut wiedergeben. Mittlerweile hat sich die Zahl der Einrichtungen für Betriebsangehörige auf 722 erhöht (Statistisches Bundesamt, verschiedene Jahrgänge). Trotz zum Teil erheblich divergierender Daten bzgl. der absoluten Größenordnungen herrscht in allen Studien Einigkeit darüber, dass die Zahl der betrieblichen Kinderbetreuungsangebote in den letzten Jahren ausgehend von einem sehr niedrigen Niveau erheblich angestiegen ist. Es bleibt jedoch festzuhalten, dass der quantitative Umfang gleichwohl mit ca. nur 1,5 % aller Plätze bzw. Einrichtungen weiterhin als gering bezeichnet werden muss. Die unterschiedlichen Ergebnisse sind u. a. darauf zurückzuführen, dass die Erfassungssystematiken nicht einheitlich sind. So unterschätzen die Daten vom Statistischen Bundesamt die Gesamtzahl der Plätze wahrscheinlich, weil hier Belegplätze nicht genau erfasst werden können.

Die positiven Effekte der Einrichtung von betrieblichen Kindertagesstätten auf die Unternehmen wurden in zahlreichen Untersuchungen bestätigt (Gerlach/Schneider 2012; Then o. J.; siehe für einen Überblick Lauber et al. 2015). Im Gegensatz zum enormen quantitativen Aufwuchs der betrieblichen Kindertagesbetreuung, werden Leistungen zur Unterstützung pflegender Angehöriger erst in den letzten Jahren als Reaktion auf gestiegene Bedarfe vermehrt angeboten (Reuyß 2015, S. 26).

Das Angebotsspektrum ist umfangreich und umfasst

- Vermittlungs- und Beratungsangebote,
- Pflege-Kooperationen wie bspw. die Heidelberg Cement AG und die Commerzbank mit ihrem Verweis auf »Elder Care«,
- Vermittlung von altersgerechtem Wohnraum,
- Notfall-Unterbringungsmöglichkeiten,
- Schulungs- und Informationsveranstaltungen und
- Sonderurlaubs-, Freistellungs- und Arbeitszeitverkürzungsmöglichkeiten.

Neben der Beteiligung an der gesetzlichen Rentenversicherung ihrer Beschäftigten bieten 80 % der DAX-30-Unternehmen zusätzliche tarifvertragliche Leistungen sowie weitere betriebseigene Modelle der Altersvorsorge an. Insgesamt werden ergänzende Betriebsrentenmodelle vorgestellt, die staatlich-tarifliche und private Vorsorge kombinieren. Darüber hinaus werden weitere monetäre Angebote wie bspw. die Unterstützung bei der Vermögensbildung durch Vorzugsaktien, Riester-Renten-Modelle sowie Direktversicherungen angeboten. Entsprechend eigener Angaben auf der Homepage oder in der Konzernberichterstattung bieten 80 % der untersuchten Konzerne weitere verschiedene finanzielle Anreize für die Mitarbeitenden an. Hierzu gehören Jubiläumszahlungen, Sonderzuwendungen, Prämien, Krankengeldzuschüsse, Zuschüsse zu Lernmaterialien und Klassenfahrten der Kinder, ein Geldgeschenk bei der Geburt eines Kindes etc. Darüber hinaus werden weitere monetäre Vorteile für die Mitarbeitenden genannt, die sich den vorangegangenen Bereichen nicht zuordnen lassen. Diese Maßnahmen können als allgemeine Anreize gelten, sich für eine Anstellung in dem einen oder anderen Unternehmen zu entscheiden. Die Angebote stammen teilweise unmittelbar aus der Angebots- und Produktpalette der jeweiligen Unternehmen selbst:

- Einzelhandelsrabatte für Reisen, Fashion, Elektronik und sonstige Produkte der Unternehmen,
- Firmenwagen oder BahnCard 100 (ab drei Jahren Beschäftigung im Unternehmen),
- Job-Tickets,
- Umzugsleistungen und Hilfen bei der Wohnungssuche,
- Studienbeihilfe für die Kinder und Stipendien,
- besondere Konditionen bei Mietwagen, beim Erwerb von Flugtickets und Hotelbuchungen,
- Smartphones,
- vergünstigter Erwerb von Automobilen oder Leasing eines Fahrzeugs,
- besondere Konditionen bei der Freizeitgestaltung an bestimmten Standorten, z. B. in Form kultureller Vergünstigungen und
- attraktive Konditionen für den Erwerb oder Bau einer Immobilie etc.

Über zwei Drittel der untersuchten Unternehmen geben an, Maßnahmen zur Gleichstellung durchzuführen. Diese Auskunft ist insofern nicht überraschend, als Unternehmen gesetzlich dazu verpflichtet sind, in Personalfragen die Gleichstellung von Männern und Frauen zu gewährleisten.

Darüber hinaus werden verschiedene Programme und Angebote für Mädchen und Frauen vorgestellt, wie z. B.

- der »Girls Day«,
- Frauennetzwerke wie z. B. das Network of Women der Heidelberg Cement AG oder Global Business Women's der SAP AG, die zum Austausch und zur Weiterbildung dienen sollen,
- Webinar-Serien wie Women's Professional Growth (ebenfalls SAP),
- das Women Global Leaders Programm der Deutschen Bank zur Steigerung des Frauenanteils in Führungspositionen.

Zu den Maßnahmen der Diversity gehören außerdem Maßnahmen, die auch Vätern die Inanspruchnahme von Elternzeit erleichtern sollen bzw. die Möglichkeit, in Teilzeit zu arbeiten. In den Angaben bzgl. der Diversity-Maßnahmen werden neben Gleichstellungsbemühungen bzw. Anstrengungen in Bezug auf bessere Vereinbarkeit von Familie und Beruf v. a. jene Angebote zusammengefasst, die sich gegen Diskriminierung von Minderheiten richten und Vielfalt, unterschiedliche Denkweisen, Mentalitäten und Internationalität betonen. Bis auf eine Ausnahme handelt es sich bei den dem DAX 30 zugeordneten Konzernen um globale Unternehmen mit einer Vielzahl von Firmensitzen in bis zu 190 verschiedenen Nationen. Es ist also nicht verwunderlich, dass viele Angebote aus den Bereichen der interkulturellen Zusammenarbeit stammen und interkulturelles Teamwork sowie den internationalen Zusammenhalt stärken sollen. So werden bspw. interkulturelle Trainings angeboten, sogenannte Diversity-Schulungs- und Entwicklungsprogramme zur Sensibilisierung der Vielfalt. In einigen Unternehmen gibt es zudem inzwischen LGBT-Netzwerke oder Gruppierungen wie das Rainbow-Netzwerk von Merck oder das LGBT-Mitarbeiternetzwerk Arco, das es bei der Commerzbank seit 2002 gibt und das sich für die Belange von »schwulen, lesbischen, bisexuellen und transsexuellen Kolleginnen und Kollegen« einsetzt.

Ein weiteres sozialpolitisch relevantes Thema – die Inklusion von Menschen mit Behinderung – wird von ca. der Hälfte der Unternehmen bearbeitet. Beispielhaft zu nennen sind hier der Aktionsplan Inklusion von RWE, das Programm Autism at Work von SAP und das Projekt »meine Chance« der Deutschen Telekom. Diese Angebote zielen darauf ab, Menschen mit Beeinträchtigungen verschiedener Art in die Arbeitswelt im jeweiligen Unternehmen durch verschiedene Unterstützungsleistungen einzubinden, z. B. durch die bedarfsgerechte Gestaltung des Arbeitsplatzes oder die Vergabe von Ausbildungsplätzen an bestimmte Gruppen. Darüber hinaus gibt es Inklusionsvereinbarungen, in denen Kooperationen mit Wohn- und Arbeitseinrichtungen für Menschen mit Behinderung definiert sind. Des Weiteren kooperieren Unternehmen mit Bildungsträgern, die u. a. Bildungs- und Beratungsmöglichkeiten für die Mitarbeiter_innen organisieren. Teilweise ist »Inklusion« auch unter dem Begriff »Diversity« erfasst oder es werden Initiativen unter der Bezeichnung »Inklusion« geführt, die je nach Definition aus dem Spektrum der Diversitätsbemühungen stammen (vgl. für eine Systematisierung der Begrifflichkeiten Felder/Schneiders 2016).

Die hier dargestellten Maßnahmen und Stellungnahmen der DAX-30-Unternehmen, die Vielfalt als Ressource (und nicht als Hemmnis) bewerten, die ausgewiesene Beschäftigung von Menschen aus verschiedenen Nationen, die Förderung und Unterstützung von Eltern und Familien sowie die Initiativen für geflüchtete Menschen sollen Engagement und Einsatz in aktuellen und gesellschaftlich relevanten Themenfeldern signalisieren. Dabei wurde im Kontext der steigenden Zahl von geflüchteten Menschen in Deutschland eine Vielzahl von konkreten Projekten entwickelt. Im Rahmen der jüngsten Zuwanderungsphase, insbesondere im Umfeld der hohen Zahl von ankommenden Flüchtlingen im Jahr 2015, hat sich eine neue Qualität betrieblicher Sozialpolitik herausgebildet: Neben Politik, Verwaltung, Sozialverbänden und spontanen Helfer_innen haben auch zahlreiche große Unternehmen Aktivitäten entwickelt, um die humanitären und gesellschaftlichen Herausforderungen zu bewältigen.

Das Spektrum der Leistungen reicht dabei von der Gewährung von Sachspenden über die Aktivierung ehrenamtlichen Engagements der eigenen Beschäftigten bis hin zur Bereitstellung von Praktikumsplätzen. Die Aktivitäten der hier besonders im Fokus stehenden Unternehmen des DAX 30 können in vier große Kategorien unterteilt werden:

1. Maßnahmen zur Integration in den Arbeitsmarkt
2. Förderung von Projekten ohne direkten Bezug zum Arbeitsmarkt
3. Sachspenden
4. Freistellung von Mitarbeiter_innen für ehrenamtliches Engagement

Es dominieren Maßnahmen zur Integration von Flüchtlingen in den Arbeitsmarkt, wobei Angebote der Berufs- bzw. Beschäftigungsförderung wie bspw. die Bereitstellung von (zusätzlichen) Praktikumsplätzen im Mittelpunkt stehen. Darüber hinaus unterstützen die Unternehmen auch Projekte, die keinen direkten Arbeitsmarktbezug haben. Dazu zählen Maßnahmen zur Traumatherapie, Freizeitangebote und Sprachkurse für Kinder. Diese Aktivitäten gehören in den Kontext von CSR- bzw. CC-Strategien und haben eine allgemeine gesellschaftspolitische Ausrichtung. Insbesondere in den Zeiten, in denen öffentliche Stellen angesichts einer extrem hohen Zahl von Flüchtlingen an die Grenzen ihrer Versorgungskapazitäten gelangten, halfen Unternehmen der entsprechenden Branchen sehr kurzfristig mit Sachspenden (bspw. Beiersdorf mit Hygiene- und Körperpflegeprodukten). Andere Unternehmen stellen ihre Dienstleistungen (wie bspw. die Telekom AG mit WLAN-Zugängen) kostenlos zur Verfügung. Die Automobilkonzerne Daimler und Volkswagen haben Fahrzeuge bereitgestellt. Die Mitarbeiter_innen der Unternehmen werden einerseits zum Teil aktiv in die Maßnahmen innerhalb der Betriebe integriert, bspw. in Mentoringprogrammen. Andererseits unterstützt eine Vielzahl von Unternehmen das ehrenamtliche Engagement ihrer Beschäftigten durch Freistellungen bzw. im Rahmen der Aufstockung von Spendensammelaktionen.

Die Organisation der Maßnahmen erfolgt zum Großteil in Kooperation mit Jobcentern, Bildungseinrichtungen und Sozialverbänden. Hier übernimmt man bspw. die Rolle des Praxispartners (bei Projekten mit den Jobcentern und/oder der Bundesagentur für Arbeit). Darüber hinaus werden unternehmensübergreifende Projekte wie die Joblinge oder Kompass unterstützt. Die enge Zusammenarbeit zwischen Unternehmen, Sozialverbänden und staatsnahen Organisationen wie der Bundesagentur für Arbeit kann als »Flüchtlingskorporatismus« (Müller/Schmidt 2016, S. 140) bezeichnet werden. Einige Unternehmen haben auch eigene Projektideen entwickelt bzw. wickeln die Projekte in eigenen Organisationen ab wie die Lufthansa AG mit der Help Alliance gGmbH.

Ausgehend von einer weiten Definition von Sozial- als Gesellschaftspolitik ist die symbolische Bedeutung der Aktivitäten, die auf Integration statt Ausgrenzung setzen, nicht zu unterschätzen. Die Gründung des Netzwerks »Wir zusammen«, in dem die Aktivitäten deutscher Unternehmen im Bereich der Integration von Flüchtlingen gebündelt werden, dient zum einen der Imagepflege, ist aber auch eine deutliche Positionierung der Unternehmen. In der Selbstdarstellung betonen die angeschlossenen Unternehmen ihren Anspruch, »den gesellschaftlichen Wandel positiv mitgestalten« zu wollen und »dazu beitragen [zu wollen], dass das Klima in Deutschland von Offenheit und gegenseitigem Verständnis geprägt wird« (Wir zusammen 2017).

Bislang liegen keine systematischen Erkenntnisse darüber vor, wie die Betriebliche Sozialpolitik in die Organisations- und Führungsstrukturen der jeweiligen Unternehmen eingebettet ist. Auch die (formalen) Qualifikationen des Beratungs- bzw. Umsetzungspersonals sind nicht festgelegt bzw. bekannt. Ausgehend von den beschriebenen Aufgaben und Tätigkeitsfeldern handelt es sich um für Sozialarbeiter_innen bzw. Sozialpädagog_innen hochrelevante Bereiche. Teile der betrieblichen Sozialpolitik werden im Rahmen der Betrieblichen Sozialen Arbeit umgesetzt, auf die im Folgenden eingegangen wird.

5.4.4 Betriebliche Soziale Arbeit

Die Anfänge der Betrieblichen Sozialen Arbeit (BSA) fallen mit dem Beginn der unternehmerischen Sozialpolitik Anfang des 20. Jahrhunderts zusammen. Die BSA – in früheren Zeiten auch als Fabrikpflege, Betriebs- oder Werksfürsorge, Mitarbeiter_innenberatung oder aktuell auch als Betriebliche Gesundheits- bzw. Sozialberatung bezeichnet, war anfangs v. a. als reaktive Einzelfallhilfe für Beschäftigte mit besonderen Problemlagen konzipiert (Stoll 2012, S. 20). Erst später gewinnen präventive Konzepte wie z. B. das Betriebliche Gesundheitsmanagement an Bedeutung.

Die BSA ist rechtlich eine freiwillige soziale Einrichtung der Unternehmen. Es besteht somit seitens der Beschäftigten kein Rechtsanspruch auf diese Leistungen. Wird jedoch eine Sozialberatung im Unternehmen implementiert, gilt die BSA nach § 74 Abs. 2 Nr. 2a und § 87 Abs. 1 Nr. 8 des Betriebsverfassungsgesetzes (BetrVG) als Sozialeinrichtung. Ihre Ausgestaltung ist demnach mitbestimmungspflichtig (Stoll 2012, S. 20).

Die Ziele der BSA sind nach Aussage des langjährigen Geschäftsführers des Berufsverbandes die individuelle Beratung sowohl bei arbeitsplatzbezogenen als auch persönlichen Schwierigkeiten (Konflikte, psychische Belastungen, Suchtprobleme), die Gestaltung von Führungskräftetrainings sowie die Durchführung von gruppenbezogenen Präventionsmaßnahmen als auch organisationsbezogene Tätigkeiten (Beteiligung an Prozessen der Organisationsentwicklung, Gremienarbeit etc.) (Bremmer 2017, S. 110). Ziel ist die Wiederherstellung, Stabilisierung und Förderung von psychosozialer Gesundheit sowie die Entwicklung von Lösungsmöglichkeiten bei langandauernder Leistungsminderung bzw. bei Leistungsverlust der Beschäftigten. Von der betrieblichen Sozialarbeit sollen sowohl die Beschäftigten als auch die Unternehmen selbst profitieren (Schulze 2014, S. 41).

Über Umfang und Struktur der BSA liegen nur wenige systematische Daten vor. Im Rahmen einer Onlinebefragung aus dem Jahre 2008 wurden die 155 Mitglieder des Bundesfachverbandes Betriebliche Sozialarbeit e. V. u. a. zu ihrer organisatorischen Einbindung in die jeweiligen Unternehmen befragt (Baumgartner 2017). Auch wenn die Ergebnisse aufgrund der begrenzten Rücklaufquote von 31 % nur eine bedingte Aussagekraft aufweisen, sollen die Ergebnisse hier kurz zusammenfassend referiert werden. Die überwiegende Mehrheit der Befragten (90 %) war im Unternehmen beschäftigt, nur ca. zehn Prozent der Befragten war bei einer externen Sozialberatung beschäftigt. In 89 % der Fälle war die BSA in einer Dienst-/ Betriebsvereinbarung erwähnt und bei 63 % hatte sie einen klar definierten Leistungsauftrag. Befragt nach der Motivation für die Einrichtung einer Sozialberatung wurde als wichtigster Grund die Übernahme sozialer Verantwortung durch das Unternehmen angegeben. Darüber hinaus wurden der ökonomische Nutzen, traditionelle Gründe oder der dringende Handlungsbedarf aufgrund erheblicher sozialer Probleme unter den Beschäftigten angegeben (Baumgartner 2017, S. 25–26).

Ähnlich wie die betriebliche Sozialpolitik im Allgemeinen verfolgt die BSA also das Ziel, durch geeignete Maßnahmen die Arbeitsfähigkeit der Beschäftigten zu stabilisieren bzw. zu verbessern, hiervon profitiert im Idealfall sowohl der/die Beschäftigte als auch das Unternehmen. Zur Sicherstellung einer BSA, die die Interessen sowohl der Arbeitnehmenden als auch der Arbeitgeber wahrt, sind durch den Bundesfachverband »Betriebliche Sozialarbeit e. V.« Rahmenbedingungen formuliert worden, in denen u. a. gefordert wird, dass die BSA weisungsungebunden, fachlich unabhängig und autonom erfolgen muss. Für Fachkräfte der BSA muss die Schweigepflicht gegenüber den Arbeitgebern gelten und die Angebote der BSA müssen freiwillig sein, d. h., kein_e Beschäftigte_r darf zur Inanspruchnahme gezwungen werden (Engler, o. J., S. 4).

5.4.5 Betriebliches Eingliederungsmanagement

Neben diesen Beratungsangeboten auf freiwilliger Basis ist mit dem Betrieblichen Eingliederungsmanagement (BEM) ein weiteres für die Soziale Arbeit relevantes Handlungsfeld auf betrieblicher Ebene rechtlich verbindlich verankert.

Seit dem 1. Januar 2018 haben gemäß § 167 SGB IX alle Beschäftigten, unabhängig von einer Schwerbehinderung, das Recht auf ein Betriebliches Eingliederungsmanagement. Unter Beschäftigten werden dabei im Sinne des § 167 Abs. 2 SGB IX neben Vollzeitbeschäftigten mit unbefristeten Arbeitsverträgen auch Arbeitnehmer_innen in Teilzeit oder mit befristeten Arbeitsverträgen, Auszubildende sowie Leiharbeitnehmer*innen und Beamte verstanden (Britschgi 2014, S. 20–21). Das BEM steht dabei in engem Zusammenhang mit dem Kündigungsschutz. So kann Arbeitnehmer_innen aufgrund häufiger Kurzzeit- oder Langzeiterkrankungen oder dauerhafter Arbeitsunfähigkeit u. a. nur dann eine krankheitsbedingte Kündigung aus personenbedingten Gründen ausgesprochen werden (Klaesberg 2018, S. 223), wenn nachgewiesen werden kann, dass ein BEM fachgerecht durchgeführt wurde. Laut § 167 SGB IX sind alle Arbeitgeber verpflichtet, ihren Beschäftigten, die innerhalb der letzten zwölf Monaten länger als sechs Wochen ununterbrochen oder wiederholt erkrankt sind, ein BEM anzubieten (Bundesministerium für Arbeit und Soziales 2018). Ziel des BEM ist durch gezielte Unterstützungsangebote die Arbeitsunfähigkeit zu überwinden (Prävention), eine erneute Arbeitsunfähigkeit zu verhindern (Rehabilitation) sowie den Arbeitsplatz zu erhalten (Integration) (Kocher/Zimmer 2016, S. 25–26). Ähnlich wie bei der allgemeinen Sozialberatung dient das BEM im Idealfall dazu, die Passung zwischen Arbeitsplatz und Beschäftigten so zu optimieren, dass eine erneute Arbeitsunfähigkeit vermieden werden kann. Hierzu können Veränderungen in der Arbeitsplatzgestaltung ebenso gehören wie Verhaltensanpassungen. Von einer Verbesserung der Arbeitsplatzpassung profitieren wiederum Arbeitgeber und Beschäftigte. Für die konkrete Umsetzung sind im Gesetz keine Vorgaben formuliert.

Ähnlich wie in der Betrieblichen Sozialpolitik ist auch das BEM in den einzelnen Unternehmen organisatorisch unterschiedlich angesiedelt. Während in größeren Unternehmen die Sozialberatung zumindest an BEM-Prozessen beteiligt ist, wird es in mittleren und kleineren Unternehmen oftmals durch die Personalabteilung organisiert und verantwortet. Die fünf Grundprinzipien Freiwilligkeit, Transparenz, Vertrauen, Offenheit und Einhaltung des Datenschutzes, deren Einhaltung eine wesentliche Voraussetzung dafür darstellen, dass das BEM von allen Beschäftigten angenommen sowie im Unternehmen einen hohen Stellenwert genießt (Riechert/Habib 2017, S. 15), sind jedoch nur dann einzuhalten, wenn das umsetzende Personal über die erforderlichen Qualifikationen verfügt und auch, wie bei der betrieblichen Sozialarbeit, im Allgemeinen über eine gewisse Autonomie verfügt. Ansonsten kann das BEM ggf. auch zur Ausübung von Druck seitens des Arbeitgebers auf die Beschäftigten missbraucht werden.

5.4.6 Bewertung betrieblicher Sozialpolitik und deren Relevanz für die Soziale Arbeit

Von den Gewerkschaften wurde die betriebliche Sozialpolitik jenseits von Tarifverträgen mit dem Argument, dass die Unternehmen hiermit nur vormals vorenthaltenen Lohn bzw. vorenthaltene Gehälter auszahlen, lange abgelehnt. Es wurde darüber hinaus befürchtet, dass derartige »freiwillige Leistungen« der Arbeitgeber_innen ggf. willkürlich entzogen werden können und letztendlich das Machtungleichgewicht zwischen Arbeit und Kapital verfestigen (Klammer 2000, S. 149). Diese Position ist in den letzten Jahren von Gewerkschaften und gewerkschaftsnahen Parteien nicht mehr offensiv vertreten worden, vielmehr konzentrieren sich die Vertreter_innen der Beschäftigten darauf, in Tarifverträgen möglichst umfängliche Leistungen für die Beschäftigten festzuschreiben. Und zwar mit Erfolg: Eine erhebliche Zahl von Tarifverträgen enthält mittlerweile neben Regelungen zur Lohn- bzw. Gehaltshöhe Maßnahmen und Regeln zur Vereinbarkeit von Familie und Beruf bzw. zu anderen sozialpolitischen Fragestellungen (Ullenboom 2010).

Einen Meilenstein im Verhältnis von betrieblicher, staatlicher und tariflicher Sozialpolitik stellte die Rentenreform 2001 dar, mit der ein Rechtsanspruch auf betriebliche Altersvorsorge eingefügt wurde – als Ergänzung zur gesetzlichen Rente, deren Höhe aufgrund der demographischen Entwicklung sukzessive reduziert wird. Viele Unternehmen haben die Umsetzung dieser Ansprüche in Tarifverträgen bzw. Betriebsvereinbarungen geregelt. Von gewerkschaftlicher Seite wurde diese »Vertariflichung« (Fehmel 2013) nur wenig kritisiert. Sozialwissenschaftler_innen weisen jedoch darauf hin, dass die Verlagerung der sozialen Sicherung auf Tarifverträge »langfristig dazu beitragen [kann], dass Tarifverträge Verluste an Solidarität und Universalität, die durch Kürzungen in der staatlichen Sozialpolitik entstehen, für Beschäftigte von tarifgebundenen Unternehmen bis zu einem gewissen Grad kompensieren« (Trampusch 2006, S. 313). Diese Kompensationsfunktion betrieblicher bzw. tariflicher Sozialpolitik wird in ihren Auswirkungen sehr kritisch betrachtet, da hiervon eine weitere Verschärfung der sozialen Ungleichheit zwischen Arbeitsmarkt-Insidern und -Outsidern ausgehen könnte (Seeleib-Kaiser 2002; Klammer 2017; Bispinck 2012).

Neben der betrieblichen Altersvorsorge stehen in den letzten Jahren insbesondere Maßnahmen zur Vereinbarkeit von Familie und Beruf im Mittelpunkt betrieblicher Sozialpolitik. Diese sozialpolitischen Aktivitäten an der Schnittstelle von Gleichstellungs- und Familienpolitik stehen in engem Zusammenhang mit unternehmerischen Interessen der Personalgewinnung und -bindung. Insbesondere die aus dem Fachkräftemangel resultierende Notwendigkeit, zusätzliches Erwerbspersonenpotenzial zu rekrutieren bzw. die eigene Attraktivität als Arbeitgeber_in zu forcieren, aber auch (sozial-)staatliche Interventionen, haben dazu geführt, dass die »Vereinbarkeit von Beruf und Familie« zu einem Leitthema der Personalpolitik avanciert ist (Lauber et al. 2015). Maßnahmen zur Vereinbarkeit von Beruf und Familie sind seit den 1990er Jahren in vielen Unternehmen umgesetzt worden und finden sich mittlerweile in rund 90 % der Tarifverträge. In ganz überwiegender Weise konzentrieren sich die Maßnahmen auf die Flexibilisierung von Arbeitszeiten sowie auf Qualifizierungsangebote (Klenner et al. 2013).

Die rechtliche Verbindlichkeit von Maßnahmen in Form von Tarifverträgen und Betriebsvereinbarungen ist bislang nur wenig ausgeprägt (Klenner et al. 2013). Die im Rahmen des Unternehmensmonitors ermittelte hohe Aktivität der Unternehmen ist insbesondere auf deren freiwillige Selbstverpflichtungen zurückzuführen. Die Motivationen der Unternehmen, sozialpolitische Maßnahmen zu implementieren, changieren weiterhin (ebenso wie bereits zu Beginn der unternehmerischen Sozialpolitik im 19. Jahrhundert; vgl. Althammer/Lampert 2014, S. 45) zwischen Paternalismus oder Mäzenatentum überzeugter Mittelständler_innen und einem strategischen Personalmanagement, dem betriebliche Sozialpolitik als zusätzlicher Anreiz im Rahmen der Personalgewinnung und/oder zur Bindung bzw. Gesunderhaltung vorhandener Beschäftigter dient. Waren Angebote betrieblicher Sozialpolitik in ihren Anfängen v. a. zur Kompensation von Risiken, die aus dem Arbeitsleben resultierten (Arbeitsschutz, Unfallschutz) bzw. allgemeine Lebensrisiken betrafen (Krankenversicherung) und als Reaktion auf eine erstarkende Arbeiterbewegung zustande gekommen sind (Gerlach 2012, S. 13), so scheinen aktuelle Angebote im gut ausgebauten deutschen Wohlfahrtsstaat eher dem Personalmanagement zugehörig. Als Antwort auf einen zunehmenden Fachkräftemangel in einigen Branchen und Regionen, aber auch auf veränderte Lebensmodelle der Beschäftigten, werden Maßnahmen jenseits monetärer Anreize ergriffen, um die Attraktivität als Arbeitgeber_in zu steigern. Angeboten werden aktuell insbesondere solche sozialen Dienstleistungen, die seitens des Wohlfahrtsstaats nicht bzw. nicht in den von Unternehmen gewünschten Quantitäten und Qualitäten bereitgestellt werden. Hierzu zählt neben betrieblichen Gesundheitsdienstleistungen bzw. Gesundheitssport insbesondere die Kinder(-Tages-)Betreuung. Neben allgemeinen sozialpolitischen Zielen werden von den Maßnahmen auch Motivationssteigerungen der Mitarbeiter_innen erwartet, die letztlich die Wettbewerbsfähigkeit der Unternehmen steigern sollen (ebd., S. 12).

Eine Vielzahl freiwilliger betrieblicher Maßnahmen wird unter Einbezug externer Dienstleister_innen durchgeführt. So wird bspw. für den Betrieb von Kindertagesstätten auf professionelle oder wohlfahrtsverbandliche Anbieter_innen zurückgegriffen. Daraus ergibt sich eine neue Akteurkonstellation: Neben Arbeitgeber_in und Beschäftigen bzw. deren Interessenvertretungen tritt ein dritter Akteur. Für die betriebliche Altersversorgung ist gezeigt worden, dass es bei der Ausgestaltung zu einer Koalitionsbildung zwischen Arbeitgeber_innen und den Finanzdienstleister_innen gegen die Gewerkschaften kam (Pieper 2012, S. 209), die dazu geführt hat, dass insbesondere Arbeitgeberinteressen gewahrt wurden. Ähnliche Konstellationen sind auch im Bereich anderer Leistungen möglich, wenn bspw. Öffnungszeiten von Kindertageseinrichtungen oder Gesundheitsangebote ausschließlich zwischen Arbeitgeber und externem Dienstleister verhandelt werden, ohne die Beschäftigten einzubeziehen. Zur Beurteilung der Machtverhältnisse in der betrieblichen Sozialpolitik müsste das Binnenverhältnis zwischen den Akteur_innen bzw. die Governance der Angebote differenziert untersucht werden. Wer entscheidet über die Teilnahme an Angeboten bzw. wer entscheidet über die Belegung von Kita-Plätzen? Von besonderer Bedeutung ist auch die Frage, welche Verfahren bei der Kündigung des Arbeitsverhältnisses greifen. Abhängig von der Ausgestaltung dieser Entscheidungsfindungsprozesse ist die sozialpolitische Beurteilung betrieblicher Angebote.

Auch die betriebliche Sozialpolitik, die sich in Form von CSR oder CC an die Gesellschaft richtet, wird unterschiedlich bewertet. Zum einen werden unternehmerische Interessen nach Wiedererlangung von Legitimation befriedigt (Backhaus-Maul/Kunze 2015), zum anderen besteht aber auch die Gefahr eines sogenannten Greenwashings (Kirchschläger 2015).

Die von Unternehmen im Rahmen der Flüchtlingshilfe geleisteten Sachspenden von Konsumartikeln könnten auch dem Marketing zugeordnet werden, da von den Flüchtlingen auch erhebliche Nachfragepotenziale ausgehen (Fratzscher/Junker 2015). Müller/Schmidt (2016) kommen jedoch auf Basis einer Detailanalyse von insgesamt zwölf Unternehmen, die sich in der Flüchtlingshilfe engagieren, zu dem Schluss, dass sich »bisweilen gesellschaftliche Verantwortung und ökonomisches Interesse auf vortreffliche Weise miteinander verbinden lassen und manche Hilfsangebote Flüchtlinge nebenbei auch in die eigenen Produkte einführen«, aber dass »unmittelbar mit Eigeninteressen verbundene Aktivitäten der Unternehmen gleichwohl nicht« dominieren (ebd., S. 130).

5.4.7 Fazit

Betriebliche Sozialpolitik erfüllt in Deutschland verschiedene Funktionen. In Bezug auf die interne, auf die Beschäftigten ausgerichtete, Sozialpolitik wird auf betrieblicher Ebene eine Vielzahl gesetzlicher Regelungen konkretisiert und umgesetzt. Das geschieht im Rahmen von Tarifverträgen und/oder Betriebsvereinbarungen. Die im Zuge der Rentenreform zum Teil auf die Betriebe verlagerte Altersvorsorge führte daher zu einer Bedeutungssteigerung betrieblicher Sozialpolitik. Hinzu kommen Leistungen, die zum Teil in Tarifverträgen und/oder Betriebsvereinbarungen ausgehandelt, zum Teil aber auch jenseits der Einflussnahme der Interessenvertreter_innen der Beschäftigten vergeben werden. Die Analysen haben gezeigt, dass sowohl die großen Unternehmen als auch kleinere und mittlere Unternehmen (KMU) in diesem Bereich aktiv sind. Die großen Unternehmen bieten ihren Beschäftigten ein sehr umfangreiches Angebot an (freiwilligen) Sozialleistungen. Aus Unternehmersicht werden zusätzliche betriebliche Leistungen zunehmend als Instrument für die Personalgewinnung und -bindung genutzt – insbesondere in Branchen und Regionen, in denen Fachkräfte fehlen.

Auch die externe Sozialpolitik in Form von Projekten und Aktivitäten, die auf die Gesellschaft bzw. Umwelt der Unternehmen ausgerichtet sind (CSR bzw. CC), erfüllt mehrere Funktionen: Sie steigert die gesellschaftliche Legitimität der Unternehmen, macht die Produkte/Leistungen bei den Nachfragenden bekannt und kann ebenfalls positiv auf die Personalgewinnung und -bindung wirken. Die Aktivitäten werden dabei im Rahmen der Öffentlichkeitsarbeit genutzt. Deren Notwendigkeit sollte insbesondere von Industrieunternehmen nicht unterschätzt werden. Aktuelle empirische Untersuchungen zeigen, dass über ein Drittel der Bevölkerung der Ansicht ist, die Industrie wirke sich negativ auf die Umwelt aus. Weitere 30 % vertreten die Auffassung, dass von der Industrie gesundheitliche Risiken ausgehen. Auch die Arbeitsbedingungen in der Industrie werden ähnlich negativ eingeschätzt, selbst wenn dies arbeitssoziologischen Erkenntnissen widerspricht (Schönauer 2017, S. 236).

Betriebliche, tarifliche und staatliche Sozialpolitik stehen in einem engen Verhältnis zueinander. Die drei Systeme sind durch Interdependenzen und komplexe Akteurskonstellationen gekennzeichnet: So ist die Einführung zahlreicher sozialstaatlicher Leistungen auf gewerkschaftliche Forderungen bzw. Einflussnahme zurückzuführen. Gleichzeitig stellt der deutsche Sozialstaat jedoch auch den Rahmen für tarifvertragliche Regelungen dar, indem er die Tarifautonomie sichert (Fehmel 2013, S. 4).

Folgende parallele Entwicklungen zeichnen sich seit einigen Jahren ab:

- Vormals auf betrieblicher Ebene oder durch Tarifverträge vereinbarte Leistungen werden in (sozial-)gesetzliche Regelungen überführt. Ein Beispiel hierfür sind Regelungen der Arbeitszeitgestaltung von pflegenden Angehörigen und die Einführung des Mindestlohns.
- Vormals staatlich garantierte und organisierte Leistungen werden (teilweise) auf die Betriebe verlagert, z. B. die Stärkung der betrieblichen Altersvorsorge im Rahmen der Rentenreform.
- Staatliche bzw. kommunale Dienstleistungsangebote werden durch betriebliche Angebote ergänzt, z. B. im Rahmen von Betriebskitas.
- Unternehmen organisieren in Kooperation mit staatlichen Akteuren und der Sozialwirtschaft soziale Dienstleistungen, oft, aber nicht ausschließlich, mit Bezug zur Mitarbeitendengewinnung und -bindung.

Insgesamt ist ein Anstieg unternehmerischer Aktivitäten jenseits des Kerngeschäfts wahrzunehmen, und – was aus sozialpolitischer Perspektive von besonderem Interesse ist – die Grenzen zwischen dem staatlichen auf der einen Seite und dem betrieblichen bzw. unternehmerischen Sektor auf der anderen Seite verschwimmen. Beispiele hierfür sind die Auflage eines arbeitsmarktpolitischen Programms für benachteiligte Jugendliche, das im Tarifvertrag der chemischen Industrie verankert wurde und durch die BASF mit eigenem Personal durchgeführt wird sowie die Gründung einer Non-Profit-Organisation für die Lufthansa.

Ähnliche Entwicklungen der Grenzaufhebung sind auch im sozialen Dienstleistungssektor zu beobachten, in den vermehrt ökonomische Rationalitäten einziehen (Grohs et al. 2014, S. 178). Die Bewertung dieser Entwicklungen divergiert: Während die Prozesse im sozialen Dienstleistungssektor als systemfremde »Ökonomisierung« bezeichnet werden (siehe für einen Überblick über die Diskussion Heinze/Schneiders 2014), diagnostizieren andere eine »Hybridisierung« (Evers/Ewert 2010).

Für die Altersvorsorge konnte gezeigt werden, dass die Vertariflichung und Verbetrieblichung von Sozialpolitik zu zunehmend ungleich verteilten Chancen der Beschäftigten beim Zugang zu sozialer Absicherung und zu zunehmend ungleichen nichtstaatlichen Sozialleistungen selbst führt – und damit auf lange Sicht zu einem Anstieg der sozialen Ungleichheit (Fehmel 2013, S. 20). Ähnliches gilt auch für die Verlagerung der Übergangsgestaltung zwischen Erwerbstätigkeit und Ruhestand: »Der staatliche Rückzug aus der Übergangsgestaltung stärkt diese unternehmerischen Interessen und verschiebt das Machtverhältnis zugunsten der Arbeitgeber« (Klammer 2017, S. 216). Und auch im Bereich der Pflege werden betriebliche Vereinbarungen kritisch eingeschätzt:

> »Je mehr sozialpolitische Verantwortung an die Betriebe delegiert wird, desto ungleicher gestalten sich die Handlungsspielräume von pflegenden Angehörigen; insbesondere wenn die wohlfahrtsstaatlichen Rahmenbedingungen restriktiv sind« (Leitner/Vukoman 2015, S. 109).

Festzuhalten bleibt, dass die Ausweitung betrieblicher bzw. tarifvertraglicher Sozialpolitik dazu führt, dass sich die Kluft zwischen Arbeitsmarkt-Insidern und -Outsidern vergrößert, weil nur Erwerbstätige von den Leistungen profitieren. Diese These wird durch internationale Erfahrungen gestützt:

> »Die Erfahrungen aus den USA lehren, dass eine stärker auf die Betriebsebene fokussierte Sozialpolitik zu mehr Ungleichheit, einem geringeren Maß an Erwartungssicherheit sowie einer Verlagerung des Konflikts über die Sozialpolitik auf die betriebliche Ebene führen kann« (Seeleib-Kaiser 2002, S. 20).

Insbesondere wenn vormals staatlich und/oder durch die Sozialversicherungen erbrachte Leistungen auf die betriebliche Ebene verlagert werden, verschärfen sich soziale Ungleichheiten. Davon sind nicht nur die Arbeitsmarkt-Outsider selbst, sondern ggf. auch deren Kinder betroffen.

Zusätzlich ist davon auszugehen, dass zumindest ein Teil der betrieblichen Sozialpolitik durch innerbetriebliche Segmentierungsprozesse geprägt ist. Und zwar sowohl horizontal, d. h. zwischen Stamm- und Randbelegschaften, sowie vertikal zwischen Führungskräften und Mitarbeiter_innen auf unteren bzw. mittleren Hierarchiestufen. Eine kursorische Analyse von Regelungen zur Platzvergabe in betrieblichen Kindertagesstätten zeigt, dass zumindest in einigen Unternehmen Kinder von Führungskräften bei der Belegung bevorzugt werden.

Die von den Unternehmen sehr unterschiedlich ausgestalteten Leistungen bedeuten für die Erwerbstätigen eine »Ausdifferenzierung der Chancen [...] nach Betriebszugehörigkeit« (Klammer 2017, S. 214). Mitarbeitende in KMU werden eher geringere Chancen auf zusätzliche Leistungen haben, da viele Leistungen wie bspw. die betriebliche Kindertagesbetreuung nur von großen Betrieben angeboten werden können. Dies bedeutet für die KMU einen Nachteil im Wettbewerb um Fachkräfte.

Auch wenn bei den besonders behandelten Bereichen der Kindertagesbetreuung sowie der Integration von Flüchtlingen angesichts der eingesetzten Steuermittel und der Trägerstruktur nicht von einem staatlichen Rückzug gesprochen werden kann, kann auch aus der betrieblichen Kindertagesbetreuung eine Verschiebung des »Machtverhältnisses zugunsten der Arbeitgeber« (ebd., S. 216) resultieren, wenn die Plätze selektiv bzw. ohne Beteiligung der Arbeitnehmer_innenvertretung vergeben werden. Angesichts der Tatsache, dass die rechtliche Verbindlichkeit der betrieblichen Kindertagesbetreuung in Form von Tarifverträgen und Betriebsvereinbarungen bislang nur wenig ausgeprägt ist (Klenner 2013), ist die im Unternehmensmonitor ermittelte hohe Aktivität der Unternehmen nicht mitbestimmungspflichtig und für die Beschäftigten wenig verlässlich (Flüch/Stettes 2013).

Neben einer Würdigung des umfangreichen und vielfältigen sozialpolitischen Engagements deutscher Großunternehmen, wie sie bspw. im Rahmen des »Unternehmensmonitors« (BMFSFJ 2016) vorgenommen wird, scheint es erforderlich zu sein, die aus der betrieblichen Sozialpolitik unter Umständen resultierenden Segmentierungs- und Exklusionsprozesse zu beobachten. Das Verhältnis zwischen staatlicher und betrieblicher Sozialpolitik ist durch unterschiedliche Entwicklungen geprägt. Einerseits werden betriebliche und/oder tarifliche Leistungen in (sozial-)gesetzliche Regelungen überführt, auf der anderen Seite werden aber auch staatlich garantierte und organisierte Leistungen teilweise auf die Betriebe verlagert und staatliche bzw. kommunale Dienstleistungsangebote durch betriebliche Angebote ergänzt. Da von betrieblicher Sozialpolitik insbesondere Arbeitsmarkt-Insider profitieren, würde aus einer weiteren Verlagerung sozialpolitischer Verantwortung von staatlicher auf die unternehmerische Ebene die Verschärfung sozialer Ungleichheit resultieren.

Ein Ausgleich zwischen den Interessen der Beschäftigten und der Unternehmen kann dann gelingen, wenn betriebliche sozialpolitische Maßnahmen von Professionellen organisiert und durchgeführt werden. Hierfür eignet sich die Profession der Sozialarbeiter_innen insofern besonders gut, als sie Erfahrungen mit der Ausübung des sozialanwaltschaftlichen Doppel- bzw. Triplemandats hat und ggf. eine Schnittstellenfunktion zu sozialpolitischen Akteuren/Angeboten jenseits des Unternehmens einnehmen kann. Auf letztere wird im folgenden Kapitel eingegangen.

Weiterführende Literatur

Schneiders, Katrin/Arendt, Ines (2018): Betriebliche Sozialpolitik. Eine Bestandsaufnahme, in: WISO-Diskurs, Berlin: Friedrich-Ebert-Stiftung.
Stoll, Bettina (2012): Betriebliche Sozialarbeit: Aufgaben und Bedeutung, Praktische Umsetzung, Regensburg: Walhalla.

5.5 Soziale Arbeit als Schnittstellenmanagement zwischen dem privaten, öffentlichen und frei-gemeinnützigen Sektor

Ein weiteres, noch weniger im Fokus stehendes neues Arbeitsgebiet für Sozialarbeiter_innen und Sozialpädagog_innen, aber auch andere Soziale Berufe ergibt sich im Kontext des wirtschaftlichen und demographischen Wandels. Viele neue Produkte und Dienstleistungen sind in den letzten Jahren durch die Zusammenarbeit verschiedener Branchen aus unterschiedlichen Sektoren bzw. im Zusammenhang mit der Digitalisierung entstanden, so bspw. Angebote des Gesundheitstourismus (Gesundheitswirtschaft und Tourismus) oder technische

Assistenzsysteme (Technik/digitale Medien, Beratungsdienstleistungen und Gesundheitswirtschaft) bspw. in Form von Notrufsystemen. Ein Großteil dieser neuen Angebote zeichnet sich dadurch aus, dass sie nicht nur branchen- und sektorenübergreifend konzipiert sind, sondern durch Beratungsangebote flankiert sind und/oder die einzelnen Elemente des Angebots koordiniert werden müssen. Sowohl die Beratungsleistungen selbst als auch die Moderation/Koordination vorhandener Schnittstellen sind (zukünftige) Arbeitsfelder für Sozialarbeiter_innen und Sozialpädagog_innen. Die genannten Phänomene sind nicht nur, aber insbesondere bei Angeboten und Dienstleistungen erkennbar, die der »Seniorenwirtschaft« zugeordnet werden können. Dabei fokussiert der Begriff v. a. auf solche Produkte und Dienstleistungen, die von älteren Menschen selbst erworben bzw. bezahlt werden und nicht von der öffentlichen Hand in Form von Sozialleistungen finanziert werden. Damit konzentriert sich die »Seniorenwirtschaft« auf kaufkraftstarke Senior_innen. Ältere Menschen hingegen, die nur über geringe ökonomische Ressourcen verfügen, werden in diesem Konzept nur bedingt erfasst, nämlich dann, wenn im Fall von Pflege und sozialen Dienstleistungen ein öffentlicher Kostenträger die gesetzlichen Ansprüche (v. a. im Rahmen des SGB XI) durch Kostenübernahme erfüllt. Aktuelle Daten zeigen, dass zwischen 1996 und 2014 das durchschnittliche Einkommen am stärksten für die 60- bis 65-Jährigen gestiegen ist. Dennoch stehen ca. 13 % der älteren Haushalte weniger als 60 % des Nettoäquivalenzeinkommens zur Verfügung, sie gelten also als von Armut betroffen bzw. als armutsgefährdet (Lejeune et al. 2017). Auf der anderen Seite steigt die Zahl der Älteren mit (erheblichen) Vermögen:

> »Der Anteil von Personen mit Vermögen sowie die Vermögenshöhe nehmen zwischen 1996 und 2014 zu: Im Jahr 2014 besitzen 62,5 Prozent der 40- bis 85-Jährigen selbstgenutzte Immobilien, im Jahr 1996 waren es 56,6 Prozent. Der Anteil von Personen mit Geld- und Sachvermögen ist im gleichen Zeitraum von 76,4 auf 84,5 Prozent gestiegen. Zudem hat sich der Anteil derjenigen, die große Geld- und Sachvermögen (mehr als 100.000 Euro) besitzen, zwischen 1996 und 2014 von 6,6 auf 14,5 Prozent mehr als verdoppelt« (Lejeune/Romeu Gordo 2017: 111).

Schon allein aufgrund ihrer quantitativen Zunahme wird die private Nachfrage nach Produkten und Dienstleistungen in alternden Industriegesellschaften wie Deutschland zunehmend von älteren Menschen beeinflusst und in einzelnen Marktsegmenten bereits entscheidend geprägt. Auch in Deutschland ist erkennbar, dass die konsumrelevanten Interessen älterer Menschen mit den entsprechenden finanziellen Ressourcen eine neue bzw. zusätzliche Nachfrage nach Produkten und Dienstleistungen generieren können. Aus der alternden Gesellschaft resultieren nach einer derartigen Sichtweise nicht nur Probleme (wie der steigende Pflegebedarf, steigende Zahl von Rentner_innen etc.), sondern es können neue Beschäftigungsfelder entstehen. Zur Darstellung und Analyse derartiger neuer Felder wurde das Konzept der »Seniorenwirtschaft« entwickelt (vgl. ausführlich Heinze/Naegele/Schneiders 2011 sowie Heinze/Schneiders 2019; auf diesen Publikationen basiert dieses Kapitel in Teilen).

Seniorenwirtschaft

Zur Seniorenwirtschaft können v. a. solche Branchen gezählt werden, deren Leistungen verstärkt von älteren Menschen bzw. von jenen, die sich auf das Alter vorbereiten, in Anspruch genommen werden. Diese ist dabei nicht als ein eigenständiger, klar abgrenzbarer Wirtschaftsbereich zu verstehen, sondern vielmehr als ein Querschnittsmarkt, der zahlreiche Wirtschaftsbereiche umfasst. Dazu gehören u. a. der Gesundheits- und Pflegemarkt, soziale und hauswirtschaftliche Dienste, Wohnen und Handwerk, private Versicherungs- und Finanzdienstleistungen (z. B. im Zusammenhang mit der privaten Altersvorsorge), die großen Bereiche Freizeit, Tourismus, Kommunikation, Bildung, Unterhaltung und Kultur sowie die damit zusammenhängenden Bereiche der Informationstechnik und der Neuen Medien (vgl. Heinze/Naegele/Schneiders 2011). Auf zentrale Bereiche wird im Folgenden eingegangen.

5.5.1 Tourismus

Der Tourismus stellt in den westlichen Industriestaaten seit Jahrzehnten einen wichtigen Wirtschaftszweig dar. Veränderte Lebenslagen (verbesserter Gesundheitszustand, ökonomische Ressourcen) sowie veränderte Lebensstile haben dazu geführt, dass auch ältere Menschen bzw. Hochaltrige (über 80-Jährige) eine relevante Nachfragegruppe für die Tourismusbranche darstellen.

Ausgehend von ca. 4,9 Mio. Beschäftigten ist die Tourismusbranche ein wichtiger Beschäftigungsort (vgl. BMWi/BTW 2012). Seit den 1970er Jahren ist die Reiseintensität insgesamt erheblich gestiegen. Noch 1972 machten weniger als die Hälfte der Deutschen eine mindestens fünftägige Urlaubsreise, 2007 waren es bereits drei Viertel. Diese Zuwachsraten sind auch auf eine überproportional gestiegene Reiseintensität der Älteren zurückzuführen: Während die Reisetätigkeit der 60- bis 69-Jährigen mit 41 % bzw. der über 70-Jährigen mit 30 % im Jahr 1972 noch deutlich unter dem Durchschnitt (Lohmann/Aderhold 2009) lag, haben sich die Werte über die Altersgruppen hinweg in den letzten Jahren angenähert.

Die Gesundheit als Reisemotiv spielt gerade für ältere Menschen eine wichtige Rolle und wird zunehmend auch in ›normale‹ Reisen einbezogen.

> »Gesundheitstourismus umfasst sowohl die traditionelle, vornehmlich krankheitsbedingte Reise in Kliniken und Kurorten als auch Wellness-Reisen. Im Spektrum des Gesundheitstourismus bilden ältere Menschen eine wichtige und wachsende Kundengruppe« (Heinze/Schneiders 2019: 205)

Insbesondere für Hochaltrige und/oder körperlich beeinträchtige Senior_innen, die nicht (mehr) allein und ohne Unterstützung verreisen können, existieren mittlerweile spezielle Reiseangebote, die teilweise in Analogie zum »Betreuten Wohnen« als Konzept des »betreuten Reisens« angeboten werden. Diese Reisen unterscheiden sich von ›normalen‹ Angeboten dadurch, dass vor und während der gesamten Reisezeit ein umfangreiches Beratungs- und Serviceangebot, das die etwaigen gesundheitlichen Einschränkungen der Reisenden berücksichtigt (z. B. Koffertransport von Haustür zu Haustür, ärztliche Betreuung vor Ort etc.), integriert ist. Zum Teil werden derartige Angebote auch für Menschen mit Behinderung und Hilfebedarf sowie für Pflegebedürftige und ihre Angehörigen geöffnet. Insbesondere für alleinstehende ältere Menschen, aber auch für Alleinerziehende, Familien mit beeinträchtigten Angehörigen etc. bieten organisierte Gruppenreisen die Möglichkeit zum Aufbau und zur Pflege sozialer Kontakte. Die Anbahnung dieser sozialen Beziehungen innerhalb von Gruppen, die Unterstützung bei auftretenden gesundheitlichen Beeinträchtigungen bzw. bei allgemeinen Unterstützungsbedarfen erfordern besondere kommunikative Kompetenzen (sowohl mit einzelnen Menschen als auch in der Begleitung/Initiierung von gemeinschaftlichen Angeboten) und weisen insbesondere beim Gesundheitstourismus auch Aspekte des Case Managements auf. Von daher ergeben sich hier neue Arbeitsfelder für Professionelle der Sozialen Arbeit.

5.5.2 Finanzdienstleistungen

»Unter dem Begriff der ›Finanzdienstleistungen‹ werden solche Dienstleistungen zusammengefasst, die dazu beitragen, vorhandenes Einkommen oder Vermögen für aktuelle oder zukünftige Ausgaben verfügbar zu machen und es ggf. durch die Anlage in Aktien o. Ä. zu vermehren. Diese Dienstleistungen werden v. a. von Banken und/oder Versicherungsunternehmen bzw. entsprechenden Vermittlungsorganisationen angeboten« (Heinze/Schneiders 2019: 206).

Viele Finanzdienstleistungen werden unabhängig vom Alter der Kund_innen gestaltet (z. B. Girokonten, Kredite). Derartige Dienstleistungen werden nur dann ggf. Gegenstand sozialarbeiterischer Interventionen, wenn das Verhältnis zwischen Bank und Kund_in gestört ist, also bspw. wenn ein Bankinstitut die Einrichtung eines Girokontos verweigert, oder im Rahmen einer Schuldnerberatung. In den letzten Jahren werden von Finanzdienstleistern auch Produkte angeboten, die auf eine Absicherung gegen die (vermeintlichen) Risiken des Alters (private Rentenversicherungen, zusätzliche Pflegeversicherungen etc.) zielen. Noch relativ neu sind hingegen Produkte und Dienstleistungen, die sich an bereits ältere Menschen richten (bspw. besondere Unfallversicherungen).

Das Verhältnis zwischen Banken und Versicherungen auf der einen und vulnerablen Gruppe auf der anderen Seite ist als ambivalent zu bezeichnen. Einerseits hat die Finanzwirtschaft mittlerweile erkannt, dass es sich bspw. bei einem erheblichen Teil der heutigen Älteren um eine relativ einkommens- und vermögensstarke Gruppe handelt, die nicht nur Beratungsaufwand verursacht, sondern auch eine interessante Zielgruppe darstellt. Auf der anderen Seite kommt es gerade in der Finanzwirtschaft weiterhin zu Diskriminierungen und Benachteiligungen, wenn bspw. Altersgrenzen die Vergabe von Krediten verhindern oder wenn für bestimmte Versicherungen Alterszuschläge erhoben werden. Hier entstehen neue Arbeitsfelder für Sozialarbeiter_innen und Sozialpädagog_innen jeweils der klassischen Schuldnerberatung, wenn sie ältere Menschen dabei unterstützen, gegen Diskriminierungen vorzugehen. Für die Zukunft ist aufgrund der Polarisierung der Einkommensverhältnisse der Bevölkerung in Deutschland in beiden Bereichen von steigenden Beratungsbedarfen auszugehen. Gerade Menschen mit Unterstützungsbedarfen werden Beratungsangebote benötigen, die über die klassische Verbraucherberatung hinausgehen.

5.5.3 Wohnen bzw. Wohnungswirtschaft

Eine Wohnung stellt für die allermeisten Menschen eine der wichtigsten Ressourcen dar: Hier wird ein Großteil der Reproduktionsarbeit erbracht, das familiäre Leben und die Freizeit gestaltet. Ein fester Wohnsitz ist darüber hinaus i. d. R. Voraussetzung für den Abschluss von Verträgen und insofern für die gesellschaftliche Teilhabe von elementarer Bedeutung. Die Wohnungsverhältnisse sind immer in Zeiten des Wohnungsmangels Gegenstand intensiver öffentlicher bzw. politischer Diskussionen, so bspw. in der Phase des Wiederaufbaus nach dem Zweiten Weltkrieg, in den 1990er Jahren und auch ganz aktuell aufgrund fehlenden Wohnraums bzw. stark steigenden Miethöhen. Aufgrund der besonderen Bedeutung des Gutes »Wohnen« greifen Staat und Kommunen mit einer Vielzahl von regulativen und distributiven Maßnahmen und Gesetzen (bspw. durch die öffentliche Förderung von Wohnungsneubau, Mietgesetzgebung) in den Wohnungsmarkt ein. Auch für Sozialarbeiter_innen und Sozialpädagog_innen bietet die Wohnungswirtschaft zahlreiche Betätigungsfelder: im Zusammenhang mit Quartiersprojekten (vgl. für einen Überblick Heinze/Beck 2017), in der Wohnberatung zu Ausstattungsmerkmalen und Beratungsangeboten für Menschen mit besonderen Bedarfen (Ältere, Menschen mit Behinderung) oder als Ort für aufsuchende Angebote der Hilfen zur Erziehung (bspw. Sozialpädagogische Familienhilfe). Die Wohnung stellt insbesondere für vulnerable Gruppen den Lebensmittelpunkt schlechthin dar, für sehr alte Menschen mit Einschränkungen der Mobilität oder Menschen mit einer Körperbehinderung wird die Wohnung nicht selten der einzige Aufenthaltsort. Möglichst selbstständig zu Hause ›in den eigenen vier Wänden‹ zu leben, auch im Falle körperlicher und gesundheitlicher Einschränkungen bzw. erheblich eingeschränkter Mobilität, ist daher nicht nur der dominante Wunsch der älteren Bevölkerung (vgl. Generali Zukunftsfonds/Institut für Demoskopie Allensbach 2013) , sondern auch anderer Gruppen mit besonderen Bedarfen (vgl. Schrooten et al. 2019) und ist im Rahmen des Grundsatzes »ambulant vor stationär« auch in den Sozialgesetzbüchern festgehalten.

Die Privatwohnung ist auch aus Sicht der öffentlichen Kostenträger i. d. R. einer stationären Versorgung vorzuziehen, da eine ambulante Versorgung in den allermeisten Fällen weniger Kosten verursacht als eine stationäre. Aus sozialarbeiterischer bzw. -pädagogischer Perspektive ist zudem auf die Aktivierungsfunktion der eigenen Wohnung hinzuweisen. Die selbstständigkeitserhaltende bzw. -fördernde Gestaltung der Wohnung gilt als zentrales Merkmal von Lebensqualität. Für mobilitätseingeschränkte oder andere Menschen mit besonderen Bedarfen kann eine adäquat gestaltete Wohnung unter Nutzung geeigneter technischer Hilfsmittel und sozialer Dienstleistungen dazu beitragen, stationäre Versorgungsformen zu vermeiden oder zumindest zeitlich aufzuschieben.

»Selbst im Falle von Pflegebedürftigkeit bleibt mit derzeit 68 % der größte Teil der Betroffenen zu Hause in der eigenen Wohnung und wird dort versorgt. Nur ca. vier Prozent der über 65-jährigen Deutschen leben in institutionalisierten Lebensformen« (Heinze/Schneiders 2019: 207). Durch bauliche Anpassungsmaßnahmen (Verbreiterung von Türen, Einbau bodengleicher Duschen, Installation von Bewegungsmeldern etc.) und/oder durch den Einsatz von technischen Hilfsmitteln (Sturzsensoren, Telemedizin etc., ▶ Kap. 5.2) können auch ältere bzw. Menschen mit Behinderung in einer ›Normalwohnung‹ leben. Das Angebot technischer und baulicher Hilfsmittel (vgl. den Katalog unter www.rehadat.de) ist mittlerweile so umfassend, dass es besonderer Beratung über deren Einsatzmöglichkeiten und ggf. Kostenträger bedarf. Diese Beratung wird teilweise von Pflege- bzw. Wohnberatungsstellen angeboten, in denen auch Sozialarbeiter_innen tätig sind (vgl. für einen Überblick über vorhandene Wohnberatungsstellen http://www.wohnungsanpassung-bag.de).

Neben der Normalwohnung (ggf. mit individuellen Anpassungen) auf der einen und einer vollstationären Versorgung auf der anderen Seite existieren für verschiedene Zielgruppen der Sozialen Arbeit Wohnformen, die über besondere bauliche und/oder technische Ausstattungsmerkmale und ein integriertes Dienstleistungsangebot verfügen (vgl. für das besondere Angebot des familienbezogenen Wohnens für Menschen mit Behinderung die Beiträge in Konrad et al. 2012). Wohnformen mit integriertem Dienstleistungsangebot werden unter verschiedenen Begrifflichkeiten geführt: Während sich für Menschen mit Behinderung oder psychischen Erkrankungen der Begriff des »Betreuten Wohnens« bzw. der »betreuten Wohnung« weitgehend durchgesetzt hat, haben sich für Wohnformen, die sich an ältere Menschen richten, verschiedene Begrifflichkeiten etabliert wie »Service Wohnen«, »Wohnen plus«, »Betreutes Seniorenwohnen« etc. (vgl. Schneiders 2010). Vergleichende Studien zur Qualität der verschiedenen Wohn- bzw. Versorgungsformen liegen bislang nur vereinzelt vor (Klingelhöfer-Noe et al. 2015). Entscheidend sind die Wünsche bzw. Präferenzen der Adressat_innen bzw. die individuelle Passung von Bedarfen/Wünschen und dem Angebot.

Vor dem Hintergrund der Wünsche und Bedarfe der verschiedenen Zielgruppen kann jedoch grundsätzlich festgehalten werden, dass v. a. Wohnangebote, die über eine gute Anbindung an die lokale Infrastruktur verfügen und die in das sozialpflegerische Netz vor Ort eingebunden sind, erforderlich sind. Durch die Nutzung von neuen Informations- und Kommunikationstechnologien, insbesondere aber durch koordinierende und beratende Tätigkeiten von Sozialarbeiter_innen und Sozialpädagog_innen, können entsprechende Wohnangebote konzipiert und betrieben werden. Anstellungsträger können Wohnungsunternehmen, Wohnungsgenossenschaften, Freie Träger der Wohlfahrtspflege oder gewerbliche Träger sein.

5.5.5 Gesundheit

Ausgehend von einem bio-psycho-sozialen Modell von Gesundheit bzw. Krankheit ist der Gesundheitssektor ein wichtiges Arbeitsgebiet für Sozialarbeiter_innen und Sozialpädagog_innen. Auch wenn sich ein erheblicher Teil der medizinischen Einrichtungen bzw. Akteure (noch) nicht an diesem, sondern an einem naturwissenschaftlich-biologischem Paradigma orientiert (Egger 2015: 54), so bietet die Gesundheitswirtschaft aktuell doch zahlreiche Schnittstellen zur Sozialwirtschaft.

Schätzungen gehen davon aus, dass ca. ein Viertel bis ein Drittel aller Sozialarbeiter_innen im Gesundheitsbereich beschäftigt sind (Franzkowiak 2014: 117). Mit zurzeit insgesamt ca. 6,8 Mio. Erwerbstätigen handelt es sich bei der Gesundheitswirtschaft um einen beschäftigungspolitisch hoch relevanten Sektor.

>»2015 wurden mit einer Bruttowertschöpfung von 324 Mrd. Euro ca. zwölf des Bruttoinlandsprodukts in diesem Sektor erzielt. Mit jährlich 3,5 % wuchs der Sektor in den letzten zehn Jahren deutlich stärker als das Bruttoinlandsprodukt. 101 Mrd. Euro bzw. 7,4 % der Gesamtexporte und 19 % des Gesamtkonsums entfallen auf die Gesundheitswirtschaft« (Heinze/Schneiders 2019: 209; Datenbasis BMWi 2017).

Mit Ausnahme der Klinischen Sozialarbeit, die dem professionellen Anspruch nach »eigene Beratungs-, Krisenintervention- und Behandlungsaufgaben« (Franzkowiak 2014: 122) autonom wahrnimmt, übernimmt die Soziale Arbeit v. a. zahlreiche Aufgaben an den Schnittstellen zwischen Gesundheitswirtschaft und Tourismus (s. o.) sowie zwischen Einrichtungen der Gesundheitswirtschaft und dem privaten Lebensumfeld der Patient_innen, also im Bezug auf das Wohnen bzw. die Wohnungswirtschaft. Hierzu gehört bspw. der Sozialdienst in Krankenhäusern, der im Rahmen des Entlassungsmanagements gemäß § 39 Abs. 1a SGB V Patient_innen bei der Organisation der nachstationären Versorgung unterstützt. Diese Beratungsleistungen sind nicht nur im Sinne des/der Patient_in, sondern unterstützen die Krankenhäuser auch dabei, die in den DRG (Diagnosis Related Groups – Fallpauschalen) festgelegten maximalen Verweildauern einzuhalten. Diese Einhaltung ist insofern für die finanzielle Situation der Krankenhäuser von erheblicher Bedeutung, als bei einer Überschreitung des definierten zeitlichen Umfangs u. U. keine weitere Kostenübernahme durch die gesetzlichen Krankenversicherungen erfolgt. Die nachstationäre Versorgung kann in eine Rehamaßnahme münden (Übergang von einer gesundheitsbezogenen Einrichtung in eine andere), aber auch in die Privatwohnung, ggf. flankiert durch bauliche Anpassungsmaßnahmen und/oder soziale/pflegerische Dienstleistungen (s. o.). Die Bedeutung des Gesundheitssektors und damit mittelbar der Sozialen Arbeit innerhalb dieses Sektors wird anhand der Ausgaben, die die öffentliche Hand, Sozialversicherungen, Arbeitgeber und Privathaushalte investieren: von den rund 375,6 Mrd. Euro, die 2017 verausgabt wurden, wurden laut Gesundhausausgabenberechnung des Statistischen Bundesamtes (abzurufen unter www.gbe-bund.de) ca. 74 % von der öffentlichen Hand und gesetzlichen Sozialversicherungen, aber auch ca. 15 % von Privathaushalten getragen. Weitere 11 % wurden von Privatversicherungen bzw. Arbeitgebern verausgabt. BMWi 2017).

5.5.6 Fazit

Für die Sozialarbeit ergeben sich im Bereich branchenübergreifender Produkte und Dienstleistungen neue Arbeitsfelder. Und zwar sowohl bei der Entwicklung als auch bei der späteren Markteinführung bzw. dem Vertrieb, da es sich um beratungsintensive Produkte und Dienstleistungen handelt. Sozialarbeiter_innen und Sozialpädagog_innen können hier sowohl von ihrer Expertise im Bereich von Lebenslagen/Lebensformen und Bedürfnissen von Zielgruppen profitieren als auch von ihren methodischen Fähigkeiten und Kompetenzen, insbesondere Gesprächsführung und Case Management. Viele technikzentrierte Entwicklungen haben sich am Markt nicht durchsetzen können, da das Wissen um die besonderen Bedarfe der Zielgruppen, aber auch möglicher Re-Finanzierungsstrukturen fehlten. Soziale Arbeit kann insofern dazu beitragen, nachfragegerechte Produkte und Dienstleistungen zu entwickeln und anschließend auch anzubieten. Gleichwohl ist darauf hinzuweisen, dass die Produkte und Dienstleistungen der »Seniorenwirtschaft« nur von einem Teil der älteren Menschen erworben bzw. in Anspruch genommen werden können. Ähnlich wie in der Gesamtgesellschaft ist auch in den Altersgruppen der über 65-Jährigen eine Polarisierung der ökonomischen Ressourcen erkennbar:

> »Zentrale Charakteristika heutiger Lebenslagen älterer und alter Menschen werden durch zwei Polarisierungen bestimmt, die Unterscheidungen in ein ›positives‹ und ›negatives‹ sowie ein ›drittes‹ und ein ›viertes‹ Alter. Das ›positive Alter‹ ist bisher maßgeblich gekennzeichnet durch gute bis sehr gute Einkommens- und Vermögensverhältnisse bei wachsenden Gruppen älterer Menschen, zumindest in den alten Bundesländern, die sich auch durch herrschende Vererbungsmechanismen immer weiter verbessert werden. Im Zusammenhang mit materiellen Niveauerhöhungen zeigen sich Zunahmen an Aktivität, Freizeitorientierung, Unabhängigkeit, Selbständigkeit und sozialer Integration, an Selbsthilfepotenzialen und Selbstorganisationsfähigkeit Für diese Gruppe Älterer sieht die gerontologische Forschung Zusammenhänge mit den insgesamt gewachsenen Potenzialen und Kompetenzen. Das ›negative‹ Alter findet sich besonders häufig bei Angehörigen der unteren Sozialschichten, bei sehr alten Menschen und vor allem bei hochaltrigen Frauen« (Backes 2014: 87).

Sozialarbeiter_innen und Sozialpädagog_innen sollten stets alle Gruppen im Blick behalten.

Weiterführende Literatur

Heinze, Rolf G./Naegele, Gerhard/Schneiders, Katrin (2011): Wirtschaftliche Potenziale des Alters, Stuttgart: Kohlhammer.

6 Fazit: Wie geht's weiter?

Der Einzug ökonomischer Rationalitäten in den sozialen Dienstleistungssektor ist mittlerweile vollzogen und weist ja durchaus auch positive Perspektiven für die Adressat_innen, aber auch die Soziale Arbeit auf. Gleichwohl handelt es sich beim sozialen Dienstleistungssektor nicht um eine Branche wie jede andere – wesentliche Kennzeichen eines Markts sind nicht gegeben. Von daher unterscheiden sich die Beziehungen zwischen Anbieter_innen und Nachfrager_innen erheblich von denen anderer Märkte, und alternative Bezeichnungen für letztere wie Adressat_innen bzw. Klient_innen haben weiterhin ihre Berechtigung.

Im internationalen Vergleich ist die deutsche Sozialwirtschaft als Branche nicht nur quantitativ, sondern auch qualitativ sehr gut aufgestellt. Trotz aller Steuerungsprobleme und Reformbedarfe handelt es sich bei den deutschen Sozialunternehmen um Organisationen, die ein breites Angebotsspektrum und eine hohe Qualität aufweisen. In den nächsten Jahren wird es darum gehen müssen, eine gute Balance zwischen den verschiedenen Steuerungsprinzipien bzw. Handlungsorientierungen von Markt, Staat und Gemeinschaft wiederherzustellen. Diese Entwicklung wird wesentlich durch die Politik geprägt, aber Sozialarbeiter_innen und Sozialpädagog_innen haben daran nicht nur durch ihre Leistungen für die Adressat_innen einen wesentlichen Anteil. Im Rahmen des sozialanwaltschaftlichen Mandats ist es darüber hinaus ihre Aufgabe, ihre Expertise einzubringen. Dieses Lehrbuch sollte dazu beigetragen, diese Expertise aufzubauen.

> Sie haben nun einen Einblick in
>
> - Finanzierungsmodelle und deren Spezifika,
> - Möglichkeiten und Grenzen der Wirkungsmessung sowie
> - die Debatten um Ökonomisierung und Social Entrepreneurship
> - aktuelle Entwicklungstrends der Digitalisierung und Betrieblichen Sozialpolitik
>
> erhalten.

Vielleicht verstehen Sie es jetzt besser, wenn Sie seitens der Einrichtungsleitung darauf hingewiesen werden, dass die Auslastungsquote erhöht werden muss oder dass ein aus Ihrer Sicht dringend notwendiges Projekt nicht finanzierbar ist. Die Kenntnis der schwierigen Finanzierungsbedingungen sollte Sie jedoch nicht davon abhalten, (weiterhin) die besten Maßnahmen für Ihre Adressat_innen einzufordern. Denn – das zeigen die Ergebnisse der Wirkungsforschung – langfristig können anfangs kostenintensive Maßnahmen nicht nur zu den effektiveren, sondern auch zu den effizienten Lösungen gehören!

Aber diese Effizienz werden Sie in den nächsten Jahren zunehmend nachweisen müssen. Und hierfür sind Daten und Informationen erforderlich. Nur wenn Sie die teilweise unbeliebten, weil aufwändigen Dokumentationen sorgfältig führen, sich an Befragungen beteiligen und immer kritisch hinterfragen, welche Daten und Informationen Sie beitragen können, um nachzuweisen, dass Ihre Arbeit effizient ist, wird es Ihnen gelingen, bei Kostenträgern auch kostenintensive Maßnahmen durchzusetzen.

Und vielleicht schauen Sie sich die eine oder andere Marketingidee der sogenannten Social Entrepreneure ab; auch wenn sich diese nur auf einen kleineren Teilbereich der sozialen Dienstleistungen konzentrieren, gelingt es ihnen doch, teilweise mit unkonventionellen Maßnahmen gesellschaftliche Relevanz zu entwickeln.

In den nächsten Jahren wird sich die Soziale Arbeit zusätzlich zu Finanzierung und Wirkungsmessung auch mit den Neuen Medien bzw. der Digitalisierung beschäftigen (müssen); sei es, um Adressat_innen dabei zu unterstützen, mit den Medien verantwortungsvoll umzugehen, sei es, um die Möglichkeiten der Digitalisierung bei der Umsetzung von Maßnahmen in unterschiedlichen Arbeitsfeldern auszuloten, z. B. in Gestalt von virtuellen Realitäten in der Sozialpädagogischen Familienhilfe, in der Arbeit mit älteren Menschen, in Form von virtuellen Jugendzentren oder …

Eines ist sicher: Es bleibt spannend!

Literatur

Albus, Stefanie/Greschke, Heike/Klingler, Birte/Messmer, Heinz/Micheel, Heinz-Günter/Otto, Hans-Uwe/Polutta, Andreas (2010): Wirkungsorientierte Jugendhilfe. Abschlussbericht der Evaluation des Bundesmodellprogramms »Qualifizierung der Hilfen zur Erziehung durch wirkungsorientierte Ausgestaltung der Leistungs-, Entgelt- und Qualitätsvereinbarungen nach §§ 78a ff SGB VIII«, Münster.
Albus, Stefanie/Micheel, Heinz-Günter/Polutta, Andreas (2015): Wirksamkeit. In: Otto/Thiersch, Hans (Hrsg.): Handbuch Soziale Arbeit. 5., erw. Aufl., München: Ernst Reinhardt, S. 1847–1854.
Altgeld, Karin/Stöbe-Blossey, Sybille (Hrsg.) (2009): Qualitätsmanagement in der frühkindlichen Bildung, Erziehung und Betreuung. Perspektiven für eine öffentliche Qualitätspolitik, Wiesbaden: Springer.
Althammer, Jörg W./Lampert, Heinz (2014): Lehrbuch der Sozialpolitik. 4. Aufl., Wiesbaden: Springer.
Arnold, Ulli/Grunwald, Klaus/Maelicke, Bernd (Hrsg.) (2014): Lehrbuch der Sozialwirtschaft. 4., erw. Aufl., Baden-Baden: Nomos.
Arnold, Daniel/Butschek, Sebastian/Steffes, Susanne/Müller, Dana (2015): Digitalisierung am Arbeitsplatz. Forschungsbericht 468 des Bundesministeriums für Arbeit und Soziales.
BA – Bundesagentur für Arbeit (2016): Blickpunkt Arbeitsmarkt. Fachkräfteengpassanalyse, Nürnberg, [online] https://statistik.arbeitsagentur.de/Statischer-Content/Arbeitsmarktberichte/Fachkraeftebedarf-Stellen/Fachkraefte/BA-FK-Engpassanalyse-2016-12.pdf [16.06.2017].
BA – Bundesagentur für Arbeit (2018a): Gute Bildung – gute Chancen. Der Arbeitsmarkt für Akademikerinnen und Akademiker in Deutschland, Nürnberg.
BA – Bundesagentur für Arbeit (2018b): Sozialversicherungspflichtig Beschäftigte nach Berufen. Klassifizierung der Berufe 1988 – verschiedene Jahrgänge. Nürnberg, [online] https://statistik.arbeitsagentur.de/nn_746584/SiteGlobals/Forms/Rubrikensuche/Rubrikensuche_Form.html?view=processForm&resourceId=210368&input_=&pageLocale=de&topicId=17390&year_month=201106&year_month.GROUP=1&search=Suchen [25.09.2018].
Bachert, Robert/Dreizler, Andrea (Hrsg.) (2018): Finanzierung von Sozialunternehmen. Theorie, Praxis, Anwendung, Freiburg: Lambertus.
Backes, Gertrud M. (2014): Potenziale des Alter(n)s – Perspektiven des homo vitae longae?, in: Amann, Anton/Kolland, Franz (Hrsg.): Das erzwungene Paradies des Alters? Wiesbaden: Springer, S. 71–108.
Backhaus-Maul, Holger/Kunze, Martin (2015): Unternehmen in Gesellschaft. Soziologische Zugänge, in: Schneider, Andreas/Schmidpeter, René (Hrsg.): Corporate Social Responsibility, Berlin, Heidelberg: Springer, S. 99–112.
BAGFW (2019): Einrichtungen und Dienste der Freien Wohlfahrtspflege. Gesamtstatistik 2016. Berlin, [online] https://www.bagfw.de/fileadmin/user_upload/Veroeffentlichungen/Publikationen/Statistik/BAGFW_Gesamtstatistik_2016.pdf [25.09.2018].
Baier, Florian (2015): Wirkfaktoren und Wirkungen der Schulsozialarbeit, in: Jugendhilfe, 53 (5), S. 385–389.
Ballweg, Thomas/Lehmann, Robert/Eisele, Claudia (2012): Soziale Arbeit macht sich bezahlt: Der Social Return on Investment einer stationären Einrichtung der Wohnungslosenhilfe, in: wohnungslos, 4, S. 132–135.

Barth, Cordula (2011): Inklusion durch Wohlfahrtsmix. Menschen mit Behinderung brauchen eine individuelle Mischung verschiedener Unterstützungsleistungen, in: Blätter der Wohlfahrtspflege, 158 (6), S. 217–220.
Bassarak, Herbert/Wöhrle, Armin (Hrsg.) (2008): Sozialwirtschaft und Sozialmanagement im deutschsprachigen Raum. Bestandsaufnahme und Perspektiven, Augsburg: Ziel.
Bauer, Dieter/Finkel, Margarete/Hamberger, Matthias/Kühn, Axel, D./Thiersch, Hans (1998): Leistungen und Grenzen von Heimerziehung: Ergebnisse einer Evaluationsstudie stationärer und teilstationärer Erziehungshilfen. Forschungsprojekt Jule, Stuttgart: Kohlhammer.
Baur, Nina/Blasius, Jörg (Hrsg.) (2019): Handbuch Methoden Empirischer Sozialforschung. 2., überarb. u. erw. Aufl., Wiesbaden: Springer.
Baumgartner, Edgar (2009): Das Persönliche Budget im internationalen Vergleich. Erfahrungen in Schweden, den Niederlanden, Großbritannien und der Schweiz, in: Archiv für Wissenschaft und Praxis der sozialen Arbeit, 40 (1), S. 78–89.
Baumgartner, Edgar (2017): Betriebliche Soziale Arbeit in Deutschland – Stand und Perspektiven, in: Klein, Susanne/Appelt, Hans-Jürgen (Hrsg.), Praxishandbuch betriebliche Sozialarbeit. 6. Aufl., Kröning: Asanger, S. 19–30.
Becka, Denise/Evans, Michaela/Hilbert, Josef (2017): Digitalisierung in der sozialen Dienstleistungsarbeit. Stand, Perspektiven, Herausforderungen, Gestaltungsansätze, Düsseldorf: FGW, [online]: http://www.fgw-nrw.de/fileadmin/user_upload/FGW-Studie-I40-05-Hilbert-komplett-web.pdf [20.10.2019].
Beckmann, Kathinka (2014): Kinderschutz in öffentlicher Verantwortung. Eine Verlaufsstudie von 346 Werdegängen im Kontext kommunaler Sozial- und Haushaltspolitik, Frankfurt a. M.: Wochenschau.
Beckmann, Kathinka (2015): Auf der Suche nach Hilfe und Bildung. Bedarfsgerechte Jugendhilfe-Maßnahmen stehen nicht zwangsläufig im Widerspruch zu einer langfristigen Kostenersparnis, in: Blätter der Wohlfahrtspflege, 162 (4), S. 147–149.
Begemann, Maik-Carsten/Bleck, Christian/Liebig, Reinhard (Hrsg.) (2019): Wirkungsforschung zur Kinder- und Jugendhilfe. Grundlegende Perspektiven und arbeitsfeldspezifische Entwicklungen, Weinheim, Basel: Beltz Juventa.
Beher, Karin/Fuchs-Rechlin, Kirsten (2013): Wie atypisch und prekär sind die Beschäftigungsverhältnisse in sozialen Berufen? Eine Analyse des Mikrozensus 2009, in: Sozialmagazin, (1–2), S. 52–64.
Betz, Tanja/Diller, Angelika/Rauschenbach, Thomas (Hrsg.) (2010): Kita-Gutscheine. Ein Konzept zwischen Anspruch und Realisierung, München: Deutsches Jugendinstitut.
Bieker, Rudolf (2004): Neue Kommunalverwaltung. Eine Einführung für Sozial- und Sozialverwaltungsberufe, Weinheim, München: Beltz Juventa.
Bieker, Rudolf (2016): Verwaltungswissen für die Soziale Arbeit. Stuttgart: Kohlhammer
Bispinck, Reinhard (2012): Sozial und arbeitsmarktpolitische Regulierung durch Tarifvertrag, in: Bispinck, Reinhard/Bosch, Gerhard/Hofemann, Klaus/Naegele, Gerhard (Hrsg.): Sozialpolitik und Sozialstaat: Festschrift für Gerhard Bäcker, Wiesbaden: Springer, S. 201–219.
BMAS – Bundesministerium für Arbeit und Soziales (2018): Betriebliches Eingliederungsmanagement, Berlin, [online] https://www.bmas.de/DE/Themen/Arbeitsschutz/Gesundheit-am-Arbeitsplatz/betriebliches-eingliederungsmanagement.html [05.10.2019]
BMAS – Bundesministerium für Arbeit und Soziales (2019): Sozialbudget 2018. Berlin, [online] https://www.bmas.de/DE/Service/Medien/Publikationen/a230-18-sozialbudget-2018.html [05.10.2019].
BMFSFJ – Bundesministerium für Familie, Senioren, Frauen und Jugend (2016): Unternehmensmonitor Familienfreundlichkeit 2016. Berlin, [online] https://www.bmfsfj.de/blob/95434/ede1131bedf5bbbb477cffd478bcc1b7/unternehmensmonitor-familienfreundlichkeit-2016-broschuere-data.pdf [30.10.2017].
BMFSFJ/Deutscher Bundestag (Hrsg.) (2012): Antwort der Bundesregierung auf die Kleine Anfrage der Abgeordneten Ulrich Schneider, Britta Haßelmann, Beate Walter-Rosenheimer, weiterer Abgeordneter und der Fraktion BÜNDNIS 90/DIE GRÜNEN, Berlin:

Drucksache 17/10731 – »Förderung von Sozialunternehmen«, [online] http://dip21.bun destag.de/dip21/btd/17/107/1710731.pdf [27.09.2018].
BMG – Bundesministerium für Gesundheit (2019): Pflegeleistungen zum Nachschlagen. 5., akt. Aufl., Berlin, [online] https://www.bundesgesundheitsministerium.de/fileadmin/Da teien/5_Publikationen/Pflege/Broschueren/190329_Pflegeleistungen_2019.pdf.
BMWi – Bundesministerium für Wirtschaft und Technologie (2017): Gesundheitswirtschaft. Daten und Fakten 2015. Berlin, [online] http://www.bmwi.de/Redaktion/DE/Publikationen/Wirtschaft/gesundheitswirtschaft-fakten-und-zahlen.pdf?__blob=publicatio nFile&v=10, [22.01.2017].
BMWi – Bundesministerium für Wirtschaft und Technologie/BTW – Bundesverband der Deutschen Tourismuswirtschaft e. V. (2012): Wirtschaftsfaktor Tourismus Deutschland. Kennzahlen einer umsatzstarken Querschnittsbranche, Berlin.
Bode, Ingo (2012): Mangerialismus gegen Kindeswohlgefährdung? Zum Phänomen berechnender Steuerung in einem unberechenbaren Organisationsfeld, in: Marthaler, Thomas/Bastian, Pascal/Bode, Ingo/Schrödter, Mark (Hrsg.): Rationalitäten des Kinderschutzes, Wiesbaden: Springer, S. 175–201.
Boecker, Michael (2015): Erfolg in der Sozialen Arbeit. Im Spannungsfeld mikropolitischer Interessenkonflikte, Wiesbaden: Springer.
Boecker, Michael (2016): Den Mehrwert Sozialer Arbeit messbar machen, in: Sozialwirtschaft Zeitung für Führungskräfte in sozialen Unternehmungen, (6), S. 10–12.
Boeßenecker, Karl-Heinz (2012): Wohlfahrtsverbände im Veränderungsprozess. Rahmenbedingungen sozialer und öffentlicher Managementtätigkeit im Sozialstaat BRD, Studienbrief 2-020-0303, Brandenburg: Hochschulverbund Distance Learning.
Bono, Maria Laura (2006): NPO-Controlling. Professionelle Steuerung sozialer Dienstleistungen, Stuttgart: Schäffer-Poeschel.
Bornstein, David (2007): How to Change the World. Social Entrepreneurs and the Power of New Ideas, New York: Oxford University Press.
Bos, Wilfried/Tarelli, Irmela/Bremerich-Vos, Albert/Schwippert, Knut (Hrsg.) (2012): IGLU 2011. Lesekompetenzen von Grundschulkindern in Deutschland im internationalen Vergleich, Münster: Waxmann.
Bremmer, Michael (2017): Betriebliche Sozialarbeit, in: Deutscher Verein für öffentliche und private Fürsorge e. V. (Hrsg.): Fachlexikon der Sozialen Arbeit, 8. Aufl., Baden-Baden: Nomos, S. 110–111.
Brenke, Karl/Schlaak, Thore/Ringwald, Leopold (2018): Sozialwesen: ein rasant wachsender Wirtschaftszweig, in: DIW Wochenbericht, (16), S. 306–316.
Brinkmann, Volker (Hrsg.) (2014): Sozialunternehmertum. Grundlagen der Sozialen Arbeit, Baltmannsweiler: Schneider Hohengehren.
Britschgi, Sigrid (2014): Betriebliches Eingliederungsmanagement, Frankfurt a. M.: Bund.
Bruhn, Manfred (2018): Sponsoring. Systematische Planung und integrativer Ansatz, Wiesbaden: Springer.
Buestrich, Michael/Burmester, Monika/Dahme, Heinz-Jürgen/Wohlfahrt, Norbert (2010): Die Ökonomisierung Sozialer Dienste und Sozialer Arbeit. Entwicklung, Theoretische Grundlagen. Wirkungen, 2. Aufl., Baltmannsweiler: Schneider Hohengehren.
Bujard, Martin (2011): Geburtenrückgang und Familienpolitik. Ein interdisziplinärer Erklärungsansatz und seine empirische Überprüfung im OECD-Länder-Vergleich 1970–2006, Baden-Baden: Nomos.
Burkova, Olga (2014): Medium der Qualitätssicherung, in: Blätter der Wohlfahrtspflege, 161 (3), S. 83–86.
Burmester, Monika/Dowling, Emma/Wohlfahrt, Norbert (Hrsg.) (2017): Privates Kapital für soziale Dienste? Wirkungsorientiertes Investment und seine Folgen für die Soziale Arbeit, Baltmannsweiler: Schneider Hohengehren.
Burmester, Monika/Wohlfahrt, Norbert (2018): Wozu die Wirkung Sozialer Arbeit messen? Eine Spurensicherung von Monika Burmester und Norbert Wohlfahrt, Freiburg: Lambertus.
Busch, Carola (2008): »Wenn das Kind in den Kindergarten geht, dann wird sie wiederkommen. Und das ist auch so gewünscht.« Wie und warum Unternehmen Kinderbetreuung

fördern, in: Krell, Gertraude (Hrsg.): Chancengleichheit durch Personalpolitik. Gleichstellung von Frauen und Männern in Unternehmen und Verwaltungen. Rechtliche Regelungen – Problemanalysen – Lösungen, Wiesbaden: Springer, S. 453–462.

Buschhorn, Claudia (2019): Wirkungsforschung in den Frühen Hilfen, in: Begemann, Maik-Carsten/Bleck, Christian/Liebig, Reinhard (Hrsg.): Wirkungsforschung zur Kinder- und Jugendhilfe. Grundlegende Perspektiven und arbeitsfeldspezifische Entwicklungen, Weinheim, Basel: Beltz Juventa, S. 165–187.

Calzaferri, Raphael/Haunberger, Sigrid (2015): Real-Time Monitoring als Werkzeug zur Wirkungsmessung, in: SuchtMagazin, 6, S. 21–25.

Conrads, Ralph/Holler, Markus/Kistler, Ernst/Kühn Daniel/Schneider, Daniela (2016): Working Paper Forschungsförderung. Branchenanalyse Gesundheits- und Sozialwesen, Düsseldorf: Hans-Böckler-Stiftung.

Dathe, Dietmar/Paul, Franziska/Stuth, Stefan (2012): Soziale Dienstleistungen. Steigende Arbeitslast trotz Personalzuwachs, in: WZBrief Arbeit (12), S. 1–5.

Dengler, Katharina/Matthes, Britta (2018): Wenige Berufsbilder halten mit der Digitalisierung Schritt, in: IAB-Kurzbericht 4.

Der Bundesverband Deutscher Stiftungen (o. J.): Suche, [online] https://www.stiftungen.org/verband/was-wir-tun/forschung-daten-und-wissen/suche.html [25.09.2018].

Destatis – Statistisches Bundesamt (2018): Kindertagesbetreuung regional. Ein Vergleich aller 402 Kreise und kreisfreien Städte, Wiesbaden, [online] https://www.destatis.de/DE/Publikationen/Thematisch/Soziales/KinderJugendhilfe/KindertagesbetreuungRegional5225405177004.pdf?__blob=publicationFile [20.09.2018].

Destatis – Statistisches Bundesamt/WZB – Wissenschaftszentrum Berlin (Hrsg.) (2016): Datenreport 2016. Ein Sozialbericht für die Bundesrepublik Deutschland, Berlin.

Deutscher Spendenrat e. V. (2019): Bilanz des Helfens, [online].pdf. [20.10.2019].

DRV (2018): Rehabericht 2018, Berlin.

Deutscher Fundraising Verband e. V. (2017): Trotz wirtschaftlich guter Lage – Die Deutschen spenden nicht signifikant mehr – Spendenbereitschaft im Osten sinkt. Berlin, [online] https://www.dfrv.de/blog/2017/12/20/spendenmonitor-2017-von-deutschem-fundraising-verband-und-kantar-tns-erschienen/ [25.09.2018].

Deutsches Zentrum für Altersfragen (o. J.): Berichte. Berlin, [online] https://www.dza.de/forschung/fws/publikationen/berichte.html [25.09.2018].

Egger, Josef W. (2015): Integrative Verhaltenstherapie und psychotherapeutische Medizin, Integrative Modelle in Psychotherapie, Supervision und Beratung, Wiesbaden: Springer Fachmedien.

Eichenberg, Christiane/Aden, Jan (2015): Onlineberatung bei Partnerschaftskonflikten und psychosozialen Krisen. Multimethodale Evaluation eines E-Mail Beratungs-angebots, in: Psychotherapeut, 60 (1), S. 53–63.

Eichenberg, Christiane/Kühne, Stefan (2014): Einführung Onlineberatung und -therapie. Grundlagen, Interventionen und Effekte der Internetnutzung, München: Reinhardt UTB.

Eichenberg, Christiane/Schott, Markus/Aden, Jan (2016): Psychosoziale Beratung im Zeitalter des Web2.0. Angebot und Nachfrage von Beratungseinrichtungen auf Facebook, in: e-beratungsjournal.net, 12 (1), S. 34–46.

Elsen, Susanne (2012): Genossenschaften als Organisationen der sozialen Innovation und nachhaltigen Entwicklung, in: Beck, Gerhard/Kropp, Cordula (Hrsg.): Gesellschaft innovativ, Wiesbaden: Springer, S. 85–103.

Engel, Frank/Nestmann, Frank/Sickendiek, Ursel (2018): Beratung: alte Selbstverständnisse und neue Entwicklungen, in: Rietmann, Stephan/Sawatzki, Maik (Hrsg.): Zukunft der Beratung. Von der Verhaltens- zur Verhältnisorientierung. 11. Aufl., Wiesbaden: Springer, S. 83–115.

Engler, Rolf (o. J.). Rahmenkonzeption für das Arbeitsfeld Betriebliche Sozialarbeit, Tübingen, [online] https://www.google.com/url?sa=t&rct=j&q=&esrc=s&source=web&cd=1&ved=2ahUKEwjczZWUtoXlAhVO2qQKHcEgDjQQFjAAegQIARAC&url=https%3A%2F%2Fwww.bbs-ev.de%2Ffiles%2Fweb%2Fmaterial%2FRahmenkonzeption_Kurzfassung_v08.pdf&usg=AOvVaw0Vk1PdQwbbyCIlrG_bNDWS [05.10.2019]

Eppler, Natalie/Miethe, Ingrid/Schneider, Armin (Hrsg.) (2011): Qualitative und quantitative Wirkungsforschung. Ansätze, Beispiele, Perspektiven. Theorie, Forschung und Praxis Sozialer Arbeit, Band 2, Opladen, Berlin, Farmington Hills: Budrich.

Evans, Michaela/Galchenko, Viacheslaw/Hilbert, Josef (2012): Befund Sociosclerose – Sozialwirtschaft in der Interessensblockade? In: Sozialer Fortschritt, 62, S. 209–216.

Evers, Adalbert/Heinze, Rolf G. (Hrsg.) (2008): Sozialpolitik. Ökonomisierung und Entgrenzung, Wiesbaden: Springer.

Evers, Adalbert/Ewert, Benjamin (2010): Hybride Organisationen im Bereich sozialer Dienste. Ein Konzept, sein Hintergrund und seine Implikationen, in: Klatetzki, Thomas (Hrsg.): Soziale personenbezogene Dienstleistungsorganisationen. Soziologische Perspektiven, Wiesbaden: Springer, S. 103–126.

Evers, Adalbert/Olk, Thomas (Hrsg.) 1996: Wohlfahrtspluralismus. Vom Wohlfahrtsstaat zur Wohlfahrtsgesellschaft, Opladen: Springer.

Franzkowiak, Peter (2014): Gesundheit, in: Friesenhahn, Günter J./Braun, Daniela/Ningel, Rainer (Hrsg.): Handlungsräume Soziale Arbeit. Ein Lern- und Lesebuch, Opladen/Toronto: Barbara Budrich, S. 116–125.

Fehmel, Thilo (2013): Sozialpolitik per Tarifvertrag. Ursache und Folgen der Vertariflichung sozialer Sicherung, in: SEU Working Paper, (5), S. 1–28.

Felder, Marion/Schneiders, Katrin (2016): Inklusion kontrovers. Herausforderungen für die Soziale Arbeit, Schwalbach/Ts.: Wochenschau.

Finis Siegler, Beate (2009): Ökonomik Sozialer Arbeit, 2., erw. Aufl., Freiburg: Lambertus.

FINSOZ (2017): Positionspapier Digitalisierung der Sozialwirtschaft, 2., überarb. Aufl. Berlin, [online] https://www.finsoz.de/sites/default/files/pressemeldungen/finsozev_positions papier-digitalisierung-2.auflage.pdf [25.08.2018].

Flüch, Sabine/Stettes, Oliver (2013): Familienfreundlichkeit in der deutschen Wirtschaft. Ergebnisse des Unternehmensmonitors Familienfreundlichkeit 2013. Köln, [online] http://www.iwkoeln.de/presse/pressemitteilungen/beitrag/unternehmensmonitor-familienfreun dlichkeit-2013-familienfreundlich-erfolgreich-120921 [27.05.2016].

Fratzscher, Marcel/Junker, Simon (2015): Integration von Flüchtlingen. Eine langfristig lohnende Investition, in: DIW Wochenbericht, (45), S. 1083–1088.

Friedman, Milton (1970): The Social Responsibility of Business Is to Increase Its Profits, in: The New York Times Magazine vom 13. September 1970, S. 1–6.

Füller, Axel (2016): Wohnungslose: Vom Rand zur Mitte der Gesellschaft. Entwicklungsprozesse und ihre Beobachtung, in: Soziale Arbeit, 6/7, S. 259–266.

Fürst, Roland/Hinte, Wolfgang (2017): Sozialraumorientierung. Ein Studienbuch zu fachlichen, institutionellen und finanziellen Aspekten, Stuttgart: UTB.

Gabriel, Thomas/Keller, Samuel/Studer, Tobias (2007): Wirkungsorientierte Jugendhilfe. Wirkungen erzieherischer Hilfen – Metaanalyse ausgewählter Studien. Sozialraumorientierung. Ein Studienbuch zu fachlichen, institutionellen und finanziellen Aspekten. Berlin, [online] https://www.google.com/url?sa=t&rct=j&q=&esrc=s&source=web&cd=2&-ved=2ahUKEwj06PysxbnlAhVJZVAKHaE6D6cQFjABegQIARAC&url=http%3A%2F%2Fkom-sd.de%2Fuploads%2Fmedia%2Fzwischenbericht_wojh_schriften_heft_6.pdf&us g=AOvVaw1CSiRvqF2Qd21CP-GCaJrI [20.10.2019].

Gadow, Tina/Peucker, Christian/Pluto, Liane/van Santen, Eric/Seckinger, Mike (2013): Wie geht's der Kinder- und Jugendhilfe? Empirische Befunde und Analysen, Weinheim, Basel: Beltz Juventa.

Gebrande, Julia/Renz, Johanna/Diez, Rebecca/Heidenreich, Thomas (2016): Die Nachweisbarkeit von Wirkungen Klinischer Sozialer Arbeit. Das Forschungsprojekt SODEMA – Soziotherapie bei Müttern mit depressiven Erkrankungen, in: Soziale Arbeit, 6/7, S. 229–236.

Generali Zukunftsfonds/Institut für Demoskopie Allensbach (2013): Generali Altersstudie 2013: Wie ältere Menschen leben, denken und sich engagieren, Frankfurt a. M.: Fischer.

Gerlach, Irene (2012): Unternehmen als familienpolitische Akteure. Eine auch historische Einordnung, in: Gerlach, Irene/Schneider, Helmut (Hrsg.): Betriebliche Familienpolitik, Wiesbaden: Springer, S. 11–27.

Gerlach, Irene/ Schneider, Helmut (Hrsg.) (2012): Betriebliche Familienpolitik, Kontexte, Messungen und Effekte, Wiesbaden: Springer.

Goerres Achim/Tepe, Markus (2013): »Für die Kleinen ist uns nichts zu teuer? Kindergartengebühren und ihre Determinanten in Deutschlands 95 bevölkerungsreichsten Städten zwischen 2007 und 2010«, in: dms – der moderne staat – Zeitschrift für Public Policy, Recht und Management, 6, S. 169–190.

Grillitsch, Waltraud/Brandl, Paul/Schuller, Stephanie (Hrsg.) (2017): Gegenwart und Zukunft des Sozialmanagements und der Sozialwirtschaft. Aktuelle Herausforderungen, strategische Ansätze und fachliche Perspektiven, Wiesbaden: Springer.

Grohs, Stephan/Reiter, Renate (2014): Kommunale Sozialpolitik. Handlungsoptionen bei engen Spielräumen, in: WISO-Diskurs, Berlin: Friedrich-Ebert-Stiftung, S. 1–40.

Grohs, Stephan/Schneiders, Katrin/Heinze, Rolf G. (2014): Mission Wohlfahrtsmarkt. Institutionelle Rahmenbedingungen, Strukturen und Verbreitung von Social Entrepreneurship in Deutschland, Baden-Baden: Nomos.

Grunwald, Klaus/Langer, Andreas (2018): Sozialwirtschaft. Handbuch für Wissenschaft und Praxis, Baden-Baden: Nomos.

Hackenberg, Helga/Empter, Stefan (Hrsg.) (2011): Social Entrepreneurship – Social Business. Für die Gesellschaft unternehmen, Wiesbaden: Springer.

Hagemann, Tim (Hrsg.) (2017): Gestaltung des Sozial- und Gesundheitswesens im Zeitalter von Digitalisierung und technischer Assistenz, Baden-Baden: Nomos.

Halfar, Bernd (2009): Controlling in sozialwirtschaftlichen Organisationen, in: Arnold, Ulli/Maelicke, Bernd (Hrsg.): Lehrbuch der Sozialwirtschaft, Baden-Baden: Nomos, S. 664–681.

Hausmann, Ann-Christin/Kleinert, Corinna (2014): Berufliche Segregation auf dem Arbeitsmarkt. Männer- und Frauendomänen kaum verändert, in: IAB Kurzbericht, (9), S. 1–8.

Heinze, Rolf. G./Beck, Rasmus C. (2017): Gesundheit und Wohnen im Quartier als Zukunftsfeld – Regionale Gestaltungsperspektiven in einer älter werdenden Gesellschaft, in: Dahlbeck, Elke/Hilbert, Josef (Hrsg.): Gesundheitswirtschaft als Motor der Regionalentwicklung. Wiesbaden: Springer, S. 201–220.

Heinze, Rolf G./Naegele, Gerhard/Schneiders, Katrin (2011): Wirtschaftliche Potenziale des Alters, Stuttgart: Kohlhammer.

Heinze, Rolf G./Olk, Thomas (1981): Die Wohlfahrtsverbände im System sozialer Dienstleistungsproduktion, in: Kölner Zeitschrift für Soziologie und Sozialpsychologie, (1), S. 94–114.

Heinze, Rolf G./Schmid, Josef/Strünck, Christoph (1997): Zur politischen Ökonomie der sozialen Dienstleistungsproduktion. Der Wandel der Wohlfahrtsverbände und die Konjunkturen der Theoriebildung, in: Kölner Zeitschrift für Soziologie und Sozialpsychologie, (2), S. 242–271.

Heinze, Rolf G./Schneiders, Katrin (2013): Vom Wohlfahrtskorporatismus zur Sozialwirtschaft? Zur aktuellen Situation der freien Wohlfahrtspflege in Deutschland, in: Archiv für Wissenschaft und Praxis der sozialen Arbeit, (2), S. 2–17.

Heinze, Rolf G./Schneiders, Katrin (2014): Wohlfahrtskorporatismus unter Druck. Zur Ökonomisierung der Sozialpolitik und des sozialen Dienstleistungssektors, in: Schaal, Gary S./Lemke, Matthias/Ritzi, Claudia (Hrsg.): Die Ökonomisierung der Politik in Deutschland, Wiesbaden: Springer, S. 45–68.

Heinze, Rolf G./Schneiders, Katrin (2018): Seniorenwirtschaft, in: Schroeter, Klaus R./Vogel, Claudia/Künemund, Harald (Hrsg.): Handbuch Soziologie des Alter(n)s, Wiesbaden: Springer.

Heinze, Rolf G./Schneiders, Katrin (2019): Sozioökonomische Potentiale des Alters, in: Hank, Karsten/ Schulz-Nieswandt, Frank/Wagner, Michael/Zank, Susanne (Hrsg.): Alternsforschung. Handbuch für Wissenschaft und Praxis, Baden-Baden: Nomos, S. 197–222.

Heister, Werner (2012): Aspekte der Wirtschaftlichkeitsrechnung in sozialen Einrichtungen, in: Bieker, Rudolf/Vomberg, Edeltraud (Hrsg.): Management in der Sozialen Arbeit, Stuttgart: Kohlhammer, S. 156–179.

Helbig, Christian (2017): Mediatisierung und Soziale Arbeit. Notwendigkeit einer medienbezogenen Professionalisierung, in: Blätter der Wohlfahrtspflege, 164 (5), S. 173–176.

Henn, Sarah/Lochner, Barbara/Meiner-Teubner, Christiane (2017): Arbeitsbedingungen als Ausdruck gesellschaftlicher Anerkennung Sozialer Arbeit, Frankfurt: gew.

Hielscher, Volker/Nock, Lukas/Kirchen-Peters, Sabine/Blass, Kerstin (2013): Zwischen Kosten, Zeit und Anspruch. Das alltägliche Dilemma sozialer Dienstleistungsarbeit, Wiesbaden: Springer.

Hilbert, Josef/Becka, Denise/Merkel, Sebastian (2018): (R)Evolution der Sozialwirtschaft?. Die Baustellen der Digitalisierung, in: Heinze, Rolf G./Lange, Joachim/Sesselmeier, Werner (Hrsg.): Neue Governancestrukturen in der Wohlfahrtspflege. Wohlfahrtsverbände zwischen normativen Ansprüchen und sozialwirtschaftlicher Realität, Baden-Baden: Nomos, S. 205–228.

Hiß, Stefanie/Nagel, Sebastian (2017): Unternehmen als gesellschaftliche Akteure, in: Maurer, Andrea (Hrsg.): Handbuch der Wirtschaftssoziologie, Wiesbaden: Springer, S. 331–348.

Hoelscher, Philipp/Hinze, Florian (2015): Wirkungsketten knüpfen und belegen, in: Sozialwirtschaft – Zeitschrift für Führungskräfte in sozialen Unternehmungen, S. 11–14.

Holler, Markus (2017): Verbreitung, Folgen und Gestaltungsaspekte der Digitalisierung in der Arbeitswelt. Auswertungsbericht auf Basis des DGB-Index Gute Arbeit 2016, Berlin.

Hoose, Fabian/Schneiders, Katrin/Schönauer, Anna-Lena (i. V.): Von Robotern und Smartphones. Stand und Akzeptanz der Digitalisierung im Sozialsektor.

Hornung, Maike (2018): Prävention in den Hilfen zur Erziehung stärken. Gütersloh, [online] https://www.bertelsmann-stiftung.de/fileadmin/files/BSt/Publikationen/GraueePublikationen/Informationsblatt_ZZ_Praevention_in_den_Hilfen_zur_Erziehung_staerken_Social_Impact_Investment_in_Deutschland_2017.pdf [25.09.2018].

Hüttemann, Matthias (2011): Effekthascherei oder wirklicher Fortschritt? Ein Kommentar zur Wirkungsorientierung in Forschung und Praxis Sozialer Arbeit, in: Eppler, Natalie/Miethe, Ingrid/Schneider, Armin (Hrsg.): Qualitative und quantitative Wirkungsforschung. Ansätze, Beispiele, Perspektiven. Theorie, Forschung und Praxis Sozialer Arbeit, Band 2, Opladen, Berlin, Farmington Hills: Budrich, S. 53–68.

ISAR Medien GmbH (o. J.): Öffentlicher-Dienst Info, [online] http://oeffentlicher-dienst.info/info/kontakt/ [25.09.2018].

James, Sigrid (2016): Wirkungsmessung im Kontext der evidenzbasierten Praxis, in: Soziale Arbeit, 6/7, S. 218–225.

Jann, Werner/Wegrich, Kai (2014): Phasenmodelle und Politikprozesse: Der Policy-Cycle, in: Schubert, Klaus/Bandelow, Nils C. (Hrsg.): Lehrbuch der Politikfeldanalyse, Berlin: De Gruyter Oldenbourg, S. 97–132.

Jansen, Stefan A./Heinze, Rolf G./Beckmann, Markus (Hrsg.) (2013): Sozialunternehmen in Deutschland. Analysen, Trends, Handlungsempfehlungen, Wiesbaden: Springer.

Kalicki, Bernhard (2015): Wirkfaktoren und Wirkungen der Kindertagesbetreuung, in: Jugendhilfe, 5, S. 374–380.

Karmann, Alexander/Werblow, Andreas/Karmann, Benedikt/Jurack, Andrea (2011): Gutachten zur Sozialwirtschaft in Sachsen unter besonderer Berücksichtigung der Freien Wohlfahrtspflege. Im Auftrag der Liga der Freien Wohlfahrt Sachsen. Dresden, [online] https://tu-dresden.de/bu/wirtschaft/wwsprofecon/ressourcen/dateien/publikationen/Sozialwirtschaft_2011.pdf [20.10.2019].

Kaspers, Uwe (2018): Social Impact Bonds: Ein unternehmerischer Ansatz zur Beförderung messbarer und relevanter sozialer Veränderung?, in: Grillitsch, Waltraud/Brandl, Paul/Schuller, Stephanie (Hrsg.): Gegenwart und Zukunft des Sozialmanagements und der Sozialwirtschaft. Aktuelle Herausforderungen, strategische Ansätze und fachliche Perspektiven, Wiesbaden: Springer, S. 403–417.

Kehl, Konstantin/Then, Volker (2017): Soziale Investition, Wirkungsorientierung und ›Social Return‹, in: Grunwald, Klaus/Langer, Andreas (Hrsg.): Sozialwirtschaft. Handbuch für Wissenschaft und Praxis, Baden-Baden: Nomos, S. 858–871.

Kemmler, Jessica (2018): Praxisbeispiel Fördermittel von Soziallotterien, in: Bachert, Robert/Dreizler, Andrea (Hrsg.): Finanzierung von Sozialunternehmen. Theorie, Praxis, Anwendung, Freiburg: Lambertus, S. 211–226.

Kessl, Fabian/Klein, Alexandra (2010): Das Subjekt in der Wirkungs- und Nutzerforschung, in: Otto, Hans-Uwe/Polutta, Andreas/Ziegler, Holger (Hrsg.): What Works – Welches Wissen braucht die Soziale Arbeit. Zum Konzept evidenzbasierter Praxis, Opladen, Farmington Hills: Budrich, S. 63–82.

Kindler, Heinz (2015): Wirkungen und Wirkfaktoren in den Frühen Hilfen, in: Jugendhilfe, 5, S. 368–374.

Kirchschläger, Peter G. (2015): CSR zwischen Greenwashing und ethischer Reflexion – Menschenrechte als ethischer Referenzrahmen für Corporate Social Responsibility (CSR), in: Zeitschrift für Wirtschafts- und Unternehmensethik, (16), S. 264–287.

Klaesberg, Sabrina (2018): Schwerpunktthemen aus der bisherigen Rechtssprechung, in: Althoff, Volker/Frobel, Sandra/Klaesberg, Sabrina/Tinnefeld, Sandra/de Wall-Kaplan, Daniela (Hrsg.): BEM von A–Z – ein Praxishandbuch, 4. Aufl., Münster: Rieder, S. 193–239.

Klammer, Ute (2000): Handlungsoptionen von Betriebs- und Personalräten im Rahmen der betrieblichen Sozialpolitik, in: Frick, Bernd/Neubäumer, Renate/Sesselmeier, Werner (Hrsg.): Betriebliche und staatliche Sozialpolitik, komplementär oder substitutiv?, München, Mering: R. Hampp, S. 147–171.

Klammer, Ute (2017): Friends or Foes? Zur Neujustierung des Verhältnisses von staatlicher, tariflicher und betrieblicher Sozialpolitik am Beispiel der Alterssicherung, in: Schulten, Thorsten/Dribbusch, Heiner/Bäcker, Gerhard/Klenner, Christina (Hrsg.): Tarifpolitik als Gesellschaftspolitik. Strategische Herausforderungen im 21. Jahrhundert: Beiträge zu Ehren von Reinhard Bispinck, Hamburg: VSA, S. 210–222.

Klenner, Christina/Brehmer, Wolfram/Plegge, Mareen/Bohulskyy, Yan (2013): Förderung der Vereinbarkeit von Familie und Beruf in Tarifverträgen und Betriebsvereinbarungen in Deutschland. Eine empirische Analyse, in: WSI-Diskussionspapier, (184), S. 1–35.

Klieme, Eckhard/Artelt, Cordula/Hartig, Johannes/Jude, Nina/Köller, Olaf/Prenzel, Manfred/Schneider, Wolfgang/Stanat, Petra (Hrsg.) (2010): PISA 2009. Bilanz nach einem Jahrzehnt, Münster: Waxmann.

Klingelhöfer-Noe, Jürgen/Dassen, Theo W. N./Lahmann, Nils Axel (2015): Vollstationäre Pflegeeinrichtungen vs. »betreutes Wohnen mit ambulanter Versorgung«. Ergebnisqualität bezogen auf Dekubitus, Sturz und Mangelernährung, in: Zeitschrift für Gerontologie und Geriatrie, 3, S. 263–269.

Kocher, Eva/Zimmer, Barbara (2016). Langzeiterkrankungen in der modernen Arbeitswelt und das Recht auf eine selbstbestimmte Erwerbsbiographie, in: Feldes, Werner/Niehaus, Mathilde/Faber, Ulrich (Hrsg.): Werkbuch BEM – Betriebliches Eingliederungsmanagement, Frankfurt a M.: Bund, S. 17–26.

Kluczniok, Katharina/Roßbach, Hans-Günther (2019): Wirkungsforschung im Bereich der Kindertagesbetreuung, in: Begemann, Maik-Carsten/Bleck, Christian/Liebig, Reinhard (Hrsg.): Wirkungsforschung zur Kinder- und Jugendhilfe. Grundlegende Perspektiven und arbeitsfeldspezifische Entwicklungen, Weinheim, Basel: BeltzJuventa, S. 136–148.

Kolhoff Ludger (2017): Finanzierung der Sozialwirtschaft. Eine Einführung, Wiesbaden: Springer.

Konrad, Franz-Michael (2012): Der Kindergarten. Seine Geschichte von den Anfängen bis in die Gegenwart, Freiburg: Lambertus.

Konrad, Michael/Becker, Jo/Eisenhut, Reinhold (Hrsg.) (2012): Inklusion leben. Betreutes Wohnen in Familien für Menschen mit Behinderung, Freiburg: Lambertus.

Koval, Alla (2017): Ressourcenorientiertes professionelles Handeln in der Sozialen Arbeit im Internetzeitalter, in: Hagemann, Tim (Hrsg.): Gestaltung des Sozial- und Gesundheitswesens im Zeitalter von Digitalisierung und technischer Assistenz, Baden-Baden: Nomos, S. 45–59.

Kränzl-Nagl, Renate/Lehner, Markus/Prinz, Thomas (2019): Sozialökonomische Wirkungsevaluation in der Sozialwirtschaft. Grundlagen und Praxisbeispiele, Regensburg: Walhalla.

Kreidenweis, Helmut (2017): Soziale Arbeit im digitalen Wandel. Es geht um mehr als Technik. Gefragt sind nutzerfokussierte Angebote, in: Blätter der Wohlfahrtspflege, 164 (5), S. 163–165.

Kreidenweis, Helmut (Hrsg.) (2018a): Digitaler Wandel in der Sozialwirtschaft. Grundlagen – Strategien – Praxis, Baden-Baden: Nomos.

Kreidenweis, Helmut (2018b): Sozialwirtschaft im digitalen Wandel, in: Kreidenweis, Helmut (Hrsg.): Digitaler Wandel in der Sozialwirtschaft. Grundlagen – Strategien – Praxis, Baden-Baden: Nomos, S. 11–26.

Krus, Astrid/Jasmund, Christina (2012): Frühkindliche Bildung und Erziehung, in: Bieker, Rudolf/Floerecke, Peter (Hrsg.): Träger, Arbeitsfelder und Zielgruppen der Sozialen Arbeit, Stuttgart: Kohlhammer, S. 45–56.

Kukula, Nicole/Sell, Stefan/Tiedemann, Birte (2014): MehrWertSchöpfung. Die Freie Wohlfahrtspflege als Wirtschaftsfaktor in Rheinland-Pfalz, Remagen, [online] https://www.liga-rlp.de/fileadmin/LIGA/Internet/Downloads/Dokumente/Dokumente_2014/MehrWert Schoepfung_-_Broschuere_fuer_www.pdf [10.01.2018].

Kutscher, Nadia/Ley, Thomas/Seelmeyer, Udo (2014): Mediatisierte Lebens- und Arbeitswelten. Herausforderungen der Sozialen Arbeit durch die Digitalisierung, in: Blätter der Wohlfahrtspflege, 161 (3), S. 87–90.

Kutscher, Nadia/Seelmeyer, Udo (2017): Mediatisierte Praktiken in der Sozialen Arbeit. Empirische Zugänge zu institutionellen Arrangements zwischen Subjekt und digitalen Medien, in: Hoffmann, Dagmar/Krotz, Friedrich/Reißmann Wolfgang. (Hrsg.): Mediatisierung und Mediensozialisation. Prozesse – Räume – Praktiken, Wiesbaden: Springer, S. 229–244.

Labitzke, Jan (2011): Ökonomisierung des Sozialen? Zum Verhältnis von Wirtschafts- und Sozialpolitik, in: Benz, Benjamin/Boeckh, Jürgen/Mogge-Grotjahn, Hildegard (Hrsg.): Soziale Politik, Soziale Lage und Soziale Arbeit. Festschrift zum 65. Geburtstag von Ernst-Ulrich Huster, Wiesbaden: Springer, S. 98–114.

Landesarbeitsgemeinschaft Öffentliche und Freie Wohlfahrtspflege in NRW c/o DRK-Landesverband Westfalen-Lippe e.V. (2017): Aushandlung ambulanter Erziehungshilfen Empfehlungen für Jugendämter und freie Träger. Düsseldorf, [online] https://www.lwl-landesjugendamt.de/media/filer_public/d2/13/d213378a-a446-4861-a8ba-036e79e7fb9c/17 0223_aushandlung-ambulanter-erziehungshilfen_web.pdf [25.09.2018]

Lang, Josef (2015): Wo steht die Onlineberatung/-therapie in 10 Jahren?, in: e-beratungsjournal.net, 11 (2), S. 93–104.

Lauber, Verena/Reiter, Sarah/Storck, Johanna (2015): Familienfreundlichkeit in Unternehmen. Status Quo in Deutschland und Forschungsstand, in: DIW Roundup Politik im Fokus, (77), S. 1–7.

Lejeune, Constanze/Romeu Gordo, Laura/Simonson, Julia (2017): Einkommen und Armut in Deutschland: Objektive Einkommenssituation und deren subjektive Bewertung, in: Mahne, Katharina/Wolff, Julia Katharina/Simonson, Julia/Tesch-Römer, Clemens (Hrsg.): Altern im Wandel. Zwei Jahrzehnte Deutscher Alterssurvey (DEAS). Wiesbaden: Springer, S. 97–110.

Lejeune, Constanze/Romeu Gordo, Laura (2017): Vermögen und Erbschaften: Sicherung des Lebensstandards und Ungleichheit im Alter, in: Mahne, Katharina/Wolff, Julia Katharina/Simonson, Julia/Tesch-Römer, Clemens (Hrsg.): Altern im Wandel. Zwei Jahrzehnte Deutscher Alterssurvey (DEAS). Wiesbaden: Springer, S. 111–124.

Leitner, Sigrid/Vukoman, Marina (2015): Zeit, Geld, Infrastruktur? Vereinbarkeitspolitik für pflegende Angehörige, in: GENDER, (1), S. 97–112.

Lessenich, Stephan (2012): Theorien des Sozialstaates zur Einführung, Hamburg: Junius.

Ley, Thomas/Seelmeyer, Udo (2018): Der Wert der Sozialen Arbeit in der digitalen Gesellschaft. Zur Notwendigkeit der fachlichen Aneignung der »digitalen Transformation«, in: Sozial Extra, 4, S. 23–25.

Lindner, Werner (2015): Wirkfaktoren und Wirkungen der Jugendarbeit, in: Jugendhilfe, 5, S. 381–385.

Lohmann, Martin/Aderhold, Peter (2009): Urlaubsreisetrends 2020: Die RA-Trendstudie – Entwicklung der touristischen Nachfrage der Deutschen, Kiel: FUR Forschungsgemeinschaft Urlaub und Reisen e.V.

Lohnspiegel.de (2018): Gehaltscheck, [online] https://www.lohnspiegel.de/html/weitere_ge haltsinformationen.php [25.09.2018].

Macsenaere, Michael (2015): Das Messen von Wirkungen – eine Einführung, in: FORUM JUGENDHILFE, 3, S. 4–11.
Macsenaere, Michael (2019): Wirkungsforschung in den Hilfen zur Erziehung, in: Begemann, Maik-Carsten/Bleck, Christian/Liebig, Reinhard (Hrsg.): Wirkungsforschung zur Kinder- und Jugendhilfe. Grundlegende Perspektiven und arbeitsfeldspezifische Entwicklungen, Weinheim, Basel: BeltzJuventa, S. 188–208.
Maurer, Andrea/Schimank, Uwe (Hrsg.) (2008): Die Gesellschaft der Unternehmen – Die Unternehmen der Gesellschaft, Wiesbaden: Springer.
Merchel, Joachim (2011): Wohlfahrtsverbände, Dritter Sektor und Zivilgesellschaft, in: Evers, Adalbert/Heinze,
Merchel, Joachim (2015): Evaluation in der Sozialen Arbeit. 2., akt. Aufl., München: Reinhardt.
Merchel, Joachim/Tenhaken, Wolfgang (2015): Dokumentation pädagogischer Prozesse in der Sozialen Arbeit. Nutzen durch digitalisierte Verfahren?, in: Kutscher, Nadia/Ley, Thomas/Seelmeyer, Udo (Hrsg.): Mediatisierung (in) der Sozialen Arbeit, Baltmannsweiler: Schneider Hohengehren, S. 171–191.
Möhring-Hesse, Matthias (2008): Verbetriebswirtschaftlichung und Verstaatlichung: Die Entwicklung der Sozialen Dienste und der Freien Wohlfahrtspflege, in: Zeitschrift für Sozialreform, (2), S. 141–160.
Müller, Andrea/Schmidt, Werner (2016): Fluchtmigration und Arbeitswelt. Maßnahmen zur Integration von Flüchtlingen in großen Unternehmen, Düsseldorf: Hans-Böckler-Stiftung.
Münder, Johannes (2014): Die Finanzierung der Förderung von Kindern in Tageseinrichtungen. Einzelprobleme und Zukunftsperspektiven, in: Recht der Jugend und des Bildungswesens, 62 (1), S. 87–99.
Nationales Forum Beratung in Bildung, Beruf und Beschäftigung e. V. (nfb)/Schober, Karin/Langner, Judith (Hrsg.) (2017): Wirksamkeit der Beratung in Bildung, Beruf und Beschäftigung. Beiträge zur Wirkungsforschung und Evidenzbasierung, Bielefeld: wbv.
Nissen, Ursula/Keddi, Barbara/Feil, Patricia (2003): Berufsfindungsprozesse von Mädchen und jungen Frauen. Erklärungsansätze und empirische Befunde, Opladen: Springer.
OECD (2014): PISA 2012 Ergebnisse: Was Schülerinnen und Schüler wissen und können. Schülerleistungen in Lesekompetenzen, Mathematik und Naturwissenschaften, Band 1. Überarb. Ausgabe, Bertelsmann. Gütersloh, [online] https://read.oecd-ilibrary.org/education/pisa-2012-ergebnisse-was-schulerinnen-und-schuler-wissen-und-konnen-band-i-uberarbeitete-ausgabe-februar-2014_9789264208858-de#page2 [27.09.2018].
Oldenburg, Felix (2011): Social Entrepreneurship. Ein politisches Programm zur Innovationsförderung im Sozialsektor, in: Jähnke, Petra/Christmann, Gabriela B./Balgar, Karsten (Hrsg.): Social Entrepreneurship. Perspektiven für die Raumentwicklung, Wiesbaden: Springer, S. 155–160.
Olk, Thomas/Otto, Hans-Uwe (Hrsg.) (2003): Soziale Arbeit als Dienstleistung. Grundlegungen, Entwürfe und Modelle, München: Reinhardt.
Oswald, Frank/Wahl, Hans Werner (2016): Alte und neue Umwelten des Alterns – Zur Bedeutung von Wohnen und Technologie für Teilhabe in der späten Lebensphase, in: Naegele, Gerhard/Olbermann, Elke/Kuhlmann, Andrea (Hrsg.): Teilhabe im Alter gestalten, Wiesbaden: Springer, S. 113–129.
Otto, Hans-Uwe/Polutta, Andreas/Ziegler, Holger (Hrsg.) (2010): What Works – Welches Wissen braucht die Soziale Arbeit? Zum Konzept evidenzbasierter Praxis, Opladen, Farmington Hills: Budrich.
Phineo (o. J.): Über Phineo. Berlin, [online] http://www.phineo.org/phineo [25.09.2018].
Pieper, Jonas (2012): Capitalists against Capitalists. Widerstreitende Interessen von Unternehmen in der Sozialpolitik, in: Sozialer Fortschritt, 61 (9), S. 205–213.
Polutta, Andreas (2014): Wirkungsorientierte Transformation der Jugendhilfe. Ein neuer Modus der Professionalisierung Sozialer Arbeit?, Wiesbaden: Springer.
Rauschenbach, Thomas/Schilling, Matthias (2012): Die Trägerstruktur der Arbeitgeber in der Kinder- und Jugendhilfe – ein wenig beachtetes Thema, in: KOMDAT, 15 (2), S. 1–4.
Reindl, Richard (2018): Zum Stand der Onlineberatung in Zeiten der Digitalisierung, in: e-beratungsjournal.net, 14 (1), S. 16–26.

Reuyß, Stefan (2015): Freistellungen zur Pflege und Betreuung. Düsseldorf, [online] https://www.boeckler.de/pdf/mbf_bvd_pflegefreistellung_3.pdf [26.10.2017].

Rinklage, Thomas/Weber Michael (2015): Wirkungsorientierte Steuerung als Herausforderung. Berichterstattung nach dem Social Reporting Standard – Beispiel Werkstätten für behinderte Menschen, in: Blätter der Wohlfahrtspflege, 5, S. 176–179.

Rock, Joachim (2014): Anything goes. Anmerkungen zur Debatte um Innovation, Wirkung und Entrepreneurship in der Sozialen Arbeit, in: Brinkmann, Volker (Hrsg.): Sozialunternehmertum, Baltmannsweiler: Schneider Hohengehren, S. 43–60.

Roeske, Adrian (2018): Digitalisierung Sozialer Arbeit. Widersprüche im fachlichen Handeln. Wahrnehmungen zur Fachlichkeit Sozialer Arbeit in einer mediatisierten Gesellschaft, in: Sozial Extra, (3), S. 16–20.

Rothgang, Heinz/Müller, Rolf/Runte, Rebecca/Unger, Rainer (2017): BARMER GEK Pflegereport. Schriftenreihe zur Gesundheitsanalyse. Band 5. Berlin [online] https://www.google.com/url?sa=t&rct=j&q=&esrc=s&source=web&cd=1&ved=2ahUKEwiP4vswODeAhXRLFAKHZxVCqgQFjAAegQICBAC&url=https%3A%2F%2Fwww.barmer.de%2Fblob%2F135698%2Fac141c44b72fe5a24a6d453c6fda9bf0%2Fdata%2Fdl-pflegereport-2017.pdf&usg=AOvVaw0lkzZ1jAOxU3UWvxTxvSKf [15.11.2018]

Rummel, Miriam (2011): Wer sind Social Entrepreneurs in Deutschland? Soziologischer Versuch einer Profilschärfung, Wiesbaden: Springer.

Schaal, Gary/Lemke, Matthias/Ritzi, Claudia (Hrsg.) (2014): Die Ökonomisierung der Politik in Deutschland. Eine vergleichende Politikfeldanalyse, Wiesbaden: Springer.

Schellberg, Klaus (2015): Der Social Return on Investment. Strategische Möglichkeiten für den Sozialbereich?, in: Sprinkart, Karl Peter (Hrsg.): Nachhaltig messbar machen, Regensburg: Walhalla, S. 113–137.

Schildmann, Christina/Voss, Dorothea (2018): Aufwertung von sozialen Dienstleistungsberufen. Warum sie notwendig sind und welche Stolpersteine noch auf dem Weg liegen. Report Nr. 4 Forschungsförderung, Düsseldorf: Hans Böckler Stiftung.

Schimank, Uwe (2008): Gesellschaftliche Ökonomisierung und unternehmerisches Agieren, in: Maurer Andrea/Schimank Uwe (Hrsg.): Die Gesellschaft der Unternehmen – Die Unternehmen der Gesellschaft, Wiesbaden: Springer, S. 220–236.

Schimank, Uwe (2018): Die Ökonomisierung des Nicht-Ökonomischen, in: Neue Praxis, 1, S. 3–15.

Schimank, Uwe/Volkmann, Ute (2008): Ökonomisierung der Gesellschaft, in: Maurer, Andrea (Hrsg.): Handbuch Wirtschaftssoziologie, Wiesbaden: Springer, S. 382–393.

Schmidt, Martin/Schneider, Karsten/Hohm, Erika/Pickartz, Andrea/Macsenaere, Michael/Petermann, Franz/Flosdorf, Peter/Hölzl, Heinrich/Knab, Eckart (2002): Effekte erzieherischer Hilfen und ihre Hintergründe, Stuttgart: Kohlhammer (Schriftenreihe des Bundesministeriums für Familie, Senioren, Frauen und Jugend).

Schneider, Armin (2010): Soziales Managen, Schwalbach/Ts: Wochenschau.

Schneider, Armin (2016): Konzepte der Wirkungsmessung und -forschung. Zwischen Goldstandard und vergoldeten Attrappen, in: Soziale Arbeit. Zeitschrift für soziale und sozialverwandte Gebiete, 65 (6), S. 204–211.

Schneider, Ulrich (2014): Mehr Mensch!: Gegen die Ökonomisierung des Sozialen, Frankfurt a. M.: Westend.

Schneiders, Katrin (2010): Vom Altenheim zum Seniorenservice. Institutioneller Wandel und Akteurkonstellationen im sozialen Dienstleistungssektor, Baden-Baden: Nomos.

Schneiders, Katrin (2014): Sozialwirtschaft, in: Friesenhahn, Günter F./Braun, Daniela/Ningel, Rainer (Hrsg.): Handlungsräume Sozialer Arbeit. Ein Lern- und Lesebuch, Stuttgart: UTB, S. 223–231.

Schneiders, Katrin (2015): Ökonomisierung und Ausdifferenzierung: Veränderte Akteurkonstellationen in der Altenpflege, in: Brandenburg, Hermann/Güther, Helen/Proft, Ingo (Hrsg.): Kosten kontra Menschlichkeit. Herausforderungen an eine gute Pflege im Alter (= Ethische Herausforderungen in Medizin und Pflege. Band 6), Ostfildern: Grünewald, S. 151–164.

Schneiders, Katrin (2017): Betriebliche Kindertagesstätten. Modell für die Organisation von Fürsorgeaufgaben im deutschen Wohlfahrtsstaat?, in: Hoose, Fabian/Beckmann, Fabian/

Schönauer, Anna-Lena (Hrsg.): Fortsetzung folgt – Kontinuität und Wandel von Wirtschaft und Gesellschaft, Wiesbaden: Springer, S. 271–287.
Schneiders, Katrin/Arendt, Ines (2018): Betriebliche Sozialpolitik. Eine Bestandsaufnahme, in: WISO-Diskurs, Berlin: Friedrich-Ebert-Stiftung.
Schneiders, Katrin/Ley, Catherine/Prilla, Michael (2011): Die Verbindung von Technikakzeptanz, Dienstleistungsbedarf und strukturellen Voraussetzungen als Erfolgsfaktor einer durch Mikrosystemtechnik gestützten Dienstleistungsagentur, in: Bieber, Daniel/Schwarz, Kathleen (2011): Mit AAL-Dienstleistungen altern. Nutzerbedarfsanalysen im Kontext des Ambient Assisted Living, Saarbrücken: Iso-Verlag, S. 115–136.
Schneiders, Katrin/Lindert, Ralf (2015): Social Innovations and Emerging Business Models in the Field of Ambient Assisted Living (AAL) – Reflection of a Pilot Project, in: Garcia, Nuno M./Rodrigues, Joel (Hrsg.): Ambient Assisted Living, Boca Rotan: Crc Pr Inc, S. 451–475.
Schober, Christian/Rauscher, Olivia (2014): Alle Macht der Wirkungsmessung?, in: Zimmer, Anette E./Simsa, Ruth (Hrsg.): Forschung zu Zivilgesellschaft, NPOs und Engagement. Quo vadis?, Wiesbaden: Springer, S. 261–281.
Schober, Christian/Then, Volker (Hrsg.) (2015): Praxishandbuch Social Return on Investment. Wirkung sozialer Investitionen messen, Stuttgart: Schäffer-Poeschel.
Schönauer, Anna-Lena (2017): Industriefeindlichkeit in Deutschland. Eine empirische Analyse aus sozialwissenschaftlicher Perspektive, Wiesbaden: Springer.
Schroeder, Wolfgang (2012): Vorsorge und Inklusion. Wie finden Sozialpolitik und Gesellschaft zusammen?, Berlin: Vorwärts-Buch.
Schrooten, Karin/Bössing, Carina/Tiesmeyer, Karin/Heitmann, Dieter (2019): Wohnwünsche von Menschen mit komplexer Behinderung, in: Zeitschrift für Gerontologie und Geriatrie 3, S. 228–234.
Schulze, Wolfram (2014): Wirksame Unterstützung sozialverantwortlicher und werteorientierter Unternehmensführung – Betriebliche Sozialarbeit in Deutschland, in: Zeitschrift für interdisziplinäre ökonomische Forschung, 1 (1), S. 37–44.
Seeleib-Kaiser, Martin (2002): Betriebliche Sozialpolitik oder mehr Staat? Das Modell USA revisited, ZeS-Arbeitspapier, (12), S. 1–26.
Seifert, Monika (2012): Betreutes Wohnen von Menschen mit Behinderung, in: Bieker, Rudolf/Floerecke, Peter (Hrsg.): Träger, Arbeitsfelder und Zielgruppen der Sozialen Arbeit, Stuttgart: Kohlhammer, S. 207–220.
Seils, Eric/Kaschowitz, Judith (2015): Wie verbreitet sind Betriebskindergärten?, in: WSI-Report (21), S. 1–16.
Seithe, Mechthild (2010): Schwarzbuch Soziale Arbeit, Wiesbaden: Springer.
Selke, Stefan (2016): Ausweitung der Kampfzone. Rationale Diskriminierung durch Lifelogging und die neue Taxonomie des Sozialen, in: Selke, Stefan (Hrsg.): Lifelogging. Digitale Selbstvermessung und Lebensprotokollierung zwischen disruptiver Technologie und kulturellem Wandel, Wiesbaden: Springer, S. 309–339.
Speck, Karsten/Olk, Thomas (2014): Wie wirkt Schulsozialarbeit? Ein Überblick über die Wirkungs- und Nutzerforschung, in: Archiv für Wissenschaft und Praxis der sozialen Arbeit, 1, S. 38–47.
Speck, Karsten (2019): Wirkungsforschung in der Schulsozialarbeit, in: Begemann, Maik-Carsten/Bleck, Christian/Liebig, Reinhard (Hrsg.): Wirkungsforschung zur Kinder- und Jugendhilfe. Grundlegende Perspektiven und arbeitsfeldspezifische Entwicklungen, Weinheim, Basel: BeltzJuventa, S. 149–164.
Spieß, C. Katharina (2012): Eine ökonomische Perspektive auf das deutsche System, in: Politik und Zeitgeschichte, 60 (22–24), S. 20–26.
Stadler, Wolfgang (Hrsg.) (2018): Mehr als Algorithmen. Digitalisierung in Gesellschaft und Sozialer Arbeit. Sonderband der Zeitschrift Theorie und Praxis der Sozialen Arbeit, Weinheim: Beltz Juventa.
Statistisches Bundesamt (2016): Statistisches Jahrbuch. Soziales. Wiesbaden, [online] https://www.desta-tis.de/DE/Publikationen/StatistischesJahrbuch/Soziales.pdf?__blob=publicationFile [14.01.2017].

Statistisches Bundesamt (verschiedene Jahrgänge): Statistiken der Kinder- und Jugendhilfe. Kinder und tätige Personen in Tageseinrichtungen und in öffentlich geförderter Kindertagespflegeteams, Wiesbaden.
Statistisches Bundesamt (verschiedene Jahrgänge): Pflegestatistik. Pflege im Rahmen der Pflegeversicherung. Deutschlandergebnisse, Wiesbaden.
Staub-Bernasconi, Silvia (2008): Menschenrechte in ihrer Relevanz für die Soziale Arbeit als Theorie und Praxis, oder: Was haben Menschenrechte überhaupt in der Sozialen Arbeit zu suchen?, in: Widersprüche, (28), S. 9–33.
Stein, Petra (2019): Forschungsdesigns für die quantitative Sozialforschung, in: Baur, Nina/Blasius, Jörg (Hrsg.): Handbuch Methoden Empirischer Sozialforschung, 2. Aufl., Wiesbaden: Springer, S. 125–142.
Stix, Daniela Cornelia (2018): Soziale Onlinenetzwerke als pädagogische Handlungsräume. Fallbeispiele der Offenen Kinder- und Jugendarbeit zur professionellen Nutzung von Sozialen Onlinenetzwerken, in: Sozial Extra, 3, S. 12–15.
Stoll, Bettina (2012): Betriebliche Sozialarbeit: Aufgaben und Bedeutung, Praktische Umsetzung, Regensburg: Walhalla.
Stoll, Bettina (2013): Balanced Scorecard für Soziale Organisationen. Qualität und Management durch strategische Steuerung. Arbeitshilfen mit Beispielen, 3. Aufl., Regensburg: Walhalla.
Stoy, Volquart (2015): Föderale Vielfalt im unitarischen Sozialstaat. Die sozialpolitische Angebotssteuerung der deutschen Länder, Wiesbaden: Springer.
Struck, Dirk (2018): Wie wirkt Werkstatt? Beschäftigte in Schleswig-Holstein bewerteten ihre Lebensqualität, in: Archiv für Wissenschaft und Praxis der sozialen Arbeit, 3, S. 98–102.
Suhling, Stefan (2018): Wirkungsforschung und wirkungsorientierte Steuerung im Strafvollzug, In: Maelicke, Bernd/Suhling, Stefan (Hrsg.): Das Gefängnis auf dem Prüfstand. Zustand und Zukunft des Strafvollzugs, Springer: Wiesbaden, S. 23–47.
Then, Volker/Münscher, Robert/Stahlschmidt, Stephan/Knust, Rüdiger (o. J.): Studie zu den Effekten betrieblicher Kinderbetreuung. Ein CSI Bericht unter Verwendung des Social Return on Investment. Heidelberg, [online] http://archiv.ub.uni-heidelberg.de/volltextserver/18702/ [10.01.2018].
Tietze, Wolfgang/Becker-Stoll, Fabienne/Bensel, Joachim/Eckhardt, Andrea G./Haug-Schnabel, Gabriele/Kalicki, Bernhard/Keller, Heidi/Leyendecker, Birgit (2012): NUBBEK. Nationale Untersuchung zur Bildung, Betreuung und Erziehung in der frühen Kindheit. Fragestellungen und Ergebnisse im Überblick. Berlin, [online] http://www.nubbek.de/media/pdf/NUBBEK%20Broschuere.pdf [27.09.2018].
Trampusch, Christine (2006): Status quo vadis? Die Pluralisierung und Liberalisierung der »Social-Politik«: Eine Herausforderung für die politikwissenschaftliche und soziologische Sozialpolitikforschung, in: Zeitschrift für Sozialreform, 52 (3), S. 299–323.
Uebelhart, Beat/Zängl, Peter (Hrsg.) (2013): Praxisbuch zum Social-Impact-Modell, Baden-Baden: Nomos.
Ullenboom, Detlef (2010): Freiwillige betriebliche Sozialleistungen. Betriebs- und Dienstvereinbarungen, Analyse und Handlungsempfehlungen, Frankfurt a. M.: Bund-Verlag.
Urselmann, Michael (Hrsg.) (2016): Handbuch Fundraising, Wiesbaden: Springer.
Urselmann, Michael (2018): Fundraising. Professionelle Mittelbeschaffung für gemeinwohlorientierte Organisationen, 7. Aufl., Wiesbaden: Springer.
Vobker, Marc (2011): Das AFET Modell der Fachleistungsstunde, in: Dialog Erziehungshilfe, (3), S. 6–9.
Wandhoff, Haiko (2016): Was soll ich tun? Eine Geschichte der Beratung, Hamburg: Corlin.
Wendt, Wolf Rainer (2002): Sozialwirtschaftslehre. Grundlagen und Perspektiven, Baden-Baden: Nomos.
Wendt, Wolf Rainer/Wöhrle, Armin (2007): Sozialwirtschaft und Sozialmanagement in der Entwicklung ihrer Theorie, Augsburg: Ziel.
Wir zusammen (2017): Zusammen langfristige Perspektiven und Chancen für Geflüchtete schaffen. Montabaur, [online] http://www.wir-zusammen.de/ueber-die-initiative [30.09.2017].

Wöhrle Armin/Fritze, Agnès/Prinz, Thomas/Schwarz, Gotthart (Hrsg.) (2017): Sozialmanagement – Eine Zwischenbilanz, Wiesbaden: Springer.

Wolf, Michael (2011): Prekarisierung und Entprofessionalisierung der Sozialen Arbeit. Zwischenruf zum staatlich betriebenen Zerfall einer Disziplin und Profession, in: Stolz-Willig, Brigitte/Christoforidis, Jannis (Hrsg.): Hauptsache billig? Prekarisierung der Arbeit in den Sozialen Berufen, Münster: Westfälisches Dampfboot, S. 68–103.

Wolff, Dietmar (2018): Was kann die Sozialbranche aus der Wirtschaft lernen – und was besser nicht?, in: Kreidenweis (Hrsg.): Digitaler Wandel in der Sozialwirtschaft, Grundlagen – Strategien – Praxis, Baden-Baden: Nomos, S. 45–55.

xit GmbH (o. J.). Nürnberg, [online] https://www.xit-online.de/xit/index.php [10.01.2018]

Zimmer, Annette/Paul, Franziska (2018): Zur volkswirtschaftlichen Bedeutung der Sozialwirtschaft, in: Grunwald, Klaus/Langer, Andreas (Hrsg.): Sozialwirtschaft. Handbuch für Wissenschaft und Praxis, Baden-Baden: Nomos, S. 103–117.

Abkürzungsverzeichnis

ASD	Allgemeiner Sozialer Dienst
AVR	Arbeitsvertragsrichtlinien des Deutschen Caritasverbandes
AWO	Arbeiterwohlfahrt e. V.
BAGFW	Bundesarbeitsgemeinschaft der Freien Wohlfahrtspflege e. V.
BEM	Betriebliches Eingliederungsmanagement
bke	Bundeskonferenz Erziehungsberatung
BMFSFJ	Bundesministerium für Familie, Senioren, Frauen und Jugend
BSC	Balanced Scorecard
BTHG	Bundesteilhabegesetz
CBT	Caritas-Betriebsführungs- und Trägergesellschaft mbH
CC	Corporate Citizenship
CSR	Corporate Social Responsibility
DCV	Deutscher Caritasverband e. V.
DGSA	Deutsche Gesellschaft für Soziale Arbeit e. V.
DRK	Deutsches Rotes Kreuz e. V.
DRV	Deutsche Rentenversicherung
DW	Diakonisches Werk e. V.
ESPQ	Erziehungshilfe, Soziale Prävention und Quartiersentwicklung
EstG	Einkommensteuergesetz
FINSOZ	Fachverband Informationstechnologie in Sozialwirtschaft und Sozialverwaltung e. V.
FLS	Fachleistungsstunde
HzE	Hilfen zur Erziehung
JES	Jugendhilfe-Effekte-Studie
JULE-Studien	Jugendhilfe-Leistungen-Studien
JWG	Jugendwohlfahrtsgesetz
KAT	Kirchlicher Arbeitnehmer_innenvertrag
KID	Kind in Diagnostik
KiFöG	Kinderförderungsgesetz
KJHG	Kinder- und Jugendhilfegesetz
KldB	Klassifikation der Berufe
KMU	kleinere und mittlere Unternehmen
KTD	Kirchlicher Tarifvertrag Diakonie
NPO	Non-Profit-Organisation
NSM	Neues Steuerungsmodell
SPFH	Sozialpädagogische Familienhilfe

SROI	Social Return on Investment
SRS	Social Reporting Standard
SWOT	Strength (Stärken), Weakness (Schwächen), Opportunities (Chancen), Threats (Risiken)
TV-L	Tarifvertrag für den öffentlichen Dienst der Länder
TVöD	Tarifvertrag für den Öffentlichen Dienst
WfbM	Werkstatt für Menschen mit Behinderung
WSI	Wirtschafts- und Sozialwissenschaftliches Institut
ZWST	Zentrale Wohlfahrtsstelle der Juden e. V.

Stichwortverzeichnis

A

Altenhilfe 27
Ambulantisierung 112
Anteilsfinanzierung 41
Arbeitsförderung 50
Arbeitsmarkt 69
arbeitsrechtliche Vereinbarungen 74
Aufhebung der Privilegierung 109

B

Balanced Scorecard (BSC) 92
Behindertenhilfe 27
Berufsfindungstheorien 72
beschäftigungspolitische Bedeutung 25
Betriebliches Eingliederungsmanagement 147
Betriebliches Gesundheitsmanagement 140
Betriebskita 140
Bewilligungsbescheid 41
Bundesarbeitsgemeinschaft der Freien Wohlfahrtspflege 70
Bußgelder 60

C

Case Management 101
Corporate Social Responsibility 63, 138
Creaming Effekte 51
Crowd-Funding 65

D

Datenschutz 123
Digitalisierung 118
Diversity 143
Doppelmandat der Sozialen Arbeit 81
Dritte-Sektor-Organisationen 128

E

Effizienz 82, 124
Ehrenamtliche 62
Eigenanteil 41
Eingruppierung 76
Einkaufsmodell 38
Elternbeiträge 32, 113
Empowerment 123
Entgeltgruppe 77
Entgeltstufe 77
erfolgsbezogenes Vergütungssystem 50
Erfolgsprämie 50
Evidence-Based-Practice 82
Evidenzbasierung 82

F

Fachkräftemangel 80, 149
Fachleistungsstunde 42
Fallpauschale 44
Fehlbedarfsfinanzierung 41
Festbetragsfinanzierung 41
Finanzierungs- und Wirtschaftsplan 41
Finanzierungsmix 39
Finanzierungsquellen 39
Freie Träger 36
frei-gemeinnützige Anbieter 127
Fundraising 19, 59

G

geldwerte Gegenleistung 62
Gesundheitsdienstleistungen 27
Gesundheitssektor
gewerkschaftlicher Organisationsgrad 75
Gewinnabsicht 35
Gleichstellung 142
Gutscheinmodell 38, 50
Gutscheinsystem 114

H

Hilfeplangespräch 87

hybride Organisationsformen 127

I

Informationsasymmetrie 116
Inklusion 143
Institutionelle Förderung 41
Investitionszuschüsse 42

K

Kennzahlen 92 f.
Kinder- und Jugendhilfe 26
Kindertagesbetreuung 33
kirchliches Arbeitsrecht 75
Kontrollgruppe 87
Ko-Produktion 83
Korporatismus 107
Korrelationen 88
Kostenkrankheit 128
Kredite 35
Kundensouveränität 106

L

Längsschnittanalyse 100
Längsschnittdesign 97
Längsschnittstudie 96
lebensweltlicher Ansatz 124
Leistungskomplex 45

M

Messbarkeit 81
Mittelgeber 39
Mixed-Methods-Ansatz 96, 101

N

Nachfrageüberhang 33
Nettojahresarbeitszeit 43
Neues Steuerungsmodell 17, 106

O

Objektförderung 110
öffentliche Mittel 35
öffentlich-rechtliche Stiftung 64
Ökonomisierung 19, 105
Online-Beratung 121 f.

P

Personalkosten 43

Persönliches Budget 49
Pflegeversicherung 109
Policy Cycle 23
Preisbildung 106
Privat- bzw. kirchenrechtliche Stiftung 64
Privatisierung 30
Profession 23
Projektfinanzierung 40

R

Rahmenverträge 43
Rechtsanspruch 36

S

Social Entrepreneurship 20, 126
Social Reporting Standard 89
Social Return on Investment (SROI) 68, 90
Social-Sponsoring 63
Sozialberatung 145
Sozialbudget 14
Soziale Medien 119
sozialinvestive Sozialpolitik 113
Sozialmanagement 18
Sozialwirtschaftliches Dreieck 36
Spenden 60
Spendenbescheinigung 61
Spendenvolumen 61
Sponsoring 62
Stiftung 64, 128
subjektorientierte Finanzierung 42

T

Tagessatz 44
Tarifsystem 74
Tarifverträge 74
Time-Lag 85
Träger der freien Jugendhilfe 32
Triplemandat 153

V

Verbetrieblichung 139
Verdienstmöglichkeiten 68
Vereinbarkeit von Familie und Beruf 33, 148
Vergabe- und Ausschreibungsverfahren 40
Vertariflichung 139
volkswirtschaftliche Bedeutung 68

W

Wettbewerb 106
Wirkfaktoren 88
Wirkungskette 83
Wirkungsorientierte Vergütungsmodelle 50
Wirtschaftssektor 68

With-or-Without-Problematik 85
Wohlfahrtsverbände 18

Z

Zuschüsse 40
Zuwendung 40
Zuwendungsvertrag 41